Lektüren — Interventionen

Lektüren — Interventionen

Literatur und die Zeichen der Zeit. Ausgewählte Studien

J. Hillis Miller

zusammengestellt, eingeleitet und übersetzt
von *Monika Reif-Hülser*

OPEN HUMANITIES PRESS

London 2016

Erste Auflage veröffentlich von Open Humanities Press 2016
Copyright © 2016 J. Hillis Miller, Monika Reif-Hülser
http://openhumanitiespress.org/books/titles/lektueren-interventionen/

Frei erhältlich online bei: http://openhumanitiespress.org/books/titles/lekturen-interventionen/
Dieses Werk ist lizenziert unter einer Creative Commons Namensnennung - Weitergabe unter gleichen Bedingungen 4.0 International Lizenz https://creativecommons.org/licenses/by-sa/4.0/deed.de

Umschlagdesign, Abbildungen, Tabellen und Diagramme im Buch obliegen möglicherweise unterschiedlichen Copyright-Bestimmungen. Für mehr Informationen dazu vergleiche die Sektion *Genehmigung* am Ende des Buches.

PRINT ISBN 978-1-78542-032-0
PDF ISBN 978-1-78542-033-7

OPEN HUMANITIES PRESS

Open Humanities Press ist ein internationales, von Wissenschaftlern geführtes Publikationskollektiv, das seine Aufgabe darin sieht, führende Arbeiten des zeitgenössischen kritischen Denkens weltweit frei zugänglich zu machen. Weitere Informationen unter: http://openhumanitiespress.org http://openhumanitiespress.org

Inhaltsverzeichnis

Vorwort 7

Einleitung 9

1. Kalter Himmel, Schwacher Trost 16
2. Grenzgängerei mit Iser und Coetzee 36
3. Verteidigung der Literatur und ihrer Wissenschaft 63
4. Öko*technik* 77
5. Flächenbrand der Gemeinschaft 123
6. Globalisierung und Welt-Literatur 179

Bibliographie 203

Genehmigungen 207

Vorwort

Meine erste Begegnung mit J. Hillis Miller geht zurück in die Zeit, als Wolfgang Iser, damals Lehrstuhlinhaber für Anglistik und Literaturwissenschaft an der Universität Konstanz, den Kollegen aus Irvine öfter zu Vorlesungen und Seminaren nach Konstanz einlud, an denen die Studierenden dann selbst die Gemeinsamkeiten aber auch Unterschiede im Zugang zu Literatur erfahren konnten. Wenn man Hillis Miller über Dickens sprechen hörte, entstand ein etwas anderer literarischer Kosmos als dies bei Lektüren Isers der Fall war. Dennoch gab es aufschlussreiche Berührungspunkte, da für beide die Frage nach der Funktion von Literatur im Zentrum des Interesses stand—und dies in einer Zeit, in der das aktuelle Lesen immer weiter in den Hintergrund tritt, wie wir im Laufe des vorliegenden Buches noch facettenreich erfahren werden.

Wie Literatur rezipiert wird, von welchen Interessen Sinn- und Bedeutungskonstitution gesteuert werden, auf welches Bedürfnis das Fiktionale und das Imaginäre antworteten, prägt bei beiden Literaturwissenschaftlern entscheidend die Auffassung ihrer Disziplin. J.Hillis Miller und Wolfgang Iser haben mit Unterstützung von Jacques Derrida und einer Reihe anderer amerikanischer Kollegen an der Universität Irvine ein einflussreiches Zentrum für Literaturtheorie aufgebaut.

Als Studentin von Wolfgang Iser und aufgrund meiner beruflichen Tätigkeit vor dem Studium als Übersetzerin und Dolmetscherin übertrug Wolfgang Iser mir nach einem längeren Workshop, den Hillis Miller in Konstanz unterrichtet hatte, die Aufgabe, das daraus resultierende Manuskript ins Deutsche zu übersetzen und in die Form eines kleinen Buchs zu bringen. Daraus entstand dann *Illustration. Die Spur der Zeichen in Kunst, Kritik und Kultur* (Universitätsverlag Konstanz 1993). Die nächste Übersetzung, die ebenfalls im Universitätsverlag Konstanz erschien, war die überarbeitete Fassung von J. Hillis Millers

Festrede zu Wolfgang Isers Geburtstag am 21. Juli 2011; der deutsche Titel *Grenzgänge mit Iser und Coetzee. Literatur lesen—aber Wie und Wozu?* (2013).

Der vorliegende Band ist eine neue thematisch orientierte Zusammenstellung von Hillis Millers jüngeren Arbeiten, die alle um die eine Frage kreisen: warum und wozu Literaturwissenschaft, oder im erweiterten Sinne ‚Kulturwissenschaft'—im Zeitalter der elektronischen Medien und der vorwiegend nachgefragten technologischen Berufe der heutigen Zeit? Diese Frage ist nicht ganz neu, hat viele Facetten und erfordert differenzierte Antworten, die vom politischen und kulturellen Klima einer Gesellschaft abhängen.

Einleitung

Der jüngste Text, den J. Hillis Miller mir gerade vor Abschluss meiner Übersetzung seiner Essays, die ich für dieses Buch zusammengestellt hatte, ‚per attachment an einer e-mail' schickte, trägt den Titel *Literature Matters Today*.[1] Es ist zweifellos ein absichtlich mehrdeutiger Titel, der meines Erachtens die vielschichtigen thematischen Verknüpfungen, Verzweigungen, Verweise, aufruft—ohne sich direkt auf sie zu beziehen. Dieser nachgereichte Artikel bildet eine Art Anfang jenes roten Fadens, der sich trotz aller Vielfältigkeit durch die nachfolgende, ins Deutsche übersetzte Essay-Sammlung, zieht. Den Faden der Ariadne hat Hillis Miller selbst einmal als Titel eines seiner Bücher gewählt.[2]

„Literature Matters Today"—die Frage stellt sich sofort: welches ist das Verb? Gibt es überhaupt eins? Wenn „Matters" die Funktion des Verbs übernimmt, ist der Satz ein behauptender Satz und scheint aus der Retrospektive der nachfolgenden Texte Hillis Miller zentrale Frage „Wozu Literatur?" zu beantworten. Wenn „Matters" als Substantiv gelesen wird, würde man es im Deutschen mit „Angelegenheiten" wiedergeben; oder vielleicht auch „die Sache der Literatur". In jedem Falle jedoch zielt diese Formulierung auf die Behauptung, dass Literatur Wirkung/en zeigt; und wenn sie dies tut, verändert sie durch ihren Einfluss das Denken derer, die sich mit ihr beschäftigen und somit die Welt.

Hillis Miller greift bei seiner Reflexion auf die Wirkungen von Literatur zurück in die eigene lebensweltliche und intellektuelle Biographie,—er nennt es „Bekenntnis"—wodurch er den Lesern sehr nahe kommt. Im Folgenden entwickelt er die These, dass das Alleinstellungsmerkmal der Literatur, das sie in der europäischen Kulturgeschichte seit etwa dem siebzehnten Jahrhundert auszeichnete, in unserer Gegenwart des 21. Jahrhunderts immer stärker schwindet, weil ihre Botschaft von anderen Medien übernommen wird. An dieser Stelle erinnert man sich jedoch an den intrikaten Titel „Literature Matters Today", und man fragt sich, ob die „Matters", die Angelegenheiten der Literatur heute, vielleicht gerade darin bestehen, die Differenz der unterschiedlichen Wirkungsweisen der verschiedenen Medien erfahrbar werden zu lassen.

Das erste Kapitel stellt diese Frage explizit bereits im Titel: „Sollen wir in unserer Zeit Literatur lesen oder unterrichten?" Sie richtet sich vor allem auf hochschul-politische Entscheidungen, zum Beispiel die Privilegierung bestimmter Fächer durch Finanzmittel, Personalausstattung, Job-Garantien, Karriere-orientierte Verschiebungen des Arbeitsinteresses, etc. Für Hillis Miller drängt sich bei diesen Beobachtungen die Frage auf, ob es nicht gerade eine „ethische Verpflichtung" geben könnte, gerade jetzt Literatur zu lesen? Die implizite Antwort des Literatur- und Kulturkritikers auf diese Frage findet sich in einer extensiv-intensiven Lektüre des Gedichts *The Cold Heaven* des irischen Dichters William Butler Yeats. Hillis Miller webt in seine Lektüre des Textes eine Rhetorik-Analyse politischer Reden, spielt mit dem Ironiepotential rhetorischer Figuren, das von demagogischen Übertreibungen bis zu blanken Unwahrheiten reicht.

Literarische Texte lesen können bedeutet, so Hillis Miller, in der Lage zu sein, Botschaften zu entschlüsseln, hinter die Fassade der Rhetorik blicken zu können und das tatsächlich Gemeinte in der Art des Meinens zu entdecken.

Im zweiten Kapitel, *Grenzgängerei mit Iser und Coetzee,* geht es darum, den Rahmen der Begegnung von Macht und Ohnmacht abzustecken, die Möglichkeiten auszuloten, die sich in diesem Spannungsfeld für Erkenntnisse und Einsichten ergeben. In faszinierenden Schritten führt Hillis Millller vor, *wie* sich *close reading* in der Begegnung von Text und Leser entfaltet. Dabei spielt es keine Rolle, ob es sich um einen narrativen Text, wie Coetzees *Warten auf die Barbaren* oder um eine theoretische Reflexion, wie Isers *Das Fiktive und das Imaginäre* handelt. Der Prozess der Assoziation von Bedeutungen und theoretischen Figuren, in die sie entweder eingehüllt oder in Form eines Appells an die Leser ausgestellt werden, ist das, was Hillis Miller interessiert. „Wie sollen wir lesen lernen, wenn wir nicht mehr darin geübt sind, rhetorische Figuren in ihrer Vielschichtigkeit aufzuschlüsseln?"

Kapitel III, *Verteidigung der Literatur und ihrer Wissenschaft,* setzt sich einerseits mit der Semantik des Begriffs „Globalisierung" auseinander, andererseits versucht es zu erklären, innerhalb welcher Eckpunkte

Literatur*wissenschaft* sich mit Blick auf Globalisierung bewegt. Verknüpft mit dieser Frage sind die Tele-technologien und die besonderen Formen der Wirklichkeit, die sie produzieren. Hillis Miller sieht diese Besonderheit treffend eingefangen in Jacques Derridas Kunst-Wort *artefactualities*. Wie die Sache selbst, so spielt auch der Begriff mit neuen Kombinationsmöglichkeiten der beiden Domänen „Kunst" und „dem, was der Fall ist", um Wittgenstein zu zitieren, wenn er von ‚Welt' spricht. Derrida müsse das Fernsehen als Produzenten dieser neuen Wirklichkeiten gemeint haben, als ihm „artefactualities" einfiel, so Hillis Miller. „Die Bilder, die nicht nur durch die neuen sondern auch durch die alten Medien bereitgestellt werden, sind scheinbar Fakten, tatsächlich aber Produkte." Gemessen an diesen Beispielen lässt Hillis Miller das „ganz andere" der Literatur—komplex zwar—aber überzeugend entstehen, wenn er seine Lektüre von Wallace Stevens' Gedicht „Der Fluss der Flüsse in Connecticut" vorlegt. Obwohl es die beschriebene Umgebung des Ufers „wirklich" gibt, obwohl die literarische Repräsentation Wiedererkennungseffekte provoziert, ist in der Erfahrung des Vertrauten die verstörende Befremdung des sich unaufhörlich verändernden „ganz anderen" präsent. „Man kann den Fluss der Flüsse in Connecticut nicht außerhalb jener Sprache, die von ihm erzählt, sehen."

In Kapital IV *Ökotechnik* geht Hillis Miller auf eine intensivere Auseinandersetzung mit dem Begriff der Öko-Technologie ein und auf die Vorstellung, was es heißen kann, Technologie als Modell für geisteswissenschaftliche Reflexionen über den Zustand der Welt anzustellen.

Im Fokus iszt die Welt, in der wir leben, die wir heranzuziehen als unseren Lebensraum gestalten ist, die wir nach unseren Bedürfnissen verändern ohne in jedem einzelnen Falle zu wissen, wie wir Veränderungen stoppen, revidieren, sanieren können, wenn sich die eingeleiteten Prozesse als Bedrohung herausstellen sollten. Zur Illustration seiner Argumentation wählt Hillis Milller eine kleine, aber sehr intrikate Erzählung von Franz Kafka, um durch paradigmatisches *close reading* zu zeigen ob—und wenn ja wie—der Wechsel von einem organischen zu einem technologischen Interpretationsmodell aussehen könnte. Kafkas Geschichte, besser nur „Text-Reflexion", *Die Sorge des Hausvaters* (aus dem Jahr 1919, 474 Wörter lang) liest Hillis Miller als ein Spielfeld dafür, welche Konsequenzen ein Modell-Wechsel von einer organischen Einheit zu einem technologischen Modell für das Denken in verschiedenen Domänen zeigt.

Wir befinden uns mit damit im Bereich „destrukturierender Strukturen", selbstgenerierender Systeme—ähnlich wie Miller sieht in der „Erde", dem „globalen Finanzsystem", einer „Gemeinschaft" oder „Nation", dem „Ökosystem" und dem Körpersystem, von dem der Begriff „Auto-Immunität" entlehnt ist.

Im *Flächenbrand der Gemeinschaft* (Kapitel V) beginnen die Überlegungen für dieses lange Kapitel mit der kritischen Lektüre eines bekannten Zitats von Theodor Adorno, dass „nach Auschwitz auch nur noch ein Gedicht zu schreiben" sei barbarisch. Dieses Diktum hat eine lange und vielschichtige Rezeption gefunden sei und ist Ausgangspunkt für Hillis Millers literarhistorische und theoretische Überlegungen zu Fragen der Ethik in der Geistes- und Kulturwissenschaft. Es werden Texte zur Diskussion herangezogen, die vor allem die Auswirkungen des Holocaust auf die Bedingungen der Möglichkeit von Gemeinschaft und Gesellschaft zu reflektieren, das Zusammenleben der Menschen in Formationen, die von gegenseitiger Achtung und Anerkennung getragen sind, auch wenn unterschiedliche Einstellungen gegenüber gemeinsamen Interessen herrschen. Es ist die historische Zeugenschaft, die Hillis Miller interessiert und die literarische Vision solcher Zeugenschaft. Unter dieser Vorgabe präsentiert der Autor eine faszinierende Lektüre, in der er einige Romane, die explizit den Holocaust zum Thema haben, mit fiktionalen Texten vergleicht, die vor und nach Auschwitz geschrieben wurden; ihn interessieren Ähnlichkeiten und Anklänge zwischen diesen Texten im Lichte von kürzlich publizierten theoretischen Reflexionen über die Auswirkungen des Holocaust auf die Bedingungen der Möglichkeit von Gemeinschaft und Gesellschaft. Kafka lässt Auschwitz vorausahnen, Kertészs *Fatelessness* bildet ein Echo von Kafka und Morrisons *Beloved* ist ein post-Auschwitz-Roman, der ebenfalls kafkaeske Züge zeigt.

Keine Lektüre ist völlig desinteressiert oder objektiv. Sie werden von bestimmten Fragen geleitet. Wenn eine wichtige Frage also ist, was es bedeute, von einem „Flächenbrand der Gesellschaft" im zwanzigsten Jahrhundert zu sprechen, so heißt die zweite Frage, was es bedeute, die hier diskutierten Romane als Akte der Zeugenschaft zu bezeichnen. Hillis Miller kommt in diesem Zusammenhang immer wieder auf die Frage nach Funktion und Wirksamkeit von Sprechakten für und in brennende(n) Gemeinschaften zurückkommen. Schließlich verfolgt ihn unausgesetzt die Frage, welche Resonanzen es wohl geben mag zwischen der Schwierigkeit, sich Auschwitz überhaupt vorzustellen, zu verstehen oder zu erinnern, eine Schwierigkeit, die so oft Thema in historischen und fiktionalen Aufzeichnungen des Holocaust ist, einerseits, und andererseits die entnervende Zurückhaltung gegenüber klaren, schlüssigen Interpretationen, wie sie die hier diskutierten Romane von Kafka über Kertész bis Morrison manifestieren. Alle Werke, die in diesem Zusammenhang diskutiert werden, rufen ganz persönliche Betroffenheit hervor, sind daher nicht nur intellektuell-distanzierte, akademische Gegenstände. Die Betroffenheit entspringt, wie Hillis Miller in allen Essays in diese Auswahl seiner Essays deutlich macht, der aktuellen US-amerikanischen Geschichte: Abu Graib, Guantánamo Bay, die ungewöhnliche Auslieferung unserer Gefangenen an die Gefängnisse unseres Geheimdienstes in der ganzen Welt, die illegale Observierung von US Bürger, etc. Sogar unter Barack Obamas Präsidentschaft sind diese Praktiken bis zu einem gewissen Grad beibehalten worden. Es scheint heute mehr denn je zuzutreffen, dass diejenigen, die die Geschichte vergessen, dazu verdammt sind, sie zu wiederholen. In diesem Sinne sind die fiktionalen Texte, die hier diskutiert werden, eine Weise, Geschichte zu studieren.

Im letzten Kapitel, *Globalisierung und Welt-Literatur*, greift diese Betroffenheit aus auf das, was Nietzsche „Weltliteratur" nennt und was Hillis Miller durch die kleine Veränderung eines eingefügten Bindestrichs in „Welt-Literatur" verwandelt und damit Nietzsche gegenüber als ernst zu nehmende Kategorie nobilitiert. Aber was kann „Welt-Literatur" heißen? In welcher Sprache soll sie oder ist sie geschrieben? Mit welchen Schwerpunkten tritt sie auf? Haben nicht alle Bewohner des *Global Village* ohnehin Ähnlichkeiten miteinander—im Lebensstil, im Arbeitsmodus? Sind die Angehörigen des akademischen Jet-Set, die—wie Edward Said dies mit Blick auf sich selbst nannte—„translated men"? Wo ist die Grenze zum Kulturimperialismus?

Bei der Frage nach Welt-Literatur liegt der Akzent sowohl auf *Welt* als auch auf *Literatur*, denn, so Hillis Miller, es ist durchaus nicht selbstverständlich, was darunter in den einzelnen Regionen der Welt zu verstehen ist.

Wie in all seinen hier aufgenommenen Essays, entwickelt Hillis Miller seine literaturkritischen Betrachtungen *als* Kulturkritik und diese entlang der konkreten Lektüren von Beispielen. In diesem letzten Kapitel gehen wir noch einmal zu dem schon im ersten Kapitel behandelten Gedicht von W.B. Yeats *The Cold Heaven* zurück. Dort wurde die Lektüre geleitet von den Überlegungen zur gegenwärtigen Hochschulsituation in den USA; hier geht es ihm um Übersetzung eines Textes von einer Sprache in eine andere, aber auch von einer Kultur in eine andere. Die Übertragung eines Satzes, einer Phrase, eines Wortes in eine Sprache hängt davon ab, was der Vorstellungsraum der anderen Kultur als Implementierungsmöglichkeiten zur Verfügung stellt. Hillis Miller stellt für eine ‚sinnvolle' Übersetzung eine ganze Reihe von Punkte auf—fünfzehn, um genau zu sein. Bestärkung, sein Konzept systematisch weiter zu verfolgen erhielt der Autor anlässlich einer Konferenz in Shanghai, bei der es um Nietzsches Bewertung der Geschichte als „Nutzen und Nachtheil für das Leben" ging. Es folgt eine engagierte Für-und-Wider Debatte von Nietzsches Ansichten zur Bedeutung von Geschichte und zu seiner Skepsis gegenüber einer wie immer gearteten *Welt-Literatur*.

In den vorgeführten und ausgesprochen spannend zu lesenden Gedankenansätzen zu Nietzsche und die Welt-Literatur/Weltliteratur geht es um die Möglichkeiten von Intertextualität, Interkulturalität, Internationalisierung, etc.—im Grunde darum, wie man sich dieses „Inter-" vorzustellen hat und um die Frage, ob es das nicht immer schon gegeben hat, wenn Menschen kommunizieren? Wenn Nietzsche in seinen Essays seiner Begeisterung über Ralph Waldo Emersons Formulierungen über die Bedeutung von Geschichte Ausdruck verleiht und wir dies heute lesen, so findet über Raum und Zeit hinweg eine solche Kommunikation zwischen Partnern im Denken statt. Es ist besonders Emersons Essay *Nature* von 1836, in dem Nietzsche seine eigenen Ansichten über Geschichte schon einmal gedacht fand und der mit den folgenden Sätzen beginnt:

Our age is retrospective. It builds the sepulchres of the fathers. It writes biographies, histories, and criticism. The foregoing generations beheld God and nature face to face; we, through their eyes. Why should not we also enjoy an original relation to the universe? Why should not we have a poetry and philosophy of insight and not of tradition, and a religion by revelation to us, and not the history of theirs? ... why should we grope among the dry bones of the past, or put the living generation into masquerade out of its faded wardrobe? The sun shines to-day also. There is more wool and flax in the fields. There are new lands, new men, new thoughts. Let us demand our own works and laws and worship.

J. Hillis Miller ist ein Autor, Literaturkenner und Kritiker, dessen Lektüren auf eine Weise exemplarisch sind, dass man sie nicht mehr vergisst, wenn man sie einmal gelesen hat—und der seine Begegnungen mit literarischen Texten als Interventionen zu brisanten Fragen der Gegenwart versteht. Als solche bietet er sie seinen Lesern an.

Monika Reif-Huelser

Anmerkungen

1. Publiziert in *SubStance* # 131, Vol. 42, no. 12, 2013.
2. J. Hillis Miller, *Ariadne's Thread: Story Lines*. New Haven: Yale University Press, 1992.

I

Kalter Himmel, Schwacher Trost
Sollen wir in unserer Zeit Literatur lesen oder unterrichten?

> ... eine ganze Epoche sogenannter Literatur—wenn nicht Literatur überhaupt—kann kein bestimmtes technologisches Regime von Telekommunikationen überleben (in dieser Hinsicht ist das politische System zweitrangig). Auch Philosophie oder Psychoanalyse kann das nicht. Geschweige denn Liebesbriefe.
> (Jacques Derrida, „Envois", in *The Post Card*)[1]

Mit dem „wir" in meinem Titel meine ich wir Studenten, Lehrer oder einfach Bürger in unserem „globalen Dorf", wenn ein solcher Ausdruck immer noch etwas bedeutet. Mit „lesen" meine ich sorgfältige Aufmerksamkeit für den Text, mit anderen Worten „close reading". Mit „Literatur" habe ich gedruckte Romane, Gedichte und Theaterstücke im Blick. „Jetzt" bezieht sich auf den heißen Sommer 2010, als ich diesen Essay schrieb. Jener Sommer war der Höhepunkt der heißesten sechs Monate seit den Aufzeichnung, ein unmissverständliches Zeichen der globalen Erderwärmung für alle jene, die Körper haben zu fühlen. Darüber hinaus ist die Erderwärmung jetzt ohnehin nicht mehr abzuleugnen, wie die immer häufiger auftretenden heftigen Stürme, Dürrekatastrophen, Tornados, Überschwemmungen, schmelzenden Polkappen usw. zeigen. Auch der extrem kalte Winter 2012-13, so die Klimatologen, sei verursacht durch die verstärkte Abschmelzung der arktischen Eisschicht und eine Folge der Zerstörung der Ozonschicht, die uns bisher vor der arktischen Kälte geschützt hatte. Ich denke dabei aber auch an die sich langsam entschärfende globale Finanzkrise und die weltweite Rezession. Ich denke weiter an PCs, Internet, iPhones, iPads, DVDs, MP3 Player, Facebook, Twitter, Google, Computerspiele zu tausenden, und eine globale Filmindustrie. „Jetzt" ist auch die Zeit, wenn Colleges und Universitäten finanzielle Zuschüsse verlieren—wenigstens in den USA—und dadurch mehr und mehr zu Körperschaftsunternehmen werden. Ein Ergebnis dieses Wandels ist, dass in den USA mindestens 70% der universitären Lehre in allen Disziplinen von freien Mitarbeitern bestritten werden, d.h. von Akademikern ohne jede Aussicht auf feste Verträge. Sie sind nicht auf der Dauerstellen-Spur. Mit ‚Jetzt' meine ich auch die Zeit, in der von allen Seiten—von Präsident Obama durch die gesamte Regierung hindurch ebenso wie in der Presse von rechts und links—Stimmen laut werden, die Ausweitung und Verbesserung von Lehre und Ausbildung in Mathematik, Natur- und Ingenieurwissenschaften voran zu treiben. Kaum jemand fragt jedoch nach mehr und besserer Lehre in den Geisteswissenschaften. Ein hoher Beamter in Harvard, vielleicht sogar Harvards damaliger Präsident Lawrence Summers, soll gesagt haben, bei den Geisteswissenschaften sei „Hopfen und Malz verloren".

Was sollen wir in einem solchen „Jetzt" mit Literatur anstellen? Ist es vielleicht sogar eine ethische Verpflichtung, gerade jetzt Literatur zu lesen und zu unterrichten? Wenn ja—welche Texte? Mit welchem Ziel? Wer sollte sie unterrichten?

※

Während der neunzehn Jahre von 1953 bis 1972 unterrichtete ich an der Johns Hopkins Universität, damals hätte ich probate Antworten auf diese Fragen geben können. Diese Antworten hätten unsere an der Hopkins Universität unangefochtene Übereinstimmung von Sinn und Zweck der Geisteswissenschaften wiedergegeben. Eine (vielleicht etwas absurde) ideologische Verteidigung der Literaturwissenschaft, insbesondere der Beschäftigung mit der Britischen Literatur, war in jenen Jahren an der Hopkins Universität fest installiert. Wir von der Englischen Fachgruppe hatten ein gutes Gewissen, denn wir waren davon überzeugt, zwei für das ganze Land wichtige Themen zu bearbeiten: a) wir unterrichteten junge Bürger in den Grundlagen des Amerikanischen Ethos (insbesondere dadurch, dass wir die Literatur eines anderen Landes [England] studierten—eines Landes, das wir in einem revolutionären Unabhängigkeitskrieg besiegt hatten; wie absurd dieses Unternehmen war, wurde mir erst vor kurzem schlagartig bewusst); b) wir führten unsere Forschungen mit der Akribie und dem Selbstbewusstsein unserer naturwissenschaftlichen Kollegen durch, denn wir wollten die „Wahrheit" unserer Untersuchungsgegenstände herausarbeiten: Sprachen, Literaturen, Kunst, Geschichte und Philosophie. *Veritas vos liberabit*, die Wahrheit soll Euch befreien, heißt das Motto von Hopkins (ein Bibelzitat aus Johannes 8:32, in dem Jesus kaum auf „wissenschaftliche Wahrheit" Bezug nimmt). *Lux et veritas*, Licht und Wahrheit, ist der Sinnspruch von Yale. Nur unverbrämte *Wahrheit* ist das Motto von Harvard. Wahrheit, so glaubten wir in Hopkins und vergaßen dabei die Quelle unseres Mottos, musste jede mit objektive und objektivierbare Wahrheit einschließen, beispielsweise die Wahrheit von Alfred Tennysons frühen Gedichten oder jenen von Barnaby Googe. Solche Wahrheit stellte ein eigenes Gut dar, wie das Wissen über Schwarze Löcher oder über die Macht der Gene.

Wie bekannt, war Hopkins die erste mit dem Titel „Forschungsuniversität" ausgezeichnete akademische Institution in den USA. Sie war nach dem Modell der großen deutschen Forschungsuniversitäten des 19. Jahrhunderts konzipiert. Für die Literaturwissenschaft bedeutete dies, der deutschen Tradition der Romanischen Philologie, der Germanischen Philologie (unter Einbeziehung der Englischen Literatur) und der Klassischen Philologie zu folgen. Alle diese Fächer erlebten an der Hopkins Universität eine Hochblüte in jenen Jahren. Solche Forschung benötigte keine weitere Legitimation über den intrinsischen Wert der Wahrheitssuche hinaus, ebenso wie dies für die nicht gänzlich überzeugende Annahme zutrifft, Wahrheits-Forscher in den Humanwissenschaften seien aufgrund ihres Forschungsgegenstands und als wertvolles Reservoir unserer nationalen Werte notwendigerweise die besseren Vermittler von Literatur. Der Begriff „Forschung" war unser kollektives Leitmotiv. Von jedem Professor der Hopkins Universität wurde erwartet, dass er (und wir waren fast nur Männer) 50% seiner Zeit der Forschung widmete. Diese Forderung schloss Professoren der Geisteswissenschaften mit ein.

An der Hopkins Universität bestimmten so gut wie alles die Professoren, oder wenigstens schien es uns so. Von der Einstellung neuer Mitarbeiter über Promotionen und die Implementierung neuer Programme entschieden Professoren des „Akademischen Rats". Sie wurden von der Fakultät gewählt. Obwohl es keine festen Quotierungen gab, waren an der Ratsversammlung immer Humanwissenschaftler, Sozialwissenschaftler und Naturwissenschaftler beteiligt. Wenn auch die Naturwissenschaftler in der Überzahl waren, wählten sie dennoch bereitwillig Humanisten. Fördermittel für die Forschung kamen vom Nationalen Wissenschaftsfond, den Nationalen Gesundheitsinstituten, dem Nationalen Verteidigungsausbildungsgesetz und der Nationalen Stiftung für die Geisteswissenschaften. Wir profitierten enorm von der Mentalität des Kalten Kriegs, in welcher die Meinung vorherrschte, dass die Vereinigten Staaten in allen Dingen die besten sein sollten, die Geisteswissenschaften eingeschlossen. Die Lehre wurde von Professoren gehalten, Tutorien zur Vor- und Nachbereitung der großen Vorlesungen lagen in den Händen von graduierten Studierenden. Die meisten Studenten, die promovierten, bekamen auch gute Stellen. Unzuverlässige Statistiken wiesen sogar darauf hin, dass es in den Geisteswissenschaften zu wenig Promotionen geben würde, daraufhin implementierte die Fakultät kurzerhand einen dreijährigen Promotionsstudiengang in der Abteilung für Englische Literatur. Zwei meiner eigenen Studenten absolvierten einen solchen Studiengang und wurden an wichtigen Universitäten zu Professoren ernannt. Das beweist, dass die Promotion in Englisch nicht unbedingt zwölf und mehr Jahre bis zum Abschluss braucht, wie dies jetzt der Fall ist.

Während meiner Zeit dort war die Hopkins ein Paradies für Professoren, die sowohl lehren als auch forschen wollten. Damals kam Hopkins der bewundernswert idealistischen Vision sehr nahe, die Jacques Derrida im Jahr 2001 entwarf, und die er eine „bedingungslose Universität" nannte. Dies sollte eine Universität sein, deren Zentrum die Geisteswissenschaften bildeten, die sich einer von äußeren Interessen nicht gesteuerten Suche nach Wahrheit auf allen Gebieten widmeten. Es ist eine Ironie der Verhältnisse, dass Derridas kleines Buch zuerst in Form einer *President Lecture* an der Stanford Universität gehalten wurde, denn Stanford ist eine der großen privaten Elite-Universitäten in den USA, von Anfang an eng verbunden mit Wirtschaft und Unternehmen— und außerdem durch die in Stanford angesiedelte Denkfabrik ‚Hoover Institution' verwoben mit der konservativsten Ausprägung der amerikanischen Politik.

Was also stimmte nicht mit Hopkins in jenen fernen glücklichen Tagen? Es gab einiges, wenn man es genau betrachtet. Es gab praktisch keine Frauen in der Fakultät, auch nicht im Mittelbau—nicht eine in all meinen neunzehn Jahren in Hopkins. Die Ausbildung der graduierten Studenten in Englisch war sehr stark konkurrenzbetont, gezeichnet von einer hohen Abbrecherquote, oft erzwungen dadurch, dass vorher gewährte Stipendien ausgesetzt wurden, wenn die Studierenden nicht die erwarteten Leistungen erbrachten. Manche Studenten wurden ermutigt, die Universität zu verlassen, erwarben ihren Doktorgrad anderswo und starteten brillante Karrieren als Professoren für englische Literatur. Zu guter Letzt war Hopkins bis zum Hals in militärischer Forschung am Labor für Angewandte Physik. Das Johns Hopkins Institut für Internationale Studien war weder damals noch heute ein Modell für liberales Denken. Trotzdem bot Hopkins ein ideales Arbeitsumfeld für einen Professor der Geisteswissenschaften in den Fünfziger und Sechziger Jahren.

✤

Jetzt; über fünfzig Jahre später, ist an amerikanischen Universitäten und Colleges alles anders als es zu meiner Zeit dort war; jeder aus meinem Umfeld weiß das auch. Sogar in den fünfziger und sechziger Jahren war Hopkins die Ausnahme von der Regel. Wie bereits vorher erwähnt, wird die universitäre Lehre jetzt von über siebzig Prozent Mittelbau-Lehrern ohne Aussicht auf eine feste Stelle bestritten. Oft kommen sie mit ihren Deputaten gerade knapp unter die Anforderungen einer Halbtags-Stelle, deshalb haben sie keinen Anspruch auf medizinische Hilfe, Zuschüsse zur Altersvorsorge oder andere sozialen Leistungen. Alle drei meiner Kinder und eins der Enkelkinder sind promoviert, jedoch hatte keiner von ihnen jemals eine Qualifikations- oder Angestelltenstelle. Dauerstellen in den Geisteswissenschaften sind äußerst dünn gesät, mit hunderten von Bewerbern für jede einzelne und einem ständig wachsenden Reservoir von arbeitslosen geisteswissenschaftlichen Doktoren. Sowohl in privaten als auch in staatlichen Universitäten sind die Fördermittel für die Geisteswissenschaften stark zurückgegangen, ebenso wie der Finanzrahmen für Universitäten und Colleges im Allgemeinen. Bücher von Marc Bousquet, Christopher Newfield, und Frank Donoghue und manch anderen erzählen die Geschichte, auf welche Weise US amerikanische Universitäten immer mehr zu gewinnorientierten Unternehmen werden, oder versuchen, wie Peggy Kamuf es ausdrückt, „mehr für ihr Geld zu kriegen".[2] Die Geisteswissenschaften trommeln nicht so laut. Universitäten haben sich immer mehr zu Berufsschulen entwickelt, die die Ausbildung für bestimmte angefragte Berufssparten übernommen haben, zum Beispiel betriebliche Kenntnisse, Ingenieurberufe, Biologie, Recht, Medizin oder Computerwissenschaften. Das Schwächeln der staatlichen Universitäten in Amerika ging Hand in Hand mit einem spektakulären Anstieg von ‚for-profit' und Online-Universitäten wie beispielsweise die Universität von Phoenix. Diese Institutionen sind in ihren Trainingsinhalten explizit dafür ausgerichtet, für ihre Studenten Jobs zu akquirieren. Nach John Sperling, Vorsitzender der Apollo Gruppe und verantwortlich für das Konzept der Universität Phoenix, sagt, die Universität sei ein Unternehmen. ... Ein Universitätsstudium sei kein „Übergangsritual". „Wir versuchen nicht, das Wertesystem der Studenten zu beeinflussen oder propagieren diesen Bewusstseinserweiterungs-Schwachsinn."[3] Richard Levin, Ökonom und Präsident von Yale, lobte China vor einigen Jahren in seiner Rede „The Rise of Asia's Universities" vor der London Royal Society enthusiastisch dafür, dass die Regierung die Universitäten des Landes mehr als verdoppelt habe (von 1.022 auf 2.263) und die Studierendenzahlen von 1 Million in 1997 auf mehr als 5.5 Millionen in 2007 gestiegen seien.[4] Darüber hinaus wurden auch eine Reihe von Weltklasse-Universitäten gegründet, die sich mit Harvard, M.I.T., Oxford und Cambridge messen lassen. Die von Levin genannten Zahlen sind bis heute zweifellos deutlich gestiegen. Levins Betonung liegt allerdings darauf, dass China sich vor allem auf die Verbesserung und Ausweitung der Lehre in Mathematik, Natur- und Ingenieurwissenschaften konzentriert, um in der globalen Ökonomie ein noch stärkerer Wettbewerber zu werden als es das ohnehin schon ist. Trotz der anerkannten Stärke der Yale Universität in den Geisteswissenschaften verliert Levin kein Wort über die Bedeutung der Lehre in den Sozial- und Geisteswissenschaften in den beiden Ländern China und den USA.

Es ist unübersehbar, dass die Humanwissenschaften in der Geschichte, die er erzählt, keine Rolle spielen. Es ist extrem schwierig zu argumentieren, dass die geisteswissenschaftlichen Fächer einen finanziellen Bonus erbringen, oder dass man mit einem Examen in Englischer Literatur etwas anderes als einen untergeordneten Dienstleistungsjob oder Sprachendienst-Auftrag erhalten könnte. Viele Absolventen von Elite-Universitäten wie Yale können jedoch den väterlichen Betrieb übernehmen; sie könnten anschließend zu einer ökonomischen oder juristischen Fakultät wechseln und ihre berufliche Qualifikation dort erhalten. Lebenslange Freundschaften mit jenen, die in Wirtschaft, Regierung oder Militär Karriere machen, wären zweifellos wichtiger als irgendeine Berufsausbildung. Das Präsidenten-Wettrennen zwischen George W. Bush und John Kerry fand zwischen zwei Männern statt, die in ihrer jeweiligen universitären Ausbildung in Yale keine allzu großen Erfolge aufzuweisen haben, die aber beide Mitglieder des höchst elitären Geheimbundes in Yale sind, *Skull and Bones*. Welcher von beiden auch gewinnen würde—der wirkliche Gewinner wäre immer Yale und die politische Macht des *Skull and Bones* Netzwerks.

Es kann deshalb nicht überraschen, dass sowohl Immatrikulationen in geisteswissenschaftliche Kurse wie auch die Zahl der Examensabsolventen an weniger herausragenden Schulen unter der Bachelor- und Master-Bevölkerung auf ein Minimum geschrumpft sind.[5] Es sind nur die Sprachkurse und obligatorische Wahlpflichtfächer, denen es gut geht. Gesetzgeber, Überwachungsausschuss und Universitätsverwaltung haben von dem jüngsten katastrophischen Rückgang profitiert, indem sie mehr Kontrolle ausüben, Fächer verkleinern und den Inhalt der Lehre schärfer beobachten. Der Staat von Kalifornien zum Beispiel war bis vor kurzem bankrott. Das bedeutete, dass an der großen Universität von Kalifornien Stellen eingefroren, Finanzmittel für befristete Stellen heruntergefahren und Gehaltszahlungen für Fakultätsangehörige und ordentliche Professoren je nach Rang zwischen fünf und zehn Prozent gekürzt wurden. Lehrdeputate wurden erhöht für Professoren, die bis dahin ausgezeichnete Forschung aufzuweisen hatten und deshalb Lehrermäßigung erhalten hatten. Die Humanwissenschaften waren von diesen Maßnahmen besonders betroffen.

Dies ist die wenig begeisternde Situation, in der meine Fragen „Sollen wir jetzt Literatur lesen? Haben wir eine ethische Verpflichtung gerade jetzt dazu?" gestellt und eine tentative Antwort auf sie versucht wird. Wie konnte die Legitimation für die Literaturwissenschaften so nachhaltig verschwinden?

Drei Gründe scheinen mir nennenswert:

1. Die Ansicht, dass jeder Literatur lesen sollte, weil sie das Ethos der Bürgerschaft spiegelt, ist fast ganz verschwunden. Wenige Menschen glauben mit tiefer Überzeugung, dass es notwendig sei, *Beowulf,* Shakespeare, Milton, Samuel Johnson, Wordsworth, Dickens, Woolf und Conrad zu lesen, um gute Amerikaner zu werden.

2. Eine deutliche Wende in den großen Medien vom gedruckten Buch hin zu allen möglichen Formen—ich nenne das „Prestidigitalisation"—hat zur Folge, dass Literatur im traditionellen Sinn von gedruckten Romanen, Gedichten und Dramen, eine immer geringere Rolle dabei spielt, wie das Ethos unserer Bürger beeinflusst wird. Leser aus der bürgerlichen Schicht des Viktorianischen England lernten die in ihrer Gesellschaft gültigen Verhaltensregeln der Partnerwerbung und Heirat, indem sie in die fiktionale Welt der Romane von Charles Dickens, George Eliot, Anthony Trollope, Elizabeth Gaskell und vielen anderen eintauchten. Heute erfüllen die Menschen ihre Bedürfnisse nach virtuellen oder imaginären Wirklichkeiten durch Medien wie Film, Fernsehen, DVDs, Computer Spiele und Popmusik. Am 19. Juli 2010 verkündete Amazon, dass zum ersten Mal mehr e-Books für iPads oder den Kindle verkauft worden waren als gedruckte und gebundene Bücher. Für einen meiner Kollegen und Freunde aus Norwegen, einen bekannten Professor der Geisteswissenschaften, war die Reise nach Rotterdam zu einem Auftritt von Stevie Wonder anlässlich des Nordsee Jazz Festivals ein glanzvoller Höhepunkt des Jahres 2010. Das Konzert konnte er als Aufzeichnung in seiner Heimatstadt Bergen noch einmal sehen. Ganz begeistert schickte er mir eine enthusiastische e-mail von dem Ereignis. Für diesen Kollegen spielt Stevie Wonder offensichtlich eine wichtige Rolle mit Blick auf das „Ethos" des Humanisten. Wann immer ich irgendwo in der Welt eine Vorlesung über ein literarisches Werk halte, kommen Fragen aus dem Publikum, vor allem den Jüngeren,

nach der Verfilmung dieses Werks und ob es davon schon eine Filmversion gebe.

3. Die neuen Medien haben zu der Substitution der Literaturwissenschaften alten Stils durch die *cultural studies* viel beigetragen. Es ist ja auch ganz natürlich, dass junge Menschen die Dinge unterrichten und darüber schreiben wollen, die sie interessieren, wie z.B. Film, *popular culture*, Frauen-/Genderstudien, African-American Studien, usw. Tatsächlich sind viele Fachbereiche für Englische Literatur in den USA inzwischen Departments für *Cultural Studies*, wie immer sie sich auch selbst bezeichnen mögen. Es wird nicht mehr lang dauern, dann wissen chinesische Studierende der Englischen Literatur, der Amerikanischen Literatur, der Welt-Literatur in Englisch mehr über diese Fächer als unsere einheimischen Studierenden. Eine von der Universität von Minnesota Press in „Literatur und Cultural Studies" veröffentlichte Liste neuer Bücher wies nicht ein einziges Buch zu Literatur im engeren Sinne aus.

Drei Bespiele aus hunderten von solchen angedeuteten Karriereorientierten Verschiebungen des Arbeitsinteresses seien hier diskutiert:

Edward Said startete als Spezialist für die Romane und Kurzgeschichten von Joseph Conrad. Als nächstes schrieb er ein theoriehaltiges Buch, *Beginnings* aber seinen wirklichen Erfolg und Ruhm erntete er mit seinen politischen Büchern wie *Orientalism, The Question of Palestine* und vor allem *Culture and Imperialism*. Das zweite, allerdings ganz andere Beispiel: Joan DeJean ist eine angesehene Professorin der Romanischen Sprachen an der Universität von Pennsylvania; über Französische Literatur schreibt sie jedoch nicht im altmodischen Stil des eingeführten und bekannten Kanons: Bühnenstücke von Racine, Romane von Marivaux oder Flaubert, Gedichte von Baudelaire, oder Romane von Duras (Bitte um Beachtung: alle außer Duras sind Männer). Ihre einflussreichen Bücher sind unter anderen *The Essence of Style: How the French Invented High Fashion, Fine Food, Chic Cafes, Style, Sophistication* und *The Age of Comfort: When Paris Discovered Casual—and the Modern Home Began*. Kurz und knapp: Professor DeJean beschäftigt sich mit *cultural studies*, mit feministischem Anstrich. Drittes Beispiel: Frank

Donoghue begann seine Karriere als Spezialist für die englische Literatur des 18. Jahrhunderts. 1996 veröffentlichte er ein schönes Buch zu *The Fame Machine: Book Reviewing and Eighteenth-Century Literary Careers.* Um das Jahr 2000 folgte Donoghue dann eher einem Interesse im Trend der Zeit und publizierte 2008 ein Buch mit dem Titel *The Last Professors: The Corporate University and the Fate of the Humanities.* Jetzt hält er in ganz Amerika als Experte Vorträge über die Unternehmensstruktur von Universitäten.

※

Ganz kurz habe ich die augenblickliche Situation in den Vereinigten Staaten skizziert, in deren Kontext die Frage „Sollen wir jetzt Literatur lesen und unterrichten?" gestellt werden muss: immer weniger Einfluss der Literatur auf die allgemeine Kultur; immer weniger Professoren, die Literatur getrennt von *cultural studies* unterrichten; immer weniger voll bestallte Professoren ohnehin; immer weniger Bücher über literarische Kritik veröffentlicht, und geringe Verkaufszahlen bei denen, die publiziert werden; rapide zurückgehende Zahlen der Neueinschreibungen in den Literaturwissenschaften; Literaturdepartments werden zu Dienstleistern für den Spracherwerb.

Die übliche Antwort von bedrängten Geisteswissenschaftlern und Humanisten: händeringend verteidigen sie ihr Fach und sagen, Literatur muss unterrichtet werden, denn wie sollten wir sonst unsere kulturelle Vergangenheit kennen, unser Bewusstsein erweitern oder ethische Standards lernen. Die Präsidenten der *Modern Language Association* von Amerika wiederholen seit Jahrzehnten Matthew Arnolds Ideen über das Bedürfnis des Wissens, wie er es in *Culture and Anarchy* (1869) („Kultur und Anarchie") formulierte, „the best that has been thought and said in the world" (das Beste, was je in der Welt gedacht und gesagt wurde). Robert Scholes beschwor diese Ideen noch in seiner MLA Präsidentschafts-Rede im Jahr 2004: „We need to show that our learning is worth something by ... broadening the minds of our students and helping our fellow citizens to more thoughtful interpretations of the crucial texts that shape our culture ... We have nothing to offer but the sweetness of reason and the light of learning." „Sweetness and light" ist Arnolds stetig wiederholter Satz in *Culture and Anarchy*, mit dem er zum Ausdruck bringen will, was Kultur uns geben kann. Dieses Buch war Pflichtlektüre im Englischkurs für Erstsemester am Oberlin College, als ich dort im Jahr 1944 eintrat.

Ich fürchte, dieser noble Gedanke Arnolds über die Segnungen der Literaturwissenschaft ist ziemlich tot und gehört der Vergangenheit an. Erstens erkennen wir heute deutlicher, wie problematisch und heterogen die literarische Tradition des Westens eigentlich ist. Sie lehrt uns nicht, wie lange angenommen, ein einheitliches Ethos und viele ihrer größten Werke sind alles andere als erhebend, Shakespeares *King Lear* eingeschlossen. Über *King Lear* sagt der Dichter John Keats in seinem Gedicht „On Sitting Down to Read King Lear Once Again": „For once again the fierce dispute,/Betwixt damnation and impassion'd clay/ Must burn through." Mit Blick auf Keats selbst schrieb Matthew Arnold an seinen Freund Clough, „What a brute you were to tell me to read Keats' letters. However, it is over now: and reflexion resumes her power over agitation."[6] Keines der Werke schien besonders erbaulich für seine Leser zu sein. Amerikanische Literatur ist auch nicht viel besser. Über eines unserer klassischen Werke, *Moby Dick*, sagte sein Autor Herman Melville, „Ich habe ein böses Buch geschrieben". Darüber hinaus leuchtet es mir nicht unmittelbar ein, wie die Lektüre von Shakespeare, Keats, Dickens, Whitman, Yeats oder Wallace Stevens unseren Studierenden überhaupt helfen können soll, mit den drängenden Problemen unserer gegenwärtigen Welt umzugehen: der Klimawandel, der die Species *homo sapiens* vielleicht bald aussterben lässt; eine weltweite Rezession und katastrophale Unterbeschäftigung (20 Millionen immer noch arbeitslos oder unterbeschäftigt, die auf das Konto aberwitziger und gieriger Politiker und Finanzmakler gehen; Medienkanäle wie *Fox News,* die mehr oder weniger die Lügenpropaganda unserer rechten Partei verbreiten und von vielen unschuldigen Bürgern für wahr gehalten werden; ein scheinbar endloser und nicht zu gewinnender Krieg in Afghanistan—wir alle kennen diese Probleme. Junge Menschen in den USA brauchen eine Ausbildung, die ihnen zu einem Job verhilft, bei dem sie nicht verhungern müssen. Vielleicht wären Kurse sinnvoll, in denen sie lernen könnten, wie man die Wahrheit von den Lügen der Internet-Propaganda unterscheiden kann.[7] Also, warum sollten wir jetzt in diesen düsteren Zeiten Literatur lesen und unterrichten? Ich komme auf diese Frage zurück.

Um diese Frage etwas weniger abstrakt zu machen, will ich mich ihr mit einem kurzen Gedicht von W.B. Yeats nähern. Ich bewundere dieses Gedicht sehr. Es berührt mich; so sehr, dass ich es nicht nur lesen sondern auch unterrichten will und mit allen darüber sprechen, die zuhören wollen. Das Gedicht hat den Titel „The Cold Heaven"; es ist aus Yeats's Gedichtband „Responsibilities von 1916.

The Cold Heaven

Suddenly I saw the cold and rook-delighting heaven
That seemed as though ice burned and was but the more ice,
And thereupon imagination and heart were driven
So wild that every casual thought of that and this
Vanished, and left but memories, that should be out of season
With the hot blood of youth, of love crossed long ago;
And I took all the blame out of all sense and reason,
Until I cried and trembled and rocked to and fro,
Riddled with light. Ah! When the ghost begins to quicken.
Confusion of the death-bed over, is it sent
Out naked on the roads, as the books say, and stricken
By the injustice of the skies of punishment?[8]

Vor langer Zeit habe ich einen ganzen Essay zu diesem Gedicht geschrieben.[9] Ich habe es noch einmal, allerdings kürzer, bei einer Konferenz über Welt-Literatur an der Jiao Tong Universität in Shanghai diskutiert. An der Jiao Tong wollte ich in meiner Diskussion zeigen, wie schwierig es ist, ein Gedicht von einer Kultur in eine andere zu transferieren. Jetzt und hier möchte ich an dem Gedicht paradigmatisch für die vorausgegangene Diskussion analysieren, ob wir *jetzt*, in dieser historischen Phase, Literatur lesen oder unterrichten sollen. Sollte ich dieses Gedicht jetzt lesen oder unterrichten? Meine Antwort lautet, dass es in diesem Zusammenhang kein „sollen oder nicht-sollen" gibt, keine zwingende Verpflichtung oder Verantwortlichkeit. Ich kann das Gedicht lesen oder unterrichten, aber diese Entscheidung ist durch nichts zu rechtfertigen, was außerhalb der Wirkung des Gedichts auf meine Rezeption läge. Am allerwenigsten kann ich Studierenden oder Verwaltungsbeamten allen Ernstes erzählen, dass es ihnen bei der Jobsuche helfen würde, wenn sie mir zuhörten, wenn ich das Gedicht lese; es würde auch die Folgen des Klimawandels nicht lindern oder helfen, mit den Unwahrheiten der Medien zurecht zu kommen, obwohl ich doch denke, dass ich als guter Leser erfolgreich Widerstand gegen Lügen aufbauen könnte. Das Gedicht lesen oder es zu unterrichten, ist jedoch ein Gut an sich, wie Kant für alle Kunst reklamierte. Der mystische Dichter Angelus Silesius (1624-77) versicherte in *The Cherubic Wanderer*, für das Sein der Rose gebe es kein warum, „The rose is without why". Wie die Rose, so ist „The Cold Heaven" ohne Grund. Das Gedicht, wie eine Rose auch, haben keinen außerhalb ihrer selbst liegenden Grund. Wir können es lesen oder nicht lesen—es ist sein eigener Seinsgrund. Junge Menschen heute, die Filme anschauen, Computerspiele spielen oder Popmusik hören, legen meistens keine Rechenschaft darüber ab, was sie tun. Sie tun es einfach, weil es ihnen Spaß macht. Mein akademischer Freund aus Bergen brauchte keine Rechtfertigung dafür, dass er unter beträchtlichem Aufwand dasselbe Stevie Wonder Konzert zweimal anhörte, einmal in Rotterdam und einmal in Bergen. Er ließ mich nur an seiner Freude und seiner Begeisterung durch eine e-mail teilhaben. Es war eine unvergessliche Erfahrung für ihn, so wie es für mich eine nachhaltige Erfahrung ist, Yeats's Gedicht „The Cold Heaven" zu lesen, darüber zu sprechen oder darüber zu schreiben. Diese Erfahrung darf eigentlich nicht durch praktische Nützlichkeitserwägungen legitimiert werden. Sollte ich das versuchen, muss es mir misslingen.

Wenn ich aber einen Film sehe, der mir gefällt, oder ein Konzert höre, das mich bewegt, dann ist es eine natürliche Reaktion, dass ich anderen Menschen davon erzählen möchte, wie mein Freund aus Bergen allen Bekannten über diese Stevie Wonder Konzerte erzählen will. Diese Mit-Teilungen haben oft die Form „Wow! Ich habe gestern Abend einen tollen Film gesehen. Lass mich davon erzählen." Ich vermute, mein Wunsch Yeats's „The Cold Heaven" zu unterrichten, hat eine ziemlich ähnliche Form: „Wow! Ich habe gerade ein wunderbares Gedicht von Yeats gelesen; lass es mich vorlesen und dann darüber sprechen." Dieses ‚darüber sprechen' bekommt die Funktion, dass ich das weitergeben, teilen, mitteilen will, wovon ich glaube, es könnte bei anderen Lesern eine ähnliche Begeisterung wie bei mir hervorrufen.

Im Folgenden liste ich der Ordnung des Gedichts folgend auf, was ich denke, was mit Blick auf das Gedicht wichtig ist zu wissen—nicht nur für chinesische Leser, sondern auch für einen westlichen Computerspiele spielenden jungen Menschen, der nicht so vertraut ist mit europäischer Dichtung. Wie ich, so beobachtet auch David Damrosch, dass ein literarisches Werk, wenn es in einem anderen kulturellen Kontext zirkuliert, unterschiedlich gelesen wird. Ich spreche hier nicht von einer komplexen kulturell eingebetteten Lektüre, sondern nur von der Herausforderung, das Gedicht zu verstehen. Dieses Bedürfnis nach Sinn kann zum Beispiel dadurch entstehen, dass der eine oder der andere Satz ins Chinesische übersetzt werden soll. Hier sind einige Informationen, die man besser in Betracht zieht, wenn es darum geht „The Cold Heaven" zu verstehen: 1) Einiges über Yeats's Leben und Werk; 2) eine Erklärung zu dem gewählten Versmaß: drei iambische Hexameter mit der Reimform abab. Ist dies eine besondere Art von Sonnet in Hexametern anstatt Pentametern, bei dem das letzte Reimpaar fehlt? 3) Ein Gefühl für die Bedeutung, die ständig wiederkehrende Wörter wie „sudden" oder „suddenly" („plötzlich") in Yeats's Lyrik haben; 4) Welche Art von Vogel ist ein „rook"—eine Art von Saatkrähe mit der Konnotation ‚ein betrügerisches Wesen' und weshalb mögen sie am liebsten kaltes Wetter? 5) die doppelte Bedeutung von „Himmel" als Firmament und der übernatürliche Raum jenseits des Firmaments, wie er am Beginn des Gebets „Vater Unser, der Du bist im Himmel wie auf Erden" aufscheint; man vergleiche damit „skies" („die Himmel") am Ende des Gedichts: „the injustice of the skies for punishment" (die Ungerechtigkeit der Himmel bei Strafen)[10]; 6) eine Erklärung für Oxymora („burning ice") und die Geschichte dieses speziellen Oxymorons in der westlichen Dichtung; 7) ein Versuch, den semantischen Unterschied zwischen „Imagination" und „Herz" aufzudecken und dabei die Nuancen jedes dieser Begriffe zu berücksichtigen; 8) eine Erklärung zu beiden Referenzen für „crossed" im Ausdruck „Erinnerungen ... an eine Liebe, die vor langer Zeit den Weg kreuzte", einerseits die Anspielung auf Shakespeares Romeo und Julia as „star-crossed lovers" (von den Sternen in ihrer Liebe zueinander verdammt), und der Hinweis auf die biographische Tatsache, dass Yeats unsterblich und unglücklich in Maud Gonne verliebt war. Sie verließ ihn wiederholt, deshalb ist es in gewissem Sinne absurd, dass er die

Verantwortung für die gescheiterte Liebesbeziehung übernimmt; er tat sein Bestes, sie zu umwerben; 9) Den Unterschied zwischen „sense" (dt: Sinn, Verstand) und „reason" (dt. Vernunft) verstehen, der die Zeile trägt „I took the blame out of all sense and reason" (dt. Jenseits von allem Sinn und Verstand nahm ich alle Schuld auf mich), oder ist dies vielleicht tautologisch? A. Norman Jeffares zitiert T.R. Henns Erklärung, dass „out of all sense" ein irischer (und doppeldeutiger) Ausdruck ist, der beides meint, sowohl ‚jenseits von allem, was der gesunde Menschenverstand rechtfertigen könnte' und auch ‚jenseits allen Gefühls'"[11] 10) die doppelte Bedeutung des Verbs „riddle" in der wunderbaren Phrase „riddled with light" (dt. „rätselhaft durch das Licht" und „von Licht perforiert"): „riddle" von Punkten übersät, und jemand hat Rätsel aufgegeben; „being riddled with light" ist paradox, weil Licht eigentlich erhellend und nicht verdunkelnd ist; 11) Bewegung entlang der Zeilen, bis sie sich auf „quicken" konzentrieren in „when the ghost [meaning disembodied] begins to quicken,/ Confusion of the death bed over"; „quicken" bedeutet den Lebensbeginn des befruchteten Eies im Uterus, damit überlagert eine erotische Liebes-Bett Szene die Todes-Bett Szene; 12) „as the books say": welche Bücher? all die esoterischen und volkskundlichen Bücher, die Yeats so gerne las; 13) man beziehe „injustice of the skies for punishment" auf die übliche Annahme, dass der Himmel nur gerecht strafe, uns nach dem Tod das gebe, was uns zukomme; warum und wie kann der Himmel/können die Himmel ungerecht sein? Ihn für etwas zur Verantwortung ziehen, wofür er nichts kann? Denken wir an die griechische und die spätere Tragödie. Oedipus ist doch nicht schuld daran, dass er seinen Vater tötete und mit seiner Mutter Kinder zeugte? 14) Weshalb ist der letzte Satz eine Frage? Ist er eine echte Frage oder eine rhetorische Frage? Würde die Antwort ihren Platz finden, wenn die Leerstelle, die der letzten Zeile des defekten Sonnets folgt, gefüllt wäre? Hier scheinen zwei Unstimmigkeiten gleichzeitig aufzutreten: zu lange Zeilen und zu wenige Zeilen. 15) Schließlich bleibt noch ein Punkt zu erwähnen: Leser möchten vielleicht wissen, oder haben vielleicht schon selbst beobachtet, dass Yeats—wie andere europäische Dichter seiner Generation—in diesem Gedicht und auch in anderen seiner Texte davon beeinflusst war, was er von chinesischer Dichtung und chinesischer Denkungsart durch Übersetzungen kannte. Der Band *Responsibilities*, der „The Cold Heaven" beinhaltet, hat einen Epigraph von jemandem, den Yeats etwas prätentiös „Khoung-Fou-Tseu" nannte; man fühlt sich an Confucius erinnert: „How am I fallen from myself, for a long time now/I have not seen the Prince of Chang in my dreams" (*Variorum Poems*, 269). Chinesische Leser haben sicher viel zu dieser ‚China Connection' zu sagen und auch darüber, wie diese „The Cold Heaven" zu einem Werk der Welt-Literatur macht.

All diese Informationen sind für meine Leser nicht gedacht, um ihr „Bewusstsein zu erweitern", sondern in der Hoffnung, sie möchten es ihnen ermöglichen, das Gedicht genauso wertzuschätzen wie ich, ja genauso angerührt zu sein wie ich. Yeats's Gedicht kann man kaum als „erbaulich" bezeichnen, denn seine thematische Klimax besteht in der Behauptung, dass die Himmel ungerecht seien und die Menschen für Dinge bestraften, die sie nicht zu verantworten haben. Das ist eine verstörende Weisheit. Zu anderen über dieses Gedicht zu sprechen ist nicht etwas, das ich tun *sollte*, sondern etwas, wozu das Gedicht selbst mich treibt.

Fragt man mich, ob ich glaube, dass es für US Colleges, Universitäten oder unsere Zeitschriften und Universitätsverlage eine Zukunft gibt, so antworte ich mit ‚Nein'. Ich bin überzeugt, dass die düsteren Zeiten für die Literaturwissenschaften zum Teil damit begannen, dass unsere Colleges und Universitäten das Format von ‚Berufsschulen' zur Ausbildung für Jobs annahmen, in Institutionen, die immer weniger Platz für die Geisteswissenschaften haben, dafür aber erstaunlich mehr für die neuen Technologien, welche die Literatur schnell veraltet erscheinen lassen, ein Relikt der Vergangenheit. Viele von denen, die Literatur unterrichten könnten, die sogar dafür angestellt wurden, unterrichten stattdessen lieber ‚cultural studies': Modeentwürfe, oder die Geschichte des westlichen Imperialismus, oder Film, oder irgendetwas aus dem weiten Feld anderer Interessen, welche die Literatur ersetzt zu haben scheinen.

Zum Schluss füge ich allerdings einen möglichen Nutzen hinzu— wenn auch etwas schüchtern und vorsichtig—einen Nutzen, den die Beschäftigung mit Literatur und Literaturtheorie in diesen zukunftspessimistischen Tagen dennoch haben könnte, oder haben sollte. Die Bürger eines Landes, wenigstens in den USA, werden zurzeit mit einer Flut von Falschdarstellungen und offenen Lügen von Politikern, von den neuen Medien und der Werbung in Fernsehen und Radio überschwemmt. Sogar mein lokaler Fernsehsender, angeblich objektiv, strahlte täglich mehrmals eine Werbung des Ölriesen Chevron aus, in der dieser sich selbst unter dem Slogan „Die Macht der Menschlichen Energie" (The Power of Human Energy) anpries. Es dauert nur eine Sekunde, um zu verstehen, dass das eigentliche Interesse von Chevron sich auf die Energie des Öls und nicht auf die des Menschen richtet. Chevron ist hingebungsvoll damit beschäftigt, so viel Geld wie möglich (Aber-Milliarden von Dollars jährlich) aus der Gewinnung fossiler Brennstoffe zu verdienen und dabei in verheerendem Ausmaß zur Erderwärmung beizutragen. Die Werbung ist eine glatte Lüge. Für unsere Argumentation hier heißt das, wenn wir lernen, Literatur unter rhetorischen Gesichtspunkten zu lesen, ist das ein hervorragendes Training dafür, solche Bedeutungsverdrehungen und Lügen zu entdecken.

Gründe dafür liegen in der Tatsache, dass viele literarische Texte imaginäre Charaktere präsentieren, die sich in ihrer jeweiligen Einschätzung von anderen Figuren sehr stark irren, so täuscht sich zum Beispiel Elizabeth Bennett in ihrer Interpretation von Darcy in Jane Austens *Pride and Prejudice* (dt. *Stolz und Vorurteil*); Dorothea erkennt die zweckgerichteten Lügen Edward Casaubons in George Eliots *Middlemarch* nicht; oder Isabel Archer sieht hinter den eleganten Worten von Gilbert Osmond nicht die unehrenhaften Absichten in Henry James' *The Portrait of a Lady* (dt. *Bildnis einer Dame*). Literatur ist deshalb auch ein wirksames Training Lügen und Beschönigungen zu erkennen, verdeckte Bedeutungen hinter den Worten vorscheinen zu lassen und die Funktion von rhetorischen Figuren ebenso wie die Rhetorik der Überredung in literarischen Sprachmustern zu verstehen. Kenntnisse in dieser Hinsicht könnten verwandelt werden in einen klugen und wirksamen Widerstand gegen Lügen und ideologische Verdrehungen, wie sie Politiker und Talkshow Master in aller Öffentlichkeit verkünden, zum Beispiel die Unwahrheit über den Klimawandel, oder die falschen Behauptungen, Barack Obama sei ein Muslim, ein Sozialist und nicht der wirkliche Präsident der Vereinigten Staaten, weil er eben nicht in den USA geboren wurde. Als Motto für diese Verteidigung der Literaturwissenschaften könnte Paul de Mans provokatives Diktum in „The Resistance to Theory" fungieren. „Was wir Ideologie nennen", so Paul de Man, „ist gerade die Verwechslung von linguistischer und natürlicher Wirklichkeit, die

Konfusion von Referenz und Phänomen. Daraus folgt also, dass mehr als jede andere Methode der Forschung, Wirtschaftswissenschaften eingeschlossen, die Untersuchung der literarischen Sprache ein mächtiges und unerlässliches Werkzeug dafür ist, ideologische Irrwege zu demaskieren, ebenso wie die Rhetorik der Literatur einen bestimmender Faktor für die Konstruktion solcher Ideologien überhaupt darstellt."[12]

Die Chancen, dass das Studium der Literaturwissenschaft diesen wohltuend aufklärerischen Effekt auf viele Menschen haben könnte, sind sehr gering. Man kann nur die „Hoffnung wagen"[13], dass einige Menschen, die Literatur und Literaturtheorie studieren, diese Chancen erkennen und sich der Demaskierung jener verkappten ideologischen Botschaften widmen, die uns heute in den Vereinigten Staaten von allen Seiten entgegenkommen. Die Chancen sind deshalb nicht groß, weil man mit der Schwierigkeit konfrontiert sein wird, dass das, was einem aus einer sorgfältigen Lektüre von Henry James' *Bildnis einer Dame* an Demaskierung von Ideologie entgegenkommt, im Endeffekt bedeuten könnte, die Republikaner zu wählen—wenn das infrage stehende Einkommen zufällig in den oberen zwei Prozent aller Amerikaner anzusiedeln ist—und wenn kurzfristige Gewinnmaximierung das einzige und vorrangige Studienziel sein sollte. Eine weitere große Schwierigkeit ist die aktuelle Situation in amerikanischen Universitäten, die ich vorher skizziert hatte. Derridas *The University without Condition* (dt. „Die unbedingte Universität", in *Die Zukunft der Universität*, Suhrkamp 2002) wurde nicht gerade mit Begeisterung begrüßt, als er seine Idee als Vortrag an der Stanford Universität hielt. Trotz der Lippenbekenntnisse zu Unterricht in sogenanntem „kritischem Denken" ist es sehr unwahrscheinlich, dass jene Politiker und Entscheidungsträger von Unternehmen, die jetzt über Wohl und Wehe von staatlichen wie auch privaten Colleges und Universitäten bestimmen, etwas unterstützen könnten, was die Basis dessen, wonach sie entscheiden ‚wer was' unterrichtet, infrage stellen würde. Sie brauchen Höhere Bildungsanstalten—wenn überhaupt—in erster Linie nur für den Unterricht in Mathematik, Naturwissenschaften, Technologie, Ingenieurwissenschaften, Computerwissenschaften, Grundkenntnisse in Englisch und anderen Fertigkeiten nur für einen Job in einer technologisierten kapitalistischen Ökonomie. *Stolz und Vorurteil* auf der Grundlage einer rhetorischen Komposition zu analysieren und diese Einsichten dann auf die Lügen von Politikern und Werbefachleuten zu übertragen, gehört nicht zu den genannten Fertigkeiten. Bis jetzt habe ich noch in keiner von Präsident Obamas wortgewandten Reden irgendetwas über die dringende Notwendigkeit der Verbesserung von Lehre, Ausbildung und Studium in den USA gehört.

Anmerkungen

1. Jacques Derrida, *L'Université sans condition*. Paris: Galilée 2001; ibid. „The University without condition." Trans. Peggy Kamuf. In *Without Alibi*, ed. and transl. Peggy Kamuf. (Stanford, Ca.: Stanford University Press, 2002).

2. Peggy Kamuf, „Counting Madness," in *the Future of the Humanities: U.S. Domination and Other Issues*, a special issue of *The Oxford Literary Review*, ed. Timothy Clark und Nicholas Royle, vol. 28 (2006), 67-77.

3. Quoted in Frank Donoghue, „Prestige" *Profession 2006* (New York: The Modern Languages Association of America, 2006), 156.

4. http://opa.yale.edu/president/message.aspx?id=91 (besucht Sept. 6, 2010)

5. Nach Donogue sind zwischen 1970 und 2001 Bachelor's Degrees in Englisch von 7.6 auf 4 Prozent zurückgegangen, ebenso sind die Fremdsprachen-Abschlüsse von 2.4 auf 1 Prozent gefallen; *The Last Professors*, 91.

6. http://www.poemhunter.com/poem/on-sitting-down-to-read-king-lear-once-again / (Accessed September 6, 2010.)

7. Einen Vorschlag für solche Kurse findet man bei David Pogues Interview mit John Palfrey, Harvard Law School Professor und Co-Direktor des Harvard Berkman Center for Internet & Society auf http://www.nytimes.com/indexes/2010/07/22/technology/personaltechemail/index.html (besucht 6. September 2010)

8. W.B.Yeats, *Responsibilities: Poems And A Play By William Butler Yeats* (Churchtown, Dundrum :The Cuala Press, 1914).

9. J. Hillis Miller, „W.B. Yeats: ‚The Cold Heaven'", in *Others* (Princeton: Princeton University Press, 2001), 170-182.

10. Anm. d Übers.: es gibt ein deutsches Kirchenlied, in dem dieser Plural ebenfalls auftaucht: „Oh Heiland, reiß die Himmel auf, herab herab zur Erde lauf".

11. A. Norman Jeffares, *A Commentary on the Collected Poems of W.B. Yeats* (Stanford. Ca: Stanford University Press 1968), 146.

12. Anm. d. Übers. zitiert nach Paul de Man, „The Resistance to Theory," in *The Resistance to Theory* (Minneapolis: University of Minnesota Press, 1986), 11.

13. Zitiert nach Barack Obamas Buch *The Audacity of Hope: Thoughts on Reclaiming the American Dream*, Random House Large Print (November 7, 2006); (dt. *Hoffnung wagen: Gedanken zur Rückbesinnung auf den American Dream*).

II

Grenzgängerei mit Iser und Coetzee
Literatur lesen—aber Wie und Wozu?

An die Tür der Vergangenheit klopfen ...

Soweit ich mich erinnere, fand unsere erste Begegnung statt bei einem Treffen des Englischen Instituts der Columbia Universität im Jahr 1970. Damals wie heute ist das Englische Institut ein jährliches Treffen von etwa 150 Wissenschaftlern, (heute vielleicht sogar mehr), vor allem Anglistik-Professoren, die Vorträge in Panels hielten. Das Englische Institut zog übrigens vor einer Reihe von Jahren von Columbia nach Harvard. Ich hatte Paul de Man, damals mein Kollege an der Johns Hopkins Universität, gebeten, einen Panel zur Theorie der Narrativität für ein Treffen des Englischen Instituts zu organisieren. Er lud Edward Said, Martin Price, Gérard Genette und Wolfgang Iser zu Vorträgen ein. Iser präsentierte bei diesem Anlass eine Version seiner Theorie der Leerstellen in interpretativen Akten, „Unbestimmtheit und Reader Response in Prosaliteratur".[1] Ich glaube, das war Isers erster öffentlicher Auftritt in den Vereinigten Staaten.

Am lebhaftesten ist mir jedoch Isers Diskussion mit de Man im Foyer vor dem Hörsaal in Erinnerung. De Man versuchte (vergeblich), Iser davon zu überzeugen, dass die Leerstellen innerhalb der Wörter und nicht zwischen den Wörtern zu finden seien. Dieser Unterschied ist bedeutungsträchtig. Es war der Kampf der unwiderstehlichen Kraft mit dem unbeweglichen Felsen. Isers Gesichtsausdruck war skeptisch und er wich keinen Fingerbreit von seiner Position ab.

Zwar änderte sich Isers Werk im Laufe der Jahre, aber nach seinem eigenen Tempo und auf unvorhersehbare Weise und unter unvorhersehbaren Einflüssen. Ein Beispiel ist seine relativ späte Hinwendung zur Anthropologie generell—nicht nur zur literarischen Anthropologie. In

Isers Spätwerk lässt sich dies nachzeichnen durch den Einfluss der Ideen von Eric Gans ebenso wie der Schriften von Claude Levi-Strauss, André Leroi-Gourhan und anderen Anthropologen, die hauptsächlich in der Einleitung zu *Das Fiktive und das Imaginäre* genannt werden. Allerdings sagt Iser auch, dass keiner dieser Anthropologen, auch Gans nicht, in der Lage sei, die Rolle und Bedeutung des Fiktiven für menschliches und soziales Leben hinreichend auszuweisen. In seinen späteren Schriften richtet sich Isers Interesse nicht länger darauf, auf welche Weise Leser die Leerstellen von Texten auffüllen um eine bedeutungsvolle *Gestalt* aus den bis zu einem gewissen Grad unbestimmten Zeichen zu formen. Stattdessen versuchte er nun, die Funktion und die Bedeutung zu erklären, die Literatur für individuelles und soziales Leben hat.

Iser wollte verstehen woran es liegt, dass „man der Kunst nicht entbehren kann … weil durch sie eine Selbstauslegung des Menschen geschieht." Er wollte den Grund kennen, „warum Literatur als Vergegenständlichung der Plastizität des Menschen notwendig zu sein scheint."[2]

Einige Zeit nach unserem ersten Treffen ermutigte ich Iser, die englische Übersetzung seines Buchs *Der implizite Leser* bei der Johns Hopkins Press zu publizieren. Er übersetzte es selbst. Er sagte mir, dass die Übersetzung extrem harte Arbeit sei, fast wie ein neues Buch zu schreiben. Durch diese Erfahrung hatte er herausgefunden, dass deutsche akademische Prosa nicht immer Sinn macht, wenn sie mehr oder weniger wörtlich ins Englische übertragen wird. „Man kann es einfach so in Englisch nicht sagen", stellte er fest. Es ist wahr, dass die akademischen Schreibkonventionen sich in den beiden Ländern und in den beiden Sprachen deutlich voneinander unterscheiden. In den USA legen wir Wert darauf, so weit wie möglich in idiomatischem Englisch zu formulieren, das jedermann verstehen kann. Akademisches Deutsch ist—oder war—fast eine eigene Sprache, jedenfalls bei Iser. Es war ein Idiom mit eigenen Regeln und einer eigenen Ordnung. Die Bände mit Aufsätzen und Diskussionen aus der Reihe *Poetik und Hermeneutik*— eine der bleibenden Leistungen der Konstanzer Schule—sind alle in diesem Idiom verfasst. Ich erinnere mich, dass Paul de Man, der einen Sommer in Konstanz unterrichtete während ich in Zürich war, und der an einer der *Poetik und Hermeneutik* Konferenzen teilnahm, eines Tages zu mir sagte: „Du wirst das nicht glauben, aber sie können tatsächlich in demselben Stil reden, in dem sie schreiben." Isers *Das Fiktive und das Imaginäre*, mein Bezugstext in diesem Essay, war ursprünglich ein Beitrag zu einem der *Poetik und Hermeneutik* Bände mit dem Titel *Konstitution und Funktion fiktionaler Texte*. Die Übersetzung von *Das Fiktive und das Imaginäre* stimmt übrigens nicht immer genau mit der deutsch-sprachigen Version überein; das habe ich beim Abgleichen der Zitate entdeckt. Iser hat die Übersetzung kontrolliert, geprüft und anerkannt, also konnte er sich die Freiheit erlauben, sein Deutsch ins Englische zu übertragen. Sogar der Untertitel wurde ganz wesentlich verändert. „Charting Literary Anthropology" hat nicht dieselbe Bedeutungsnuance wie „Perspektiven literarischer Anthropologie".[3]

Im Laufe der Jahre ergaben sich viele berufliche Kontakte, entstanden meist dadurch, dass Iser mich mehrfach zu Vorträgen nach Konstanz einlud. Eine Auswahl aus der Vortrags-reihe mit dem Titel *Konstanzer Dialoge* bildete die Basis für mein Buch *Illustration,* (Harvard and Reaktion Books, 1992). Die deutsche Version (Universitätsverlag Konstanz, 1993, übersetzt von Monika Reif-Hülser) beginnt mit einem klugen und scharfsinnigen Überblick von Iser selbst über mein ganzes Werk bis zu diesem Zeitpunkt. Der Übersetzung wurde ein nachklingender Untertitel beigegeben, den es in der englischen Version nicht gibt: „Die Spur der Zeichen in Kunst, Kritik und Kultur." „Die Spur der Zeichen": daran hätte ich nie gedacht. Auch wäre ich nicht auf den Gedanken gekommen, als Cover Illustration einen trefflichen Stich von Edward Gorey zu verwenden, auf dem ein Mann zu sehen ist, der in einem heftigen Sturm einen Berg erklimmt—zweifellos folgt er der Spur der Zeichen.

Eine letzte berufliche Reminiszenz: als ich darüber nachdachte, ob ich von Yale zur Universität von Kalifornien in Irvine wechseln sollte, rief Iser mich an—er war schon seit einigen Jahren ständiger Gastprofessor in Irvine—und zählte mir mit großer Überzeugungskraft all die Gründe auf, weshalb ich unbedingt nach Irvine kommen sollte. Dieser Anruf gab den letzten Anstoß für meine Entscheidung, Mitglied der Irvine Fakultät zu werden. Dort hatte ich dann viele Jahre lang Wolfgang Iser als Kollegen und als Freund. Seine Verbindung zu Irvine wurde in den letzten Jahren überschattet von den auf absurde Weise erschwerten Visa Regularien der Vereinigten Staaten, die ihn zwangen, nach Frankfurt zu fahren und sich dort um fünf Uhr morgens in die wartende Schlange einzureihen, endlos Formulare auszufüllen, auf denen so bizarre Fragen gestellt wurden wie „Wie hieß der Direktor Ihres Gymnasiums?" Ich verstehe, dass Iser sich zu fragen begann, ob er sich diesen Unannehmlichkeiten immer wieder aussetzen sollte, so gern er auch in Irvine unterrichtete. Diese erschwerten Einreisebedingungen nach 9/11 behinderten nicht nur den internationalen Austausch von Wissenschaftlern oder die Teilnahme an Konferenzen in den USA, sondern auch die Zulassung graduierter Studierender von außerhalb der Vereinigten Staaten.

Wenn ich an die Tür der Vergangenheit klopfe und die Erinnerungen an Wolfgang Iser purzeln heraus, dann sind zweifellose Höhepunkte die vielen Restaurantbesuche, die wir zusammen unternahmen. Bei meinem ersten Vortrag in Konstanz holte er mich vom Flughafen ab und fuhr mich in einem sehr großen, sehr schnellen Mercedes nach Konstanz. Seiner Überzeugung nach hatten alle entgegenkommenden Fahrzeuge auf den damals noch sehr engen Straßen auszuweichen—was sie auch taten. Er war ein auffallend geschickter Fahrer. Bei einer anderen Gelegenheit nahm er mich mit auf eine Tour zu mehreren Weingütern in der Umgebung von Konstanz. Ich erinnere mich besonders an ein Weingut in einem Kloster. Das nächste Mal fuhren wir an mehreren Abenden hintereinander in drei verschiedene Restaurants um Hirsch zu essen: in Deutschland, in Österreich und in der Schweiz.

In Irvine gingen wir während seiner Besuche mit unseren Frauen aus zum Essen, oder machten Ausflüge. Einmal verbrachten wir das Wochenende im Naturpark der ‚Anza Borrego' Wüste. Iser fuhr bei diesen Gelegenheiten immer in seinem großen Mietwagen. Mit besonders großem Vergnügen erinnere ich mich an unsere Geburtstagsessen am 5. März im *Gustav Anders*, einem Restaurant in Irvine, das Isers hohen Ansprüchen gerecht wurde. Er erwartete guten Service, ein angenehmes Ambiente, gute sehr trockene Weißweine und gute Beefsteaks ohne Sauce und Garnituren. Dieses Restaurant ist verschwunden, sein Besitzer zurück in Schweden—ebenso verschwunden wie die Epoche florierender Theorie in Irvine. In diesen glücklichen Zeiten war es nicht nur Iser, sondern auch Jacques Derrida, Jean-François Lyotard, und andere Theoretiker, die unter der Ägide von Murray Krieger regelmäßig in Irvine lehrten.

Falls meine Erinnerungen über Gebühr auf die Feinschmeckerei gerichtet sein sollten, will ich als Gegengewicht abschließend die tiefe musikalische Kennerschaft Wolfgangs erwähnen, der ich viele Einblicke verdanke. Ganz besonders erinnere ich mich an eine der berühmten Aufführungen der *Meistersinger* in München, die ganzen fünf oder mehr Stunden, unterbrochen nur durch die Diner Pause; ebenso an die eindrucksvolle CD-Sammlung im Iserschen Haus in Konstanz, und an die Situation, in der er mir genau sagte, welche Einspielung von Bachs *Weihnachts-Oratorium* ich kaufen solle und nur in dem von ihm ausgesuchten Geschäft. Die Liebe der beiden Isers zu Wien, die sich hauptsächlich über die hervorragenden Konzerte dort entwickelte, ist ein weiterer Grund für die Betroffenheit über Wolfgangs Tod und Lores Wunsch, ihm bald zu folgen.

Ist Das Fiktive und das Imaginäre *ein Fiktives Werk*?

Ich wende mich nun so gut ich kann einer kurzen Darstellung der Leitlinien von Isers Ideen über Literatur zu.[4] Diese Ideen sind ein unverzichtbarer und einmaliger Beitrag zur epochalen Blütezeit von Literaturtheorie und Literaturkritik im späten zwanzigsten Jahrhundert. Isers Schreiben lässt sich nicht mit dem Schreiben von irgendjemand anderem vergleichen. Um Isers Werk als Literaturwissenschaftler gerecht werden zu können, seinen Änderungen und Kombinationen über die Jahre von der Reader-response Theorie bis hin zur literarischen Anthropologie sprengt den Rahmen einer einzigen Vorlesung. Vielleicht würde es mich auch überfordern, wie viel Raum und Zeit auch zur Verfügung stünde. Ich möchte deshalb etwas sehr viel Bescheideneres versuchen: nämlich aus seinem Buch von 1991, in Übersetzung *The Fictive and the Imaginary* (1993), die Einleitung und das erste Kapitel zu lesen. Dieses erste Kapitel heißt im Englischen „Fictionalizing Acts", im Deutschen „Akte des Fingierens". Ich wähle dieses einundzwanzig-Seiten- Kapitel etwas willkürlich, teils weil es Isers Hinwendung zu dem zeigt, was er in seinen späteren Schriften „literarische Anthropologie" nannte, teils aber auch aus dem etwas sentimentalen Grund, dass *Das Fiktive und das Imaginäre* zeitgleich mit meinen eigenen Vorträgen in Konstanz entstand, die dann die Grundlage für mein Buch zu *Illustration* bilden, das sich in einem weiteren Sinne um *Ekphrasis* dreht. Ich will dann versuchen herauszufinden, ob Isers „literarische Anthropologie" uns helfen kann, einen Text wie M. Coetzees *Warten auf die Barbaren* zu verstehen und als Ausdruck unserer Zeit zu lesen. Das führt vielleicht zu einer Antwort auf meine Frage im Titel, „ Sollen wir jetzt Literatur lesen, und wenn ja, Wie?" Wie sollen wir *Warten auf die Barbaren* jetzt lesen? Welche Einsicht kann es uns in diesen politisch und gesellschaftlich angespannten Zeiten überhaupt vermitteln?

Ich muss zu Beginn einräumen, dass es mir nicht ganz leicht fällt, Isers Eröffnungskapitel „Akte des Fingierens" („Fictionalizing Acts") ohne weiteres zu verstehen. Ich habe es immer wieder gelesen. Trotzdem kann ich mich des Gefühls nicht erwehren, dass ich es mir nicht völlig zu eigen machen kann. Einer der Gründe mag sein, dass mehrere Übersetzer daran arbeiteten, die Konventionen des deutschen akademischen Diskurses ins Englische zu übertragen: David Henry Wilson, John Paul Riquelme und Emily Budick zusammen mit Iser selbst als letzter Entscheidungsinstanz. Konzeptuelle Wörter des Deutschen können nie auf eine wirklich befriedigende Weise ins Englische übertragen werden. Jeder dieser Begriffe trägt das Gewicht einer langen Gebrauchsgeschichte im Deutschen. Ein Beispiel ist Isers Gebrauch des Wortes „Intentionalität". Dieser Begriff muss im Kontext der Husserlschen Philosophie verstanden werden, ein Kontext, der vielen Lesern der englischen Übersetzung sehr wahrscheinlich nicht vertraut ist. Trotz dieser Kontexte ist Isers Diskurs zu einem beachtlichen Teil einzig in seiner Art. Ich kenne keinen anderen Theoretiker, dessen Diskurs demjenigen von Iser ähneln würde. In meinem Versuch zu erklären, was er sagt, werde ich durch sein Textlabyrinth dem Ariadne-Faden meiner ursprünglichen Frage folgen: Sind die „Akte des Fingierens" selbst fiktiv nach Isers Definition des Fiktiven?

Diese Frage erscheint fast absurd. Isers Diskurs, so scheint es, ist alles andere als fiktiv. Es ist ein nüchtern argumentierter Versuch das Fiktive und dessen Rolle im menschlichen Leben zu definieren. Zu diesem Zweck hat Iser sich eine Reihe von abstrakten Begriffen als Hilfsmittel bereit gelegt: das Reale, das Fiktive, das Imaginäre, „der Text", Überschreitung, Akt, Intentionalität, Selektion, Kombination, Ereignis, „Entgrenzung", Spiel, und so weiter in ständiger Auffächerung. Isers Text ist komponiert aus Abwandlungen und Kombinationen dieser Begriffe und folgt der

Dynamik mit der die Begriffe zueinander in Wechselbeziehungen treten mit dem Ziel, das Fiktive zu definieren.

Ein großer Teil der Schwierigkeit Iser zu verstehen, liegt für mich zumindest darin, dass seine Diktion auf einem hohen Niveau begriffliche Abstraktionen auf komplexe Weise manipuliert, auch wenn er unermüdlich erklärt, was er mit einem bestimmten Ausdruck meint; zum Beispiel „Selektion". Jede Erklärung mobilisiert jedoch immer weitere Abstraktionen und bietet nur ein Minimum an Erläuterung durch konkrete Beispiele. Hier ist ein Beispiel für all jene, die sich nicht gerade kürzlich einer intensiven Iser-Lektüre verschrieben haben: wie erklärt Iser in seinem dichten stilistischen Diskursgewebe „Selektion"? Zunächst die deutsche Version, dann die von Iser selbst übertragene englische Version: „Denn jede hergestellte Beziehung wird die Gegebenheit der Elemente verändern, ja, diese, zu bestimmten Positionen verfestigen, die ihre Stabilität durch das von ihnen Ausgeschlossene gewinnen. ... dadurch kommt das Abwesende zur Gegenwart. Lebt aber die realisierte Beziehung von dem, was sie abweist, so bringt die Relationierung als Produkt eines fingierenden Aktes das Realisierte und das Abwesende prinzipiell in eine Ko-Präsenz, die bewirkt, dass realisierte Beziehungen in ihre Schattenhaftigkeit zurückfallen und andere sich vor ihnen zu stabilisieren vermögen. (FIg, 29-30) (Consequently, while each relation achieves stability through what it excludes, it creates its own background of unchosen qualities. ... Thus what is absent is made present. But while the realized combination draws its life from what it has excluded, the fictionalizing act or relating clearly brings about a copresence of the realized and the absent. This in turn causes the realized relations to be undermined. It makes them sink back into the shadows of background existence, so that new relations can come to the fore, gaining stability against this background.") (FIe, 8)

Wie man sieht, ist es Isers Intuition, oder vielleicht auch seine absichtliche Strategie, die ihn veranlasst, von oben und nicht von unten zu beginnen, von dort, wo er die weiteste Perspektive auf die infrage stehenden Sachverhalte hat, anstatt sich mit den engen Grenzen von Beispielen zu beschäftigen. Das würde eher meinem Denken entsprechen. Obwohl Iser mehr als einmal in den „Akten des Fingierens" einräumt, dass jede Fiktion auf vielfältige Weise mit und in Geschichte verzahnt ist, will er—wie viele andere Philosophen und Theoretiker—grundlegende und allgemeingültige Definitionen formulieren, was das Fiktive sei, was es bewirke, und was für alle Zeiten, für alle Orte und für alle Kulturen gelte.

Bei meinem Versuch, die Bedeutung von Isers Diskurs auszuweisen, kann es hilfreich sein, sich an Walter Benjamin und seine Abhandlung „Die Aufgabe des Übersetzers" zu erinnern, in der er zwischen *das Gemeinte* und *die Art des Meinens* unterscheidet. In seinem Essay zu Benjamins Überlegungen nennt Paul de Man die Analyse des *Gemeinten* „Hermeneutik" und die Betrachtung der *Art des Meinens* „Poetik". Die Terminologie ist wahrscheinlich eine verdeckte Referenz an die Konstanzer Schule *Poetik und Hermeneutik*. „Man ist so gefesselt von den Problemen des *Meinens/Bedeutens*", sagt de Man, „dass es unmöglich ist, Hermeneutik und Poetik zugleich zu betrachten. Sobald man sich auf Probleme der Bedeutung einlässt, wie es mir unglücklicherweise immer wieder passiert, vergisst man die Poetik. Die beiden sind nicht komplementär, sie schließen sich vielleicht sogar auf gewisse Weise aus...."[5] Man kann nur hoffen, dass de Man nicht recht hat, denn es steht viel auf dem Spiel in dem, was er sagt; ich fürchte jedoch er könnte einen richtigen Punkt getroffen haben.

Nach einigen wiederholten und sehr genauen Lektüren ist es relativ leicht, schematisch das zu identifizieren, was Iser in „Akte des Fingierens" mit *das Gemeinte* im Blick hat. Im Gegensatz zur langen Aristotelischen *Mimesis*-Tradition mit ihren vielen Abwandlungen und Neubildungen, die das Fiktive fast ausschließlich durch seinen Gegensatz oder sein dialektisches Verhältnis zum Realen definiert, behauptet Iser, dass ein dritter Begriff eingeführt werden müsse, das Imaginäre. Das Imaginäre „ist im Grunde ein nichtssagendes und inaktives Potential" (FIe, xvii; nicht im deutschen „Vorwort") des Menschen, das in Träumen, „Fantasien, Projektionen, Tagträumen" (FIg, 21; FI,e, 3) und anderen Traumzuständen die Bildung von Fiktionen aktiviert. Das Imaginäre ist „diffus, formlos, unfixiert und ohne Objektreferenz" (FIg, 21), heißt es in einer Formulierung, die nicht ins Englische übersetzt ist; („diffuse, formless, unfixed, and without objective reference"). Man darf sich Isers Imaginäres auf keinen Fall als ein transzendentes Phänomen vorstellen, als eine schöpferische Sphäre potentieller Formen. Isers Denken ist konsequent a-religiös, anti-idealistisch. Das Imaginäre ist ein ausschließlich menschliches Potential (im Sinne von „Ermöglichung", Anm.d.Übers.) Auch denkt Iser das Reale, das Fiktive oder das Imaginäre nicht als rein linguistische Einheiten. Obwohl er anerkennt, dass der literarischen Text als Verkörperung des Fiktiven aus Wörtern gemacht ist, und obwohl er immer wieder von „Semantik" spricht, scheint Iser doch Vorbehalte gegenüber sprach-basierten Literaturtheorien zu hegen. Denn „wer Sprache verstehen will, mehr als nur Sprache verstehen muss", betont er. (FIg, 46; FIe, 18). Das klingt sehr plausibel, es führt ihn aber trotzdem dazu, die konstitutive Rolle von Sprache bei Fiktionen herunterzuspielen. Zum Beispiel heißt es: „Daraus ergibt sich die für jeden fiktionalen Text notwendige *Selektion* aus den Umweltsystemen, seien diese soziokultureller Natur oder solche der Literatur selbst." („Every literary text inevitably contains a selection from a variety of social, historical, cultural, and literary systems that exist as referential fields outside the text." (FIg, 24; FIe, 4). Man kann jedoch leicht sehen, dass der literarische Text keine Elemente dieser Systeme selbst enthält, sondern vielmehr deren Namen, wie Isers Ausdruck „referentielle Felder" impliziert.

Iser nennt diese referentiellen Felder im deutschen Original „Umweltsysteme", ein Begriff, der sich nicht problemlos ins Englische übertragen lässt. Diese Verschmelzung eröffnet jedoch nicht einfach neue Perspektiven auf das Reale. „So wird zwar Wirklichkeit im fiktionalen Text wiederholt", sagt Iser und fährt fort, „doch durch die Einklammerung wird Wiederholtwerden überragt." („Reality then ... may be reproduced in a fictional text, but it is there in order to be outstripped, as is indicated by its being bracketed.") (FIg, 38; FIe, 13) Die zentrale Funktion des fiktiven „als ob" besteht darin, der Unbestimmtheit des Imaginären Form zu geben. „Durch diese Ereignishaftigkeit übersetzt sich das Imaginäre in eine Erfahrung. Ermöglicht wird diese durch den Grad der Bestimmtheit, den das Imaginäre durch den Modus des Als-Ob gewinnt." („Our subsequent journey to new horizons translates the imaginary into an experience—an experience that is shaped by the degree of determinacy given to the imaginary by the fictional ‚as-if'." (FIe, 17; FIg, 45) Der literarische Text ist „die Pragmatisierung des Imaginären" („a pragmatization of the imaginary") (FIg, 46; FIe, 18). Die Matrix des literarischen Textes ist nicht das Reale und nicht die fiktive Sprache, sondern die vielfache Verfügbarkeit des Imaginären („multiplicitous availability of the imaginary") („die multiple Verfügbarkeit des Imaginären) (FIe, 19; FIg, 48). Das Fiktive verleiht dem formlosen Imaginären pragmatische Form und übersteigt dadurch die Sprache. Hier ist ein weiteres Beispiel für Isers Vorbehalt gegenüber sprach-basierten Theorien: „Damit aber entziehen sich die archimedischen Punkte [des Textes] der Versprachlichung", sagt Iser in den abschließenden Sätzen der „Akte des Fingierens"; „und in der angezeigten Offenheit manifestiert sich in der versprachlichten Textgestalt die Gegenwart des Imaginären. Daraus ließe sich eine letzte Leistung des Fiktiven im fiktionalen Text ableiten; denn nun schafft das Fiktive dem Imaginären im sprachlichen Gebilde des Textes insofern seine Präsenz, als die Sprache selbst überschritten und folglich hintergehbar wird, um in solcher Hintergehbarkeit das Imaginäre als den Ermöglichungsgrund des Textes gegenwärtig zu machen." (FIg, 51; FIe, 20-21).

Dies alles ergibt perfekten Sinn. Es ist eine großartig überzeugende und originelle Theorie der Fiktion, eine die—soweit ich sehen kann—keine Parallele hat weder in Werken anderer zeitgenössischer Wissenschaftler noch in der langen westlichen Tradition, das fiktive ‚Als-ob' zu definieren. Eine letzte Frage zu *das Gemeinte*: Wodurch bekommt das Fiktive für den Menschen die Qualität und den Charakter eines Guts? Welches menschliche Gut wird durch das Fiktive erreicht? Warum brauchen Menschen Fiktionen? Isers Antwort darauf ist unmissverständlich. Obwohl das Fiktive uns neue kritische Perspektiven auf das Reale eröffnen mag, auch wenn es Vergnügen bereitet, seine wichtigste Funktion jedoch liegt darin, die Anzahl der „Pragmatisierungen" jener menschlichen Plastizität zu erhöhen, die Iser das Imaginäre nennt. Dass Menschen wesentlich durch ihre Plastizität zu definieren sind, ist Isers grundlegende anthropologische Annahme. „Wenn die Plastizität der menschlichen Natur durch ihre vielfältigen kulturbedingten Verhaltensmuster unendliche Variationen der Selbstdarstellungen erlaubt, so betont Iser in seinem Vorwort mit Nachdruck, wird Literatur zu einem Panorama der Ermöglichung, denn sie wird weder durch die Beschränkungen oder Vorgaben begrenzt, die die institutionalisierten Organisationen bestimmen, in denen das menschliche Leben sich sonst entfaltet (FIe, xviii-ix; nicht im deutschen „Vorwort"). So viele unbegrenzte Formen und Möglichkeiten des Menschseins zu erfüllen, wie irgend möglich, ist ein Wert in sich. Fingierende Akte als Mittel einzusetzen, der formlosen Plastizität des Imaginären Form zu geben, ist der beste Weg dorthin. Dies gibt eine Antwort auf meine Frage im Titel dieses Essays. Wir sollten Literatur *jetzt* und *zu jeder anderen Zeit* lesen, denn das ist die beste Form, unbegrenzte Selbst-Darstellungen zu ermöglichen. Und *wie* sollten wir dann Literatur lesen? Indem wir uns den imaginären Welten öffnen, die literarische Werke anbieten.

֍

Meine Skizze von Isers *das Gemeinte* in den Akten des Fingierens scheint zu bestätigen, dass es durch und durch ein zielführend aufgebautes Argument ist. Es ist eine Abhandlung und auf keine Weise fiktiv. Wenn ich allerdings Isers *Art des Meinens* als Gegensatz zu *das Gemeinte* genauer betrachte, beginnt etwas ganz anderes aufzuscheinen. Es scheint aus dem abgeschatteten Hintergrund in den hellen Vordergrund zu drängen, um Isers eigene Bilder zu verwenden. Wenn man Isers *Art des Meinens* in den Fokus der Aufmerksamkeit rückt, so gewinnt man den Eindruck, seine Rede und Argumentationsweise sei von einer herben Unpersönlichkeit gekennzeichnet. Peinlich genau vermeidet er jede Selbstreferenz, jeden Hinweis darauf, dass eine besondere Persönlichkeit in einer besonderen Situation diese Worte wählt und sie zu Papier bringt. Isers Worte scheinen von einer körperlosen Wahrheitsinstanz formuliert zu sein. Darauf beruht ein Teil ihrer Eindringlichkeit. Ein anderes Merkmal von Isers *Art des Meinens* ist sein beiläufiges, kurzes, schlaglichtartiges Zitieren aus einer breitgefächerten heterogenen Vielfalt von Autoritäten, Nelson Goodman neben Husserl neben Vaihinger, und so weiter. Diese Zitate machen einen Teil von Isers Argument aus, denn—genauso wie er verfährt, verfahren diejenigen, die Fiktionen schaffen, indem sie Elemente der Weltsysteme aus den realen sozio-politischen und kulturellen Welten auswählen und ihre Pragmatisierungen des Imaginären schaffen. Eine solche Strategie des Verweisens verleiht Isers Diskurs Autorität, denn sie impliziert, dass der Autor dies alles gelesen hat und aus seinem tiefen Wissensfundus die jeweils treffenden Zitate abrufen kann. Isers Art der Bedeutungskonstitution zu identifizieren erlaubt auch seine Rhetorik der Präsentation zu beschreiben und zu sehen, wie diese logisch konsequent vom Realen über das Fiktive zum Imaginären fortschreitet. Er entwickelt sein Argument in einzelnen Schritten um zu verdeutlichen, auf welche Weise die einzelnen Elemente miteinander verbunden sind. Sein Akt der Exposition kommt dabei genau dem Prozedere der Akte des Fingierens gleich, wie er es beschreibt.

Alle diese rhetorischen Verfahren sind Kennzeichen von Isers *Art des Meinens*, im Gegensatz zu *das Gemeinte*, viz. *was* er sagt. Ich möchte aber ganz besonders noch ein Merkmal von Isers Argumentation herausarbeiten, das in meinen Zitaten zwar schattenhaft gegenwärtig war, das ich aber noch nicht in den Fokus der Aufmerksamkeit gerückt habe. Dies ist der ständige Gebrauch von offenen oder verdeckten räumlichen Metaphern oder Redewendungen. Dadurch entsteht im Leserbewusstsein—in meinem jedenfalls, obwohl das durchaus idiosynkratisch sein kann—die deutliche Vision eines imaginären Raums. In dieser seltsamen intellektuellen Landschaft ist das Reale irgendwo links, das Fiktive in der Mitte direkt im Fokus meiner Aufmerksamkeit und das Imaginäre ist irgendwo rechts als eine etwas verschwommene und diffuse Wolke von sichtbarer Unsichtbarkeit; gerade diese Wolke aber ist die generative Matrix, „der Ermöglichungsgrund", aller Akte des Fingierens. Diese mentale Landschaft ist mit belebten Abstraktionen bevölkert, die sich in lebhaft dynamischen und gegenseitig definierenden Interaktionen bewegen. Elemente des Realen werden ausgewählt, kombiniert, zeigen sich in ihrem Verhältnis zu den Bezugsfeldern selbst an, verleihen dem formlosen Imaginären Gestalt und erweitern durch eine neue Verkörperlichung die unendliche Plastizität des Menschen. Man kann sehen, weshalb Iser dazu neigt, die Bedeutung der Sprache herunterzuspielen—es sind diese sich ständig wandelnden räumlichen *Gestalten* und ihre Elemente, die ihn am meisten interessieren, nicht die Rolle der Sprache bei der Konstitution dieser Gestalten. Man erkennt auch, warum er instinktiv jede subjektive Erfindung dieses Balletts der Abstraktionen löschen will. Er will andeuten, dass diese Akte des Fingierens ohne jedes Dazutun stattfinden, quasi aus sich selbst heraus, weder durch seine Erfindung noch durch die irgendeines anderen Autors von Fiktionen. Sie sind Akte, zum großen Teil ohne Akteure.

„Akte des Fingierens" ist reich an räumlichen Begriffen, die den Leser dazu ermutigen, jenen Vorstellungsraum zu schaffen, den ich beschreibe. Diese Begriffe springen in die Augen, wenn wir die Aufmerksamkeit von der Bedeutung zu den Mitteln der Bedeutungskonstitution, von der Hermeneutik auf die Poetik lenken. Die Passage, die ich zur Illustration für Isers Stil zitierte, ist ein hervorragendes Beispiel für diese räumliche Imagination: „Dadurch geschieht mehreres zugleich. Zunächst rücken die Bezugsfelder als solche in den Blick, da erst der selektive Eingriff in sie und die sich darin anzeigende Umstrukturierung ihrer Organisationsform diese als Bezugsfelder gewärtigen lässt." („This in turn causes the realized relations to be undermined. It makes them sink back into the shadows of background existence, so that new relations can come to the fore, gaining stability against this background.") (FIg, 24; FIe, 5). Iser spricht von der Art und Weise wie externe soziale Systeme „ins Blickfeld rücken und sich als Referenzfelder des Texts ausweisen" („Zunächst rücken die Bezugsfelder als solche in den Blick" (FIg, 24; FIe, 5). Dieser Raumbegriff „Feld" kehrt häufig wieder, wie z.B. in folgender Passage: „Durch die Relationierung mussten vom selektierten Material [wohlgemerkt: es heißt nicht „vom Material, das der *Autor* auswählte] Bezugsfelder hergestellt werden, „und diese Felder mussten ihrerseits miteinander in Beziehung treten. ... Die Relationierung als ein Produkt der Kombination galt nicht nur dem Herstellen solcher Bezugsfelder aus den selektiereten Material, sondern noch einmal der Relationierung dieser Felder untereinander, wodurch sie einer weiteren gegenseitigen Transformation unterzogen werden". (FIg, 34; FIe, 11). „Relationierung" ist hier ein räumlicher Begriff, in der englischen Übersetzung „linking", wie z.B. Tiere mit einem Seil zusammengebunden sind, oder wie eine Kette aus „Gliedern" („links") besteht. Der Satz macht auch deutlich, was ich mit „dynamischer Interaktion" meine, diese konstante Bewegung von Elementen, die ich als „Ballett" oder „Tanz" verkörperlichter Abstraktionen beschrieb, wenn der Vordergrund schwindet und der Hintergrund langsam hervorscheint (emergiert), wie in der bereits zitierten Passage (FIg, 29-30; FIe, 8;): „Einklammerung" („Bracketing") (FIg, 38; FIe, 13), „die Offenheit" („open-ended") (FIg 51; FIe, 20), „patternings" (FIe, xvii; nicht im deutschen Vorwort, hier „Profilierung" [Anm.d.Übers.], „die archimedischen Punkte" („cardinal points") (FIg, 51; FIe, 20; der deutsche Ausdruck hat hier eine deutlich andere Bedeutung als das englische „cardinal points"), „Konstitutionsgrund", „Ermöglichungsgrund" („generative matrix") (FIg, 46, 51; FIe, 18,21),

„gestalt" (FIg, 21; FIe, 10), „semantische Topographie" („semantic topography") (FIg, 32; FIe, 10), und viele andere sind offensichtlich begriffliche Schöpfungen in Isers Sprache, welche die Leser dazu verleiten, sich ein räumliches Gebilde vorzustellen, das ähnlich einem „Kaleidoskop in ständiger Bewegung" neue Formen hervorbringt („kaleidoscopic transformation"; FIe, xviii, nicht im deutschen ‚Vorwort').

Die wichtigsten und am häufigsten vorkommenden räumlichen Metaphern in Isers *Art des Meinens* sind Wortverbindungen wie „Grenzen überschreiten", „Grenzen übersteigen", „entgrenzen", oder ähnliche. Es gibt zu viele davon, um sie alle zu zitieren, deshalb nur einige an dieser Stelle: „Der Akt des Fingierens ist folglich ein solcher der Grenzüberschreitung. Darin bringt sich seine Verbindung mit einem Imaginären zur Geltung." (FIg, 21). „The act of fictionalizing is a crossing of boundaries. It amounts to nothing short of an act of transgression. This transgressive function of the fictionalizing act links it to the imaginary." (FIe, 3; in der Übersetzung ist „an act of transgression" hinzugefügt, [der auch als „Grenzverletzung" gelesen werden kann; *Anm.d.Übers.*] Obwohl Iser diese Formulierung für „Überschreitung" wählt). „Die Selektion ist insofern Grenzüberschreitung …" („This selection is itself a stepping beyond boundaries (Grenzüberschreitung)" (FIg, 24; FIe, 4) „Die Kombination ist insofern ein Akt des Fingierens, als auch sie den basalen Modus, Grenzüberschreitung zu sein, erkennen lässt." („Combination, too, is an act of fictionalizing, with the same basic mode of operation: the crossing of boundaries (Grenzüberschreitung)" (FIg, 27; FIe, 7). „So wird zwar Wirklichkeit im fiktionalen Text wiederholt, doch durch die Einklammerung wird ihr Wiederholtwerden übertragt." („Reality, then, may be reproduced in a fictional text, but it is there in order to be outstripped (übertragt), as is indicated by its being bracketed" (FIg, 38; FIe, 13). „… statt dessen geschieht eine zweifache Grenzüberschreitung: über die Textwelt hinaus und in das Diffuse der Imagination hinein." („Once again boundaries are overstepped (eine zweifache Grenzüberschreitung): the world of the text is exceeded and the diffuseness of the imaginary assumes form") (FIg, 43; FIe, 16; die Übersetzung weicht hier etwas vom deutschen Text ab, wie an vielen anderen Stellen auch). Im Lichte dieses herausragenden räumlichen Motivs können wir das Ende eines bereits zitierten Kapitels in einer neuen Perspektive der Art des Meinens verstehen—es bekommt eine neue begriffliche Bedeutung. „Denn nun schafft das Fiktive", sagt Iser, „dem Imaginären im sprachlichen Gebilde des Textes insofern seine Präsenz, als die Sprache selbst überschritten und folglich hintergehbar wird, um in solcher Hintergehbarkeit das Imaginäre als den Ermöglichungsgrund des Textes gegenwärtig zu machen." („It brings about the presence of the imaginary by transgressing language itself. In outstripping what conditions it, the imaginary reveals itself as the generative matrix of the text") (FIg, 51; FIe, 21).

Diese etwas zugespitzte Rede von Grenzüberschreitungen/ Grenzverletzungen ist nach meiner Meinung für die rein begriffliche Argumentation Isers nicht nötig. Es überraschte mich, als ich den Text zum ersten Mal las. Es erschien mir unnötig melodramatisch als Beschreibung der eigentlich recht harmlosen Verfahren des Textes. Diese immer wiederkehrenden Sprachfiguren von Grenzüberschreitung oder Transgression umreißen das imaginäre Feld, das durch Isers Text im Leser entsteht, als eines, das durch rigide auferlegte Grenzen zwischen dem Realen, dem Fiktiven, dem Imaginären und zwischen den Kombinationselementen, aus denen das Fiktive als Pragmatisierung des Imaginären entsteht. „Transgression" ist ein starkes Wort. Es vermittelt die Vorstellung, dass die ständigen Grenzübertretungen in diesem Tanz oder Kampf der verkörperlichten Abstraktionen ein gewaltsamer, rechtswidriger Akt seien, etwa wie heimliche Grenzgängerei ohne gültige Papiere. Die grenzüberschreitenden Gebilde oder Instanzen werden im neuen Land illegale Einwanderer, Fremde, „von dort" wie man auf meiner selbstgewählten Heimatinsel, Deer Isle, Maine, sagt. Diejenigen „von hier" benutzen „von dort" als ein Epitheton für jeden, der weder selbst auf der Insel Deer Isle geboren wurde noch seine Vorfahren. Isers ‚Grenzüberschreitungen' sind wahrscheinlich eine treffende Beschreibung, weil sie das Fiktive als neue Wege gebrauchen, um der menschlichen Plastizität Form zu geben. Allerdings insinuiert Isers Sprachgebrauch, dass genau dies eine unerlaubte, ja sogar gefährliche Operation ist. Grenzen übertreten bedeutet immer auch ein vages Gefühl von Gefahr und Schuld.

„Akte des Fingierens" inszenieren nicht nur einen komplexen imaginären Raum für die Rolle des Lesers als Zuschauer, einen Raum der abgeschattet hinter der begrifflichen Argumentation hervorscheint. In diesem Raum wird auch die verdeckte Geschichte der transgressiven Grenzüberschreitungen erzählt, die ich unternommen habe, um nach Konstanz zu kommen und die Iser bei seinen häufigen Besuchen in die Vereinigten Staaten erlebt hat. Solche Grenzüberschreitungen bedeuten auch Überschreitungen von einer Sprachregion in eine andere, eine Übersetzung oder Übertragung. Aus alledem ergibt sich, dass Isers *Art des Meinens* seine „Akte des Fingierens" selbst zu einem Akt des Fingierens transformieren. Er tut, was er beschreibt. Seine große Stärke als Text erlangt er sowohl durch die Konstitution und das Bevölkern eines imaginären Raums als auch durch die Originalität und strikte Beweiskraft seines Arguments.

Bedeutet das nun, dass Hermeneutik und Poetik, die *Art des Meinens* und *das Gemeinte*, in einer Analyse wie in meinem vorliegenden Essay, im Sinne Paul de Mans glücklich vereint werden könnten? Ich glaube nicht. Isers hermeneutisch ausgelegte Bedeutungskonstitution (*Meinen*) ist eine spielfreudige Geschichte über die unendlichen Variationen der menschlichen Plastizität durch das Fiktive; wenn man jedoch die Aufmerksamkeit auf seine Poetik richtet, kommt eine grundlegend andere Geschichte zum Vorschein, eine über vielfältige, risikoreiche, grenzwertige transgressive Grenzüberschreitungen und „Übersetzungen". Diese Geschichte verträgt sich nicht mit der offenen Bedeutung, die eine hermeneutische Lektüre ans Licht bringen würde.

Grenzüberschreitungen in Coetzees *Warten auf die Barbaren*

Ich beginne diesen letzten Abschnitt mit einer Frage: Bestätigt oder widerlegt J.M. Coetzees *Warten auf die Barbaren*[6] Isers Paradigma, wie Akte des Fingierens funktionieren? Die Antwort ist klar. Coetzees Roman bestätigt auf bestechende Weise Isers Argumentation. *Warten auf die Barbaren* selektiert, kombiniert und löst Elemente durch Selbstanzeige aus den vorhandenen Umweltsystemen heraus, seien diese sozio-kultureller Natur oder solche der Literatur selbst. („… a variety of social, historical, cultural, and literary systems that exist as referential fields outside the text" (aus Iser, FIg, 24; FIe, 4, wie oben bereits zitiert). Coetzees *Warten auf die Barbaren* ist aus den Elementen komponiert, die wir seit langer Zeit von imperialistischen Eroberungen und imperialen

Ideologien kennen, was wir über die Art und Weise wissen, wie imperialistische Machtsysteme an den Begrenzungen ihres Einflussbereichs Außenposten etablierten bevor sie weiter ins Landesinnere vordrangen, über Nomadenleben, über den Einsatz ungesetzlicher Foltermethoden bei Befragung von Gefangenen durch Spezialeinheiten wie unser CIA oder wie die Polizei in Südafrika während der Apartheid, oder erst kürzlich durch amerikanische Sonderkommandos und ihre Komplizen in Abu Graib und Guantánamo, in Ägypten, Pakistan und wer weiß so sonst noch in der Welt.

Warten auf die Barbaren erschien 1980, als die Menschen in Südafrika immer noch unter der Apartheid litten. Es ist ein Roman, in dem der scharfe politische Protest deutlich hervortritt, obwohl die Lebensumstände unter der Apartheid in einem fiktiven Empire angesiedelt werden, das keinen direkten Bezug zur südafrikanischen Landschaft oder sozialen und rassischen Strukturen hat. Coetzee überträgt in seinen Roman auch Dinge, die wir über die menschliche Sexualität wissen, über kulinarische Gebräuche, über Garnisonen, über Wüstenregionen und ihre Wetterbedingungen, über menschlichen Schmerz, Krankheit und Hunger. Diese Elemente zusammen mit anderen, wie z.B. durch Referenz auf Sigmund Freuds Essay „Ein Kind wird geschlagen"[7] oder durch einen Verweis auf die Konventionen der postmodernen realistischen Fiktion finden im Iserschen Verständnis von Transformation und Rekombination *Grenzüberschreitungen* statt, mit dem Ziel eine imaginäre Welt zu erschaffen, die weder einen spezifischen Referenten in der Lebenswelt besitzt noch ein Pastiche oder eine Parodie auf andere literarische Werke ist. Man kann allerdings *Warten auf die Barbaren* nicht lesen, ohne die Anklänge an Kafkas Werk zu erkennen: nicht nur bei „In der Strafkolonie"[8] sondern auch an vielen anderen Merkmalen von Kafkas Kurzgeschichten und Romanen. Da ist z.B. das Motiv des geheimnisvollen Wartens in „Der Bau" oder da sind auch typisch kafkaeske Motive wie z.B. die faktisch unüberbrückbaren räumlichen und sozialen Ausdehnungen in der Gruppe der Geschichten und Parabeln über verschiedene Imperien, wie Kafka sie sich in „Eine kaiserliche Botschaft"[9] („An imperial Message") vorstellte. Die imaginierte Welt in *Warten auf die Barbaren* ist zu einem beachtlichen Teil kafkaesk, so scheint es mir jedenfalls zusammen mit vielen anderen Lesern. Aber eine Anspielung auf Becketts *Waiting for Godot* lauert auch in Coetzees Titel. Coetzees Doktorarbeit in Linguistik an der Universität von Texas (1969) war eine Arbeit zur computergestützten Analyse von Becketts Werk. Alle drei, Kafka, Beckett und Coetzee dramatisieren in Pragmatisierungen die reale menschliche Erfahrung von anscheinend unendlichem Warten. Ein neuerer Roman des chinesisch-amerikanischen Autors Ja Jin mit dem Titel *Warten*[10] –den Coetzee im Jahr 1980 noch nicht kennen konnte—erzählt die Geschichte eines Militärarztes im kommunistischen China. Er muss achtzehn Jahre warten, ehe er von seiner durch erzwungene Heirat ungeliebten Ehefrau geschieden werden und die Sanitätsschwester heiraten kann, die er vermeintlich liebt. Danach ist er immer noch unglücklich und unzufrieden. Seine gesamte Existenz scheint von endlosem „Warten" durchdrungen und zu sein. Mit Isers Terminologie beschrieben, heißt das: die Erfahrung von sich hinziehendem, unendlichen Warten ist eine besondere Pragmatisierung des Imaginären. Diese mit textuellen Mitteln zum Ausdruck zu bringen bedeutet durch Grenzüberschreitung eine entsprechende Selektion aus einer unbestimmten Anzahl von Elementen in den Weltsystemen vorzunehmen.

Warten auf die Barbaren ist eine expansive Pragmatisierung der menschlichen Plastizität; mit anderen Worten, sie besitzt ein unbegrenzbares Potential dem Imaginären Form zu verleihen. Wenn ich diesen Roman lese, werde ich in eine „Als-Ob" Welt versetzt—eine Welt, die nirgendwo sonst existiert außer in den Worten auf der Buchseite, die aber trotzdem so ausführlich beschrieben wird, als ob sie wirklich existierte. Obwohl Iser den narrativen Aspekt des literarisch Fiktiven nicht betont, inszeniert *Warten auf die Barbaren* eine eindringliche und verstörende Geschichte innerhalb der fiktiven Szenerie, die sie mit dem Imaginären als produktiver Matrix hervorbringt.

Die Geschichte ist kurz zu erzählen: der alternde Beamte einer Grenzbastion am Rande eines Imperiums, einer Oase, die Frieden mit den jenseits der Grenze lebenden Nomaden hält, sieht sein ruhiges Leben gestört durch die Invasion einer Armee und der Spezialeinheiten der Abteilung III des Zivilschutzes aus der weit entfernten Hauptstadt des Imperiums. In periodischen Abständen unternehmen diese Einheiten lange Märsche in das Territorium der Barbaren. Diese Bewegungen sind immer völlig kontraproduktiv und unsinnig, weil sie auf ideologischen Fehlannahmen beruhen, ungefähr so, wie unsere Annahmen, wir müssten in den Irak einmarschieren, weil Saddam Hussein Massenvernichtungswaffen besitze, die auf die Zerstörung unserer Städte programmiert seien. Die ideologische Paranoia der Abteilung III, es bestehe die Gefahr einer Invasion der nomadischen Barbaren, veranlasst die Beamten eine Gruppe unschuldiger Männer, Frauen und Kinder der Barbaren zu fangen und zu foltern, um aus ihnen nicht- existentes Wissen über nicht-existente Kriegspläne der Barbaren herauszupressen. Auf ganz ähnliche Weise haben wir irakische Gefangene gefoltert, die in den allermeisten Fällen nichts über Terroranschläge von Al-Qaida wussten, die nur zur falschen Zeit am falschen Ort waren oder fälschlicherweise von ihren Nachbarn angezeigt worden waren. Nach ungefähr einer halben Stunde Folter kann jeder zu irgendwelchen Eingeständnissen gebracht werden oder sich wilde Geschichten ausdenken nur um den Schmerz zu stoppen.

Der Verwaltungsbeamte, im Roman nur der Magistrat genannt, rettet ein Mädchen, das von dem unheimlichen Leiter der Abteilung III, Colonel Joll, gefoltert, ihre Knöchel gebrochen, ihre Augen geblendet wurden, sodass es fast blind war. Das Mädchen wurde zurückgelassen, als die gefolterten Gefangenen freigelassen wurden, um zu ihrem Nomadenstamm zurückzukehren. Der Magistrat nimmt das Mädchen mit in sein Zimmer. Einige Zeit später, als der Versuch einer Beziehung scheitert, bringt er sie zu ihrem Stamm in der Wüste zurück. Bei seiner Rückkehr wird der Magistrat gefangengenommen und wegen „Landesverräterischem Feindkontakt" (WB, 144) verhaftet. Er entkommt seinem Gefängnis mehr als einmal, wird aber schließlich festgesetzt. Er wird geschlagen, dann barbarisch gefoltert als er versucht zu verhindern, dass einige verschmutzte Gefangene, welche die Abteilung III und die Armee von einem ihrer grauenhaften Beutezüge zurückgebracht hatten, öffentlich Schlägen und Folter unterzogen werden. Es ist das Empire, das barbarisch ist, wie der Magistrat sagt. Die Armee und das, was von der Abteilung III noch übrig geblieben ist, geben nach einem letzten unseligen Feldzug die Siedlung auf und kehren nachhause zurück, nicht ohne vorher alle Wohnungen und Geschäfte in der Siedlung geplündert zu haben. Der Roman endet damit, dass der Magistrat seine alte Autoritätsposition in der nun nahezu leeren Oase wieder einnimmt und zusammen mit ein paar Barbaren auf die vermutete Invasion und Okkupation der Barbaren wartet—das katastrophale Ende eines Imperiums, das am Ende des Romans noch nicht vollständig eingetreten ist. Die Übriggebliebenen „warten auf die Barbaren". Das eigentlich barbarische Empire hat genau das herbeigeführt, was es zuerst als unmittelbar drohende Gefahr von Seiten der „barbarischen" Nomaden deklariert hatte.

So weit, so gut. Was ist der tiefere Sinn dieser Geschichte, abgesehen von der Tatsache, dass sie eine nicht durchgängig erfreuliche, tatsächlich sogar tief verstörende „Pragmatisierung" des Imaginären und eine eindringliche indirekte Anklage gegen die Apartheid formuliert? Um diese Fragen zu beantworten, muss ich über das hinausgehen, was Iser in „Akte des Fingierens" entwickelt. Isers Argumentation bleibt auf einer stark generalisierenden Ebene, weil möglichst viele Ausprägungen des Fiktiven erfasst werden sollen. Wie vorher schon erwähnt, möchte er aufzeigen, dass und auf welche Weise alle Manifestationen des Imaginären einen Wert, ein Gut, aus sich selbst generieren. Allerdings hat ein konkretes Beispiel für diese Verkörperlichung des körperlosen Imaginären spezifische Eigenschaften und spezifischen Gebrauch, wie Iser in seiner ausführlichen Diskussion der pastoralen Tradition in Kapitel Zwei von *Das Fiktive und das Imaginäre* überzeugend darstellt. Meine Absicht über Iser hinauszugehen, meine eigene Grenzüberschreitung, nimmt beides in den Blick, *das Gemeinte*, die Bedeutung von *Warten auf die Barbaren* und *die Art des Meinens,* d.h. die zur Repräsentation der Geschichte eingesetzten Erzählstrategien.

Um mich der Frage der Bedeutungskonstitution anzunähern, ist es geboten, die häufigen expliziten Beschreibungen von Sexualität in *Warten auf die Barbaren* in Betracht zu ziehen. Entsprechen sie nur dem, was wir von einem postmodernen Roman ohnehin erwarten, oder haben sie eine besondere Funktion? Darüber hinaus muss ich drei etwas befremdende narratologische Strategien erklären: 1) *Warten auf die Barbaren* ist in der ersten Person erzählt, aus dem Bewusstsein des Magistrat, aus seinen Gefühlen und Körpersensationen heraus. Ich vermute dies entspricht Coetzees Absicht, sich auf das zu konzentrieren, was im Magistrat selbst geschieht, aber weshalb dann nicht eine Erzählung in der dritten Person, sodass ein Erzählerkommentar eingeflochten werden könnte?

2) Die Geschichte wird vom Anfang bis zum Ende im Präsens erzählt. Das ist sehr ungewöhnlich für die westliche Literatur. In Dickens' *Bleak House* finden wir einen anonymen Erzähler, der im Präsens erzählt; in der zweiten Hälfte des Romans jedoch erzählt die Ich-Erzählerin Esther Summerson im konventionellen Präteritum. Vielleicht setzt Coetzee die Unmittelbarkeit und Gleichzeitigkeit des Präsens ein, um dem Roman den Anschein zu geben, die Geschichte entfalte sich in einer endlosen, unentrinnbaren Gegenwart, in der das Bewusstsein des Magistrats sich selbst entweder gegenwärtig oder sich nicht-gegeben ist—aber auch dies ist eine wenig gebrauchte narrative Technik. Es macht einen sehr gewollten Eindruck und verlangt eine Erklärung, ebenso wie die Wahl des Ich-Erzählers. 3) Die Geschichte wird betont durch die vielen eingeschobenen Träume des Magistrats. Diese könnte man als Imaginationen innerhalb des primären Imaginären bezeichnen. Ich nehme an, dass sie die Illusion der Realität im Rahmen des primären Imaginären stützen sollen, gleichzeitig aber auch die Aufmerksamkeit der Leser darauf lenken, dass dem primären Imaginären ebenfalls Traumqualität innewohnt, wie allen Akten des Fingierens.

Um das *Gemeinte* in *Warten auf die Barbaren* herauszuarbeiten, muss ich mich zunächst der Frage zuwenden, welchen performativen Effekt das *Gemeinte* für die Rezeption des Lesers hat. Iser spricht selten von dieser Rückkopplung des Imaginären und dessen dadurch stattfindende Einwirkung auf die reale Welt, obwohl er dies mit berücksichtigt, wenn er zum Beispiel das politische Element in Vergils *Ekloge* als „die Heilung dessen, was sich zur Gefährdung auszuwachsen droht" beschreibt. (FIg, 75) *Warten auf die Barbaren* ist eine mutige Anklage imperialistischer Ideologie und imperialen Verhaltens zu allen Zeiten, insbesondere auch in jüngerer Zeit, so zum Beispiel wenn Coetzee seine Erfahrungen in seinen Apartheid-Roman über Südafrika einfließen lässt, oder meine Vergleiche mit aktuellen politischen Entscheidungen der USA, die sich mir unweigerlich aufdrängen. Wie eine intensive und detaillierte Lektüre zeigt, bekommt diese Anklage in *Warten auf die Barbaren* Plastizität durch die lebhafte Vorstellung, die wir zu den Erfahrungen der beiden fiktiven Folteropfer entwickeln, dem Barbarenmädchen und dem Magistrat selbst. Die Imperialisten und ihre Folterknechte sind, wie ich schon sagte, die eigentlichen Barbaren. Der Magistrat bringt dies in so vielen Worten zum Ausdruck, wenn er den Folterexperten, Colonel Joll, anklagt:

> Diese bedauernswerten Gefangenen, die Sie eingefangen haben—sind *das* die Feinde, die ich fürchten muss. Wollen Sie das sagen? *Sie selbst* sind der Feind, Oberst!" Ich kann mich nicht länger bezähmen. Ich schlage mit der Faust auf den Tisch. „*Sie* sind der Feind, *Sie* haben den Krieg begonnen und *Sie* haben ihnen alle Märtyrer gegeben, die sie brauchen— nicht erst jetzt, es hat schon vor einem Jahr angefangen, als Sie hier Ihre ersten Akte der Barbarei begangen haben! Die Geschichte wird mir Recht geben!" (WB, 211)

Der Magistrat stellt zwei Fragen: Wie kann man ein Folterer werden? Wie halten diese es mit sich selbst aus? Er stellt diese Fragen direkt gegenüber Mandel, dem Beamten der Abteilung III, der ihn gefoltert hat:

> Verstehen Sie mich nicht falsch, ich gebe Ihnen keine Schuld und klage Sie nicht an, darüber bin ich längst hinaus. Denken Sie dran, auch ich habe mich ein Leben lang mit dem Gesetz beschäftigt, ich kenne die Prozesse, ich weiß, dass die juristischen Vorgänge oft undurchschaubar sind. Ich versuche nur zu verstehen. Ich versuche die Zone zu verstehen, in der Sie leben. Ich versuche mir vorzustellen, wie Sie Tag für Tag atmen und essen und leben. Aber es gelingt mir nicht! Das beunruhigt mich! Wenn ich an seiner Stelle wäre, sage ich mir, würden mir meine Hände so schmutzig vorkommen, dass es mich umbringen würde—

Daraufhin boxt Mandel ihn kräftig vor die Brust und brüllt: „Du Hundsfott ... Du verrückter alter Scheißer! Verschwinde! Verdufte und verrecke irgendwo!" (WB, 232)

Dies alles scheint eine klare Antwort auf die Frage zu geben, welchen Gebrauch wir von *Warten auf die Barbaren* machen. Mit verstörender prophetischer Macht schreibt Coetzee im Jahr 1980 auf der Basis seiner Erfahrungen mit der Apartheid—aber lange vor 9/11 (2001), der amerikanischen Invasion von Afghanistan (2001) und dem Irak (2003), und den Folterungen der Gefangenen in Abu Graib (2004) und danach in Guantánamo Bay—und antizipierte dadurch, welche Bedeutung diese Ereignisse haben würden, und welche sie immer noch haben. Ich bezeichne diese unheimlichen Vorahnungen oder Vorwarnungen eine „anachronistische Lektüre".[11] Wenn wir *Warten auf die Barbaren* jetzt lesen, mit großer Aufmerksamkeit für seine Details und wohl überlegten Urteilen über seine aktuelle Relevanz, so könnte dies nicht nur unsere Ansichten ändern sondern auch unsere Handlungsweise. Ich betone „mit großer Aufmerksamkeit für seine Details". Das *Gemeinte* und die *Art des Meinens* sind beide in den Details.

Komplexer noch wird das Problem, wenn wir unsere Aufmerksamkeit auf das Detail der *Art des Meinens* in *Warten auf die Barbaren* lenken, das uns nahelegt zu verurteilen, was unsere Streitkräfte und ihre Folterer taten, und uns damit zu rechtfertigen, dass wir selbst dies nie tun würden. *Warten auf die Barbaren* verwickelt den Magistrat in dasselbe barbarische Unrecht, das er verurteilt, gerade so wie alle Amerikaner mitschuldig sind in unseren jüngsten Eroberungskriegen, und wenn es auch nur durch Wahlen und Steuern zahlen ist; oder auf andere Weise, z.B. dadurch, dass wir heimlich Vergnügen empfinden, die schrecklichen Nachrichtenbilder über Folterungen in Abu Graib oder an getöteten und verstümmelten zivilen Bombenopfern anzuschauen. Ob er es will oder nicht, wird der Magistrat mitschuldig an den barbarischen Grausamkeiten des Empire, die er als richterlicher Beamter eines Grenzpostens des Empire auch mit zu vertreten hat.

> Denn ich war nicht, wie ich glauben wollte, der nachsichtige, lustbetonte Gegenpol zum kalten, starren Oberst. Ich war die Lüge, die sich das Reich erzählt, wenn die Zeiten ruhig sind, er die Wahrheit, die das Reich sagt, wenn raue Winde wehen. Zwei Seiten der Herrschaftsausübung, nicht mehr, nicht weniger. (WB, 249)

Subtiler und eher das Resultat der Art und Weise wie Bedeutung in diesem Roman zum Ausdruck kommt als explizit ausgedrückte Bedeutung, geschieht die weniger verdeckte Gleichsetzung von sexueller Eroberung und politischer Eroberung durch Folter. Diese Gleichsetzung ist die grundlegende tropologische Übertragung durch die Coetzees *Art des Meinens* funktioniert. „Das Verbrechen, das wir in uns tragen, muss sich gegen uns selbst richten" (WB, 269), murmelt der Magistrat Colonel

Joll durch das geschlossene Fenster der Kutsche zu, mit der dieser nach seiner letzten katastrophalen Invasion des Barbaren-Lands fluchtartig den Außenposten verlässt.

Der Folterer versucht vergeblich, in die geheimsten Rückzugsgebiete seiner Opfer vorzudringen indem er ihnen schier unerträglichen Schmerz und Demütigung zufügt. Der Liebhaber, wie der Magistrat, versucht vergeblich, in die geheimsten Tiefen der Geliebten einzudringen, indem er mit ihr schläft. In beiden Fällen besteht die Entdeckung darin, dass die andere Person unerbittlich der oder die Andere bleibt. In diesem Sinne ist *Auf die Barbaren Warten* eine quälend erfolglose Liebesaffäre. Der Magistrat versucht, an dem Barbaren-Mädchen wieder gutzumachen, was man ihr angetan hat, indem er sie in sein Bett holt, sie bemitleidet, sie liebt, durch Fußwaschungen und Ölungen ihre verwundeten Füße, Knöchel und ihren ganzen Körper zu heilen[12], ihren nackten Körper zu liebkosen und sie schließlich auf dem Weg durch die Wüste zu ihrem Stamm zu bringen; dabei liebt er sie zum ersten Mal richtig. Nichts von alledem hilft als Kompensation oder als durchdringendes intersubjektives Verstehen—genauso wenig wie der pathetische Widerstand des Magistrats gegenüber dem Unrechtsregime des Empire hilft. Das Barbaren-Mädchen bleibt so distanziert und unbeteiligt wie immer.

> … sie zu begehren bedeutete, sie zu umarmen und in sie einzudringen, ihre Oberfläche zu durchstoßen und ihr stilles Innere zu einem ekstatischen Sturm zu erregen; mich dann zurückzuziehen, zu ermatten, darauf zu warten, dass das Begehren sich erneuert. Aber bei dieser Frau kommt es mir so vor, als gäbe es kein Inneres, nur eine Oberfläche, über die ich hin und her jage und Einlass suche. Haben das ihre Folterer empfunden, als sie dem Geheimnis nachjagten, was sie sich darunter auch vorstellten. (WB, 82)

Vor die Wahl gestellt, entscheidet das Barbaren-Mädchen, nicht mit ihm zur Oase zurückzukehren, sondern mit ihrem Stamm weiterzuziehen.

Die Gleichsetzung von Sex/Sexualität und Folter ist hier wie in anderen Passagen des Romans deutlich ausformuliert. Wenn der Magistrat sich beispielsweise vorstellt, dass das Barbaren-Mädchen mitten in einem seiner misslingenden Versuche mit ihr zu schlafen zu ihm sagt:

> „So macht man das nicht", hätte sie sagen und mich mitten im Akt stoppen sollen. „Wenn du lernen willst, wie man es macht, frage deinen Freund mit den schwarzen Augen." Dann hätte sie fortfahren sollen um mir nicht jede Hoffnung zu nehmen: „Aber wenn du mich lieben willst, musst du dich von ihm abwenden und anderswo lernen." Wenn sie mir das damals gesagt hätte, wenn ich sie verstanden hätte, wenn ich dazu in der Lage gewesen wäre, wenn ich ihr geglaubt hätte, wenn ich dazu in der Lage gewesen wäre, hätte ich mir ein Jahr mit verwirrten und sinnlosen Gesten der Sühne ersparen können. (WB, 249)

Das kaskadische Feuerwerk von „wenns" bringt deutlich zum Ausdruck, wie unwahrscheinlich es ist, dass ‚wir in der Lage sind', beizeiten zu lernen oder überhaupt zu lernen, oder dass es irgendwelche Möglichkeiten der Sühne gibt.

> Bis zum Schluss werden wir nichts begriffen haben. Im tiefsten Inneren sind wir offenbar alle wie aus Granit und unbelehrbar. (WB, 263)

Diese schmerzliche Einsicht ist sehr schwer zu akzeptieren. Sie legt nahe, dass *das Gemeinte* und die *Art des Meinens* in *Warten auf die Barbaren* unvereinbar sind. Ersteres zwingt den Leser die erzählte Geschichte auf die aktuelle Geschichte zu beziehen und konstruktiv an der „Selbst-Anzeige" jener Elemente mitzuwirken, die in den Akt des Fingierens eingegangen sind. In ihrer grenzüberschreitenden oder ummodelnden Form konstituieren diese Elemente eine machtvolle Verurteilung imperialistischer Ideologie und solcher Ideologien, die insinuieren, man könne den jeweils Anderen sexuell „besitzen". Die *Art des Meinens*, die Coetzee hier aufruft, bedeutet eigentlich das Gegenteil –nämlich dass wir gar nichts lernen können und weder durch das Leben noch durch die Fiktion als Verkörperungen des Imaginären verändernd in Lernprozesse eingreifen können. Tief in uns allen scheint etwas wesentlich Unveränderbares und Unbelehrbares zu sein. Das meine ich, wenn ich sage, dass ich die Lektüre von *Warten auf die Barbaren* als zutiefst verstörend empfinde, nicht gerade das, was ich als segensreiche Ausdehnung meiner Plastizität bezeichnen möchte. Der Roman, oder wenigstens das, was der Magistrat sagt, lehrt uns, dass wir unbelehrbar sind. Hinter dem Magistrat, jedoch, ist vielleicht die getilgte Anwesenheit des Autors Coetzee selbst. Coetzee hält eine unausgesprochene ironische Distanz zum Magistrat. Vielleicht stimmt Coetzee der düsteren Weisheit des Magistrats sogar völlig zu. Aber wie mit allen ironischen Diskursen so ist es auch hier: es ist an uns, welche Seite wir wählen, auch wenn wir unsere Entscheidung auf keiner verlässlichen, beweiskräftigen Basis verankern können.

Anmerkungen

1. *Aspects of Narrative* (Selected Papers from the English Institute), Hg. J. Hillis Miller (New York: Columbia UP, 1971) und in Wolfgang Iser, *Prospecting: From Reader Response to Literary Anthropology* (Baltimore: The Johns Hopkins UP, 1989), 3-30. Originalversion: *Die Appellstruktur der Texte. Unbestimmtheit als Wirkungsbedingung literarischer Prosa* Konstanzer Universitätsreden, 28. (Konstanz: Universitätsverlag, 1970). (*Anm. d. Übers*).

2. Wolfgang Iser, *Das Fiktive und das Imaginäre. Perspektiven literarischer Anthropologie* (Frankfurt am Main: Suhrkamp 1991), 14.

3. ‚Charting‘ Literary Anthropology‘ heißt so viel wie Literarische Anthropologie ‚vermessen‘ oder ‚kartographieren‘; d.h. evoziert einen deutlich aktiveren, zugreifenderen Gestaltungswjllen als die eher neutralen ‚Perspektiven. (*Anm.d.Übers*.) Im Folgenden wird die englische Version mit (FIe,) markiert, die deutsche Originalversion mit (FIg).

4. Ich bin für die klugen Fragen und Kommentare der Zuhörer nach meiner Präsentation dieses Vortrags an der Universität Konstanz äußerst dankbar. Diese Kommentare haben an einigen Stellen zu Überarbeitungen geführt und meinen Vortrag verbessert. Siehe besonders FN 13.

5. Paul de Man, „‚Conclusions‘: Walter Benjamin's „The Task of the Translator,‘", in *The Resistance to Theory* (Minneapolis: University of Minnesota Press, 1986), 88.

6. J.M. Coetzee, *Waiting for the Barbarians* (New York: Penguin, 2010), first published in 1980. Im Folgenden wird aus der deutschen Ausgabe zitiert: J.M. Coetzee, *Warten auf die Barbaren*. Aus dem Englischen von Reinhild Böhnke. Frankfurt am Main: Fischer Taschenbuch, 2. Aufl. 2003; Zitate identifiziert mit WB, gefolgt von Seitenzahlen. (*Anm.d.Übers*.) „Ein Kind wird geschlagen‘ (Beitrag zur Kenntnis der Entstehung sexueller Perversionen (1919)", in Sigmund Freud, *Zwang, Paranoia und Perversion*. (Studienausgabe, *Conditio humana* Bd. VII, 230-254.

7. Franz Kafka, *In der Strafkolonie,* (Manuskript: 1914), Erstausgabe: Verlag Kurt Wolff, 1919.

8. Franz Kafka, *Eine Kaiserliche Botschaft.* Zweisprachige Ausgabe, *Parables and Paradoxes* (New York: Schocken 1961), 12-15.

9. München: dtv 2000.

10. Ich habe diesen Ausdruck als Titel eines Essays formuliert in *Derrida Today* (vol. 3 [Mai 2010],75-91), um eine Lesart von Wallace Stevens's „The Man on the Dump" als Antizipation unserer gegenwärtigen Situation zu charakterisieren. Heute machen der Klimawandel und die Verschwendungssucht aus der Welt eine Müllkippe, so wie Stevens' Gedicht es beschreibt. „Anachronistic Reading" („Anachronistische Lektüre", *Anm.d.Übers.*) könnte man auch die Erfahrung nennen, die beim Lesen von Kafkas Romanen den Holocaust vorausahnen lassen. Vgl. mein „Franz Kafka: Premonitions of Auschwitz," in *The Conflagrations of Community: Fiction before and after Auschwitz* (Chicago: The University of Chicago Press 2011), 39-145. In seinem brillianten Buch *Apocalyptic Futures: Marked Bodies and the Violence of the Text in Kafka, Conrad, and Coetzee* (New York: Fordham UP, 2011) argumentiert Russell Samolsky, dass Kafkas „In der Strafkolonie" und Coetzees *Warten auf die Barbaren* parallele Vorverweise auf die jüngsten Ereignisse in Abu Graib und Guantánamo darstellten.

11. In einem hilfreichen Kommentar erinnerte mich Monika Reif-Hülser nach meinem Vortrag in Konstanz daran, dass diese seltsame wiederholt auftauchende Episode der Fußwaschungen und der Einreibungen des verwundeten Mädchenkörpers mit Mandelöl jene berührende biblische Szene anklingen lässt, in der Maria Magdalena die Füße von Christus salbt: „Da nahm Maria ein Pfund echtes, kostbares Nardenöl, salbte Jesus die Füße und trocknete sie mit ihrem Haar. Das Haus wurde vom Duft des Öls erfüllt." (Johannes 12:2). Vgl. auch Matthäus 26:7 und Markus 14:3, wo Maria Magdalena das Öl auf das Haupt Jesus gießt, nicht auf seine Füße. Die Geschlechter sind in Coetzees Version umgekehrt. Ich füge noch ein anderes literarisches Echo hinzu. Im sechsten Buch von Homers *Odyssee,* „Nausicaa", salben sich erst Nausicaa und ihre Dienerinnen, dann Odysseus selbst mit Olivenöl aus einem goldenen Flacon. Alle drei dieser Szenen sind hocherotisch.

III

Verteidigung der Literatur und ihrer Wissenschaft —trotz Globalisierung und Neuen Tele-Technologien

In einem berühmten und recht bemerkenswerten Paragraph im ersten Kapitel des *Kommunistischen Manifests* sahen Marx und Engels jenes Phänomen voraus, das wir heute Globalisierung nennen, und zwar in beiden Formen, als economicc *mondialisation* wie es im Französischen heißt und als kulturelle „world-wide-ification". Ich denke an den Absatz im *Manifest*, der mit folgender Forderung beginnt:

> Alle festen eingerosteten Verhältnisse mit ihrem Gefolge von altehrwürdigen Vorstellungen und Anschauungen werden aufgelöst, alle neugebildeten veralten, ehe sie verknöchern können. Alles Ständische und Stehende verdampft, alles Heilige wird entweiht, und die Menschen sind endlich gezwungen, ihre Lebensstellung, ihre gegenseitigen Beziehungen mit nüchternen Augen anzusehen.
>
> Das Bedürfnis nach einem ausgedehnteren Absatz für ihre Produkte jagt die Bourgeoisie über die ganze Erdkugel. Überall muss sie sich einnisten, überall anbauen, überall Verbindungen herstellen.
>
> Die Bourgeoisie hat durch ihre Exploitation des Weltmarkts die Produktion und Konsumtion aller Länder kosmopolitisch gestaltet. Sie hat zum großen Bedauern der Reaktionäre den nationalen Boden der Industrie unter den Füßen weggezogen. Die uralten nationalen Industrien sind vernichtet worden und werden noch täglich vernichtet. Sie werden verdrängt durch neue Industrien, deren Einführung eine Lebensfrage für alle zivilisierten Nationen wird, durch Industrien, die nicht mehr einheimische Rohstoffe, sondern

den entlegensten Zonen angehörige Rohstoffe verarbeiten und deren Fabrikate nicht nur im Lande selbst, sondern in allen Weltteilen zugleich verbraucht werden.[1]

Dieser Paragraph des *Manifests* endet mit den prophetischen Sätzen: „An die Stelle der alten lokalen und nationalen Selbstgenügsamkeit und Abgeschlossenheit tritt ein allseitiger Verkehr, eine allseitige Abhängigkeit der Nationen voneinander. Und wie in der materiellen, so auch in der geistigen Produktion. Die geistigen Erzeugnisse der einzelnen Nationen werden Gemeingut. Die nationale Einseitigkeit und Beschränktheit wird mehr und mehr unmöglich, und aus den vielen nationalen und lokalen Literaturen bildet sich eine Weltliteratur." (ibid.)

Weltliteratur—das Wort und die Idee stammen von Goethe. Auch wenn Marx das iPod nicht vorhersehen konnte, verstand er doch, welche Veränderungen technologische Neuerungen bringen. Heute würde er wahrscheinlich nicht von „Weltliteratur" sprechen, wohl aber von einer ziemlich homogenen weltweit verbreiteten Kultur der Neuen Medien: Television, Film, Popmusik, das Internet, E-Mail, Podcasts, Videos, Computerspiele, digitale Photographien, die per e-mail überallhin in der Welt verschickt werden können.

Ich habe an anderer Stelle ausgeführt, dass die gegenwärtige Globalisierung drei grundlegende Kennzeichen hat: 1) Globalisierung geschieht in unterschiedlichem Ausmaß und auf unterschiedlichen Wegen in verschiedenen Ländern und Regionen der Welt. 2) Globalisierung ist heterogen und geschieht nicht als singuläres Ereignis. Mehrere unterschiedliche Prozesse der Globalisierung laufen gleichzeitig ab. Ökonomische Globalisierung ist nicht identisch mit kultureller Globalisierung; auch nicht mit der Globalisierung von Technologie oder mit der Umweltzerstörung, die unserem Verständnis nach die globale Erwärmung im Gefolge hat. Der gemeinsame Nenner für all diese Formen der Globalisierung ist die neue Tele-techno-Kommunikation. Obwohl Marx und Engels bereits erkannten, auf welche Weise die Technologie die Welt im Jahre 1848 veränderte, konnten sie weder das Radio, noch das Fernsehen, das Telefon oder das Grammofon antizipieren. Es sind gerade diese Sparten der Technologie, welche viele neue

Formen der Kommunikation über weite Distanz ermöglichen, welche Globalisierung in Umfang und Tempo in extreme Dimensionen treiben.

Marx und Engel betrachteten die Globalisierung des Kapitalismus als eine Katastrophe ebenso betrachteten sie den globalen Kapitalismus jedoch auch als Chance für den Kommunismus, wenn er den Tod des Kapitalismus durch eine Art autoimmune Selbstzerstörung im Gefolge hätte. Die Arbeiter rebellieren, um die Diktatur des Proletariats einzuführen. Marx und Engels, man erinnert sich daran, forderten die Arbeiter nicht dazu auf, sich in diesem oder jenem Land zu organisieren. Sie rufen: „Proletarier aller Länder vereinigt Euch!" Wenn Marx und Engels die Globalisierung des Kapitals prophezeiten, so war der Kommunismus, wie er im *Kommunistischen Manifest* definiert ist, selbst explizit eine Form der Globalisierung. In dieser Hinsicht war es wie das Christentum, von dem unsere Vorstellung von „der Welt" als Ganzer abstammt. Marx und Engels sahen auch diese doppelte den Bereichen Ökonomie und Kultur zugeordnete Besetzung des Begriffs und sie sahen, dass dies die nationalstaatliche Hegemonialmacht für immer schwächte.

Welche Rolle für die Literaturwissenschaft kann man sich vorstellen in einer kulturellen Welt, in der Kino, Fernsehen, Internet, Podcasts, die gleiche Popmusik überall, Computerspiele und blogs dominieren? Literatur wäre der Vergangenheit zugehörend, wie Hegel von der Kunst behauptete. Literaturwissenschaft wäre in dieser Optik nichts anderes als eine besondere Form von Altertümelei. Anders ausgedrückt könnte man auch sagen, die Literatur habe sich gewandelt, von ihrem Alleinstellungsmerkmal virtuelle Realitäten zu repräsentieren zu einem unter vielen Vermittlern des Imaginären, des Geisterhaften, des Magischen, des Illusionären. Jetzt nimmt Literatur ihren Platz neben Kino, Television, dem Internet, Computerspielen, Popmusik und iPods ein, ist nur eine unter vielen anderen Formen der Teletechnokommunikation. Jacques Derrida nennt sie „artefactualities", wobei er mit den einzelnen Bedeutungen der Bestandteile des Wortes spielt.[2]

Was meine ich, wenn ich die Literatur als ein Medium bezeichne— wie die neuen Medien auch—das virtuelle Wirklichkeiten kommuniziert, vermittelt, zur Darstellung bringt? Ich will damit sagen, dass mir die gedruckten Wörter eines Romans oder eines Gedichts Zugang zu einer Gruppe von Menschen in einem bestimmten Setting und einer bestimmten Interaktion geben, die Ähnlichkeit hat mit der wirklichen Welt um mich herum, die ich sehen, riechen, berühren kann—einer Welt allerdings, die nur und ausschließlich durch diese Wörter auf den Seiten erschlossen werden kann. Auf ähnliche Weise bieten Fernsehnachrichten scheinbar direkte Information über Ereignisse, die geschehen während wir sie sehen, aber Fernsehbilder sind sorgfältig gefiltert, geschnitten und montiert, um eine Pseudo-Wirklichkeit zu erzeugen, eine technologisch hergestellte Sphäre von Geistern und Schatten, die über den Fernsehschirm tanzen. Das ist es, was Derrida gemeint haben muss, als er das Fernsehen einen Lieferanten für „artefactualities" nannte. Die Bilder, die nicht nur durch die neuen Medien sondern auch durch die alten Medien wie die Literatur bereitgestellt werden, sind scheinbar Fakten, tatsächlich aber Produkte. Ein Computerspiel ist ganz offensichtlich eine virtuelle Wirklichkeit. Sogar ein Popsong hat eine implizite Geschichte. Der Song generiert das Bild einer vorgestellten Situation, in der jemand etwas sagt oder singt, was eigentlich die Wörter des Songs sagen oder singen.

Wie kommt es, dass diese neuen Medien eine so starke Wirkung haben konnten, vergleichbar mit dem Erfolg, den der gedruckte Roman hatte bei seinem ersten Erscheinen im späten siebzehnten Jahrhundert hatte? Weshalb bezahlten 1.5 Millionen Chinesen schwer verdientes Geld für das Computerspiel *World of Warcraft* als es im Sommer 2005 zum ersten Mal auf den Markt kam? Warum spielen jetzt über drei Millionen dieses Spiel?[3] Warum dieser schnelle Erfolg? Meine Antwort lautet: Menschen scheinen virtuelle Wirklichkeiten zu brauchen. Wir empfinden unersättliches Vergnügen an „artefactualities". Menschen brauchen Fiktionen. Sie suchen sie, wie eine Ente das Wasser sucht, und zwar mit allen Mitteln. Die neuen Medien schaffen virtuelle Wirklichkeiten, die relativ leicht zu übersetzen, zu versenden oder anzupassen sind, wohingegen gedruckte Literatur stärker an eine natürliche Sprache, lokale Idiome und lokale kulturelle Konventionen gebunden ist. Ein Popsong kann erfolgreich, „populär" sein, sogar in Ländern, in denen seine Sprache nicht verstanden wird. Wie der informierte Leser erkennen wird, verändert meine Formel Aristoteles' Formulierung in der *Poetik*. Aristoteles sagte, dass menschliche Wesen gerne imitieren, weil sie von Imitationen, *Mimesis*, lernen. Die referentielle Basis der Imitation ist bei Aristoteles beibehalten und ist für sein Argument wesentlich. Ich behaupte im Gegenteil, dass Menschen Fiktionen brauchen, die nicht unmittelbar mimetisch sind. Solche „artefactualities" erschaffen eine neue Welt, indem sie die „reale Welt" vergessen lassen, oder sogar aufheben.

Es gibt noch zwei weitere für die Literatur relevante Folgeprozesse der globalisierten Technologien, die sich zur Verdrängung der Literatur als einzigem Eintrittsmedium in virtuelle Realitäten addieren. Der eine betrifft die Globalisierung der Literatur, wie Marx sie prognostizierte. Jede nationale Literatur, ungeachtet der Tatsache, ob sie aus sogenannten „führenden" Ländern oder aus „aufstrebenden" Ländern kommt (obwohl diese Differenzierung sich aufzulösen beginnt), ist nun für alle oder wenigstens die meisten Leser im Kontext aller anderen Literaturen zugänglich. Dies geschieht zum Teil durch die extrem schnelle Übersetzung und Distribution von Texten, zum Teil durch die globale Verfügbarkeit anderer Sprachen, hauptsächlich Englisch. „Literaturen in Englisch" ist eine der als Begriff auftauchenden neuen Formen von Globalisierung. Britische Literatur, wie Amerikanische Literatur ist nur ein Segment der ‚Welt-Literatur in Englisch'. Es erscheint uns heute als ein sehr verkürztes Verständnis entweder Britische oder Amerikanische Literatur als isolierte Gebiete zu studieren.

Der zweite signifikante Veränderungsprozess mit Blick auf Literatur als Folge der globalisierten Technologien ist die radikale Transformation der Literaturstudien selbst. Wie ich in einem anderen Kapitel dieses Buchs ausgeführt habe, ging mit der Globalisierung der Teletechnologien die Umgestaltung der wissenschaftlichen Beschäftigung mit Literatur einher, die nicht mehr notwendig im Rahmen einer Universität stattfinden muss. Heute kann jeder und jede überall auf der Welt mit einem Computer auf die enorme elektronische Datenbasis wissenschaftlicher Informationen zugreifen. Dadurch können wir in fast allen Disziplinen maßgeblich forschen. Die traditionelle Basis als Forschungswissen und universitäre Lehrkompetenz ist immer weniger notwendig: viele gedruckte Bücher und eine „Forschungsbibliothek". Man muss zum Beispiel gar keinen Roman von Henry James in gedruckter Form besitzen, um darüber zu arbeiten. Fast alles ist im Netz und kostenlos zugänglich. In diesem Kapitel habe ich das *Kommunistische Manifest* zitiert und dafür eine von mehreren elektronischen Versionen ausgewählt, die innerhalb weniger Sekunden über *Google* greifbar war. Wissenschaftliche Zusammenarbeit mehrerer über den Globus verteilter Individuen kann zeitgleich realisiert werden, man muss nicht mehr als Kollegen an ein und derselben Universität arbeiten. In den Jahren 2005-2006 nahm ich an einem ehrgeizigen internationalen Forschungsprojekt zu Narratologie teil. Es fand nominell in Oslo am *Center for Advanced Study* statt, obwohl ich alles in allem nur drei Wochen während dieses Jahres dort verbrachte. Wissenschaftliche Artikel werden auf dem PC geschrieben und sofort per e-mail attachment in der Welt herumgeschickt. Ich schreibe alle meine Gutachten mit dem Computer und versende sie per e-mail. Kapitel aus Doktorarbeiten erhalte ich per e-mail. Ich lerne, sie am Bildschirm zu lesen und zu kommentieren. Der gesamte Zeitablauf meines beruflichen Lebens als Literaturexperte hat sich in nur wenigen Jahren drastisch verändert.

Obwohl ich es schwer zu akzeptieren fand, wie die Form von Literatur, die ich kannte, sich während der oben beschriebenen Prozesse veränderte, wie sie wie alles andere auch immer mehr „digitalisiert" wurde, habe ich das Gefühl, der Wandel ist fundamental. Eine der bedeutenden Konsequenzen ist die vereinfachte Suche nach elektronischen Versionen der Texte, mit denen wir arbeiten können. Eine andere Konsequenz ist das Gefühl des Lesers, dass das, was gelesen wird, zur gleichen Zeit identisch im Cyberspace existiert und nicht in vervielfachten Exemplaren in einem Bibliotheksregal. Die Digitalisierung der Literatur ist die Vorbereitung für ihr Verschwinden in der Form wie wir sie kannten in der kurzen Periode, in der das gedruckte Buch als hautsächliches kulturelles Medium den ersten Rang einnahm. Diese Periode begann Ende des siebzehnten Jahrhunderts im Westen, in jener Zeit, in der die moderne Demokratie sich etablierte, in der mehr oder weniger universale Alphabetisierung stattfand und mehr oder weniger Freiheit darüber herrschte, was jeder denken, sagen oder schreiben wollte, eine Freiheit die selbstverständlich nicht überall erreicht wurde.

Diejenigen Wissenschaftler, die sich den sogenannten „Kulturstudien", den *cultural studies*, und den neuen Medien zugewandt haben, haben verdienstvolle Arbeit geleistet. Diese neuen Medien sind heutzutage überall in der Welt sehr einflussreich. Es ist also ganz natürlich, dass Akademiker sich mit diesen Medien, ihrem Kontext, ihrem eigenen Einfluss und den Einflüssen, denen sie unterliegen, in ihren Forschungen widmen. Dennoch will ich am Ende meiner Überlegungen für die Literatur und die Literaturwissenschaften im altmodischen Sinne der Arbeit mit dem gedruckten Buch eine Lanze brechen. Im Zeitalter der Globalisierung und der digitalen Medien, die mehr auf Bilder ausgerichtet sind als auf das geschriebene Wort, will ich ein Loblied singen auf die Literatur, wie wir sie trotz allem immer noch kennen. Meine Treue als Geisteswissenschaftler gehört auch der sogenannten „modernen" Literatur in Europa und Amerika. Dieses Segment der literarischen Produktion hat das Wesen der Literatur—was sie im Kern ist und was sie bewirken kann—ganz besonders zum Vor-Schein gebracht. Schließlich will ich auch bekennen, dass ich fest davon überzeugt bin, dass durch Literatur im traditionellen Sinne Dinge ‚gesagt und getan' werden können, welche die neuen Medien nicht oder kaum vermitteln können. Sie sind jenseits von deren appellativen Möglichkeiten. Allerdings sind diese Apelle an das kreative Rezeptionsbewusstsein von Lesern von großem Wert, vielleicht sogar von unerlässlichem, unersetzlichem Wert, auch wenn wir die Literatur vielleicht bald abgeschafft haben werden, ohne dass die menschliche Zivilisation an ihr Ende gekommen sein wird.

Was also sind diese ‚Dinge', die nur die gedruckte Literatur tun kann? Eine Antwort finden wir im Vergleich zwischen kanonischen Romanen und deren besten Verfilmungen—wie z.B. Britische Filme oder Fernsehproduktionen von Romanen von Jane Austen, Charles Dickens, George Eliot, Anthony Trolope, Thomas Hardy, Henry James und E.M. Forster. Wie sorgfältig diese Filme auch gemacht sein mögen, wie brillant sie oft als Kinowerke sind, sie können doch nicht das eine Charakteristikum realisieren, das so kennzeichnend für gedruckte Literatur ist. Ich spiele dabei auf die ironische Dopplung an, die im gedruckten und gelesenen Text zwischen der Sprache der Charaktere und dem Idiom des Erzählers entsteht, das in der Literaturwissenschaft „freie indirekte Rede" genannt wird. Wie zahlreiche Gelehrte gezeigt haben, ist es in der freien indirekten Rede durch Tempuswechsel unmöglich, die Erzählerstimme (im Imperfekt) von derjenigen der Charaktere (im Präsens) zuverlässig zu unterscheiden. Wir wissen als Leser also nicht, welcher Instanz die Rede zuzuordnen ist, dem Erzähler oder einem der Charaktere. Das hat zwei Konsequenzen: 1) Ironie als

Bonus für die erfreuliche Lektüre einer gedruckten Erzählung ist eine Bedingung *sine qua non* und kann weder durch Computerspiele, noch durch Hören von Popsongs oder durch eine Filmsession erlangt werden. 2) In gedruckter Literatur verbergen sogar die einfachsten fiktiven Sätze ein Geheimnis.[4] Wie Derrida in seinen *Passions* schreibt—er spricht dabei von seiner Leidenschaft für Literatur—*il y a là du secret*, da ist ein Geheimnis verborgen. Das Geheimnis der Literatur kann nie wirklich entdeckt, nie offen gelegt werden. Es bleibt hinter eben jenen Verfahren verborgen, die von ihm sprechen. Dieses Geheimnis hat nichts zu tun mit größerer Eloquenz, oder darstellerischer Komplexität, wie sie oft als ein Kennzeichen literarischer Sprache angenommen wird. Solche Komplexität ist eine Eigenschaft der geschriebenen Sprache generell, zum Beispiel in den Wortspielen von Schlagzeilen: „Airline Profits Head for Nosedive"[5]

Das Geheimnis der literarischen Sprache liegt darin, dass der einfachste literarische Satz ein Geheimnis enthüllt und gleichzeitig verbirgt. Franz Kafka sagte, er sei in dem Moment Schriftsteller geworden, als er *Ich* durch *er* ersetzte. Die Anfangspassagen seines Meisterwerks *Das Schloss* hatte er zuerst in der ersten Person geschrieben, dann in der dritten Person umgeschrieben, wobei er das repräsentierte Bewusstsein auf geheimnisvolle Weise so doppelte, wie ich dies für die freie indirekte Rede zeigte. In einer bemerkenswerten Überlegung formulierte Kafka dies so: „Wenn ich ohne mir Rechenschaft zu geben einen Satz wie den folgenden schreibe: ‚Er schaute durchs Fenster', dann ist dieser Satz perfekt."[6] Aus dem Kontext ergibt sich, dass Kafka mit „perfekt" meinte, dass die Perfektion, die Literatur überhaupt erreichen kann, sich bereits in einem solchen Satz manifestiert, der auf magische Weise eine virtuelle oder fiktive Welt entstehen lässt. Der Eröffnungsparagraph in Kafkas erster großen Erzählung „Das Urteil"—die Geschichte, die ihm Sicherheit für seinen Wunsch gab, Schriftsteller zu werden—erreicht seinen Höhepunkt in solch einem Satz: „Er … sah dann, den Ellbogen auf den Schreibtisch gestützt, aus dem Fenster auf den Fluss, die Brücke und die Anhöhen am anderen Ufer mit ihrem schwachen Grün."[7] Ein Tagebucheintrag beschreibt die Entstehung dieser Erzählung in einer einzigen Nacht—mit der doppelten Referenz einerseits auf die Zerstörung der „realen Welt" durch ein Feuer und andererseits die simultane Erschaffung einer alternativen literarischen Welt, die—wie Phönix aus der Asche—sich performativ aus den Wörtern erhebt, die Kafka eines nach dem anderen dem Papier einschrieb und dadurch eine einzigartige literarische Welt, eine virtuelle Wirklichkeit zum Leben erweckt. Kafka vergleicht den Akt des Schreibens als eine Bewegung, die den Schriftsteller an seinen Stiefelschlaufen in die Höhe hebt. Schreiben bedeutet das Unmögliche, nämlich sich selbst auf dem eigenen Rücken zu tragen. Man kann alles sagen, so Kafka, alles, was gedacht werden kann, lässt sich zu und in Literatur verwandeln. „Die ängstliche Spannung und Freude, wie die Geschichte sich vor meinen Augen entwickelte, als ob ich über Wasser ginge. Mehrmals in dieser Nacht stemmte ich mein eigenes Gewicht auf meinen Rücken. Mit der Unruhe, wie alles gesagt werden kann, wie für alles, für die verwegensten Vorstellungen ein großes Feuer wartet, in dem sie verbrennen und erneut erheben."[8]

Ein berühmter Satz in Mallarmés „Crise de vers" bringt etwas ganz ähnliches zum Ausdruck, wenn er in einer typischen Mallarmé-Manier von „poetischem Sprechen" spricht: „Ich sage: eine Blume! und außerhalb des Vergessens, wohin meine Stimme jede Begrenzung verdrängt, etwas anderes als die bekannten Blütenkelche, steigt musikalisch empor die liebliche Idee selbst, das Abwesende in allen Gebinden." [*meine Übersetzung*] Mallarmés Formulierung ist eingebettet im lokalen Sprachgebrauch seiner Zeit und seines Raums. Mallarmé liebte fantasievolle Wörter, besonders Wörter mit „x", wie z.B. „calyx", französisch „calice" aus dem Lateinischen „calyx", was den äußeren schützenden Ring aus Blütenblättern bezeichnet.

„Musikalisch" hat seinen Kontext im Vorrang des Rhythmus in Mallarmés Dichtung und in der Vorstellung des ausgehenden neunzehnten Jahrhunderts, dass alle Kunstgattungen sich an den Gesetzen der Musik ausrichten. Mallarmés Begriff der „Idee" lässt Hegel anklingen und dessen Definition des Schönen, die er in seinen *Vorlesungen zur Ästhetik* „das sinnliche Scheinen der Idee" nennt. Die Figur des Scheinens taucht in dem Gedicht von Wallace Stevens, das ich weiter unten diskutiere, wieder auf. Wie auch immer, trotz all dieser Einzelbeobachtungen sagt Mallarmé dasselbe wie Franz Kafka. Die einfachste Sprache, „er schaute aus dem Fenster", oder „eine Blume" bedeutet die Aufhebung nicht nur des benannten Gegenstands, sondern der gesamten materiellen Welt, auf die er sich zu beziehen scheint und in der Fenster und Blumen vertraute Teile sind. Gleichzeitig ist eine solche Sprache die performative Schöpfung einer fiktiven Welt, die enthüllt und verbirgt, was Derrida „le tout autre"[9], das ganz andere, nennt und was von Mallarmé hier als „Idee" bezeichnet wird, ein zentrales Wort auch für Wallace Stevens, wenn er in „Notes Toward a Supreme Fiction" einen Novizen ausschickt, der die Sonne noch einmal mit unschuldigen Augen sehen soll, und zwar klar und deutlich in ihrer Idee: to „see the sun again with an ignorant eye/ And see it clearly in the idea of it."[6]

Ich beende meine Überlegungen, indem ich in einem Sketch oder der rhetorischen Figur der Hypotypose vorführe, wie die einfache literarische Sprache auf etwas ganz anderes, „wholly other", hinweist, ohne ein Geheimnis preiszugeben. Mein Beispiel ist das vorletzte Gedicht in Wallace Stevens' *Collected Poems*. Es ist ein Alters-Gedicht des Poeten, als er bereits im Schatten des Todes lebte. Der Tod wird im Gedicht durch den Hinweis auf den Fluss Styx aus der griechischen Mythologie evoziert. Stevens nennt das Reich der Toten „Stygia". Das Gedicht selbst trägt den Titel „The River of Rivers in Connecticut", „Der Fluss der Flüsse in Connecticut". Der Kontext des Gedichts ist die lokale Sprache, die lokale Kultur und die lokale Topographie in der Nähe der Stadt Hartford, in der Stevens lebte. Der Name „Connecticut" kommt von dem Wort *quinnehtukqut* der Mohegan Indianer, das so viel wie langer Fluss (der Gezeiten) bedeutet." Stevens' Titel scheint zunächst auf den Connecticut Fluss zu deuten, der immerhin einer der größten amerikanischen Flüsse ist. Er teilt den Staat Connecticut, einen kleinen Staat in Neu-England an der Ostküste der Vereinigten Staaten. Im Gedicht werden zwei Städte, die nahe am Fluss liegen, Farmington und Haddam. Beide Städte haben wunderschöne weiß gestrichene und mit Schindeln verkleidete Häuser aus dem achtzehnten und frühen neunzehnten Jahrhundert, Kirchen und öffentliche Gebäude in ruhigem, harmonischen, neo-klassizistischem Stil. Dieser Stil ist einer der großen Errungenschaften amerikanischer Architektur.

In einer sorgfältigen Lesart des Gedichts wird jedoch deutlich, dass der ‚Fluss der Flüsse in Connecticut' nicht den Connecticut Fluss meint, sondern einen unsichtbaren, allgegenwärtigen Fluss, weder transzendent noch immanent, entschieden aber nicht idealistisch-transzendent, nicht im Platonischen Sinne als Idee, sondern ein Fluss, der nirgendwohin fließt, wie das Meer. Der Fluss der Flüsse in Connecticut ist „ein Lebenslauf, eine Energie, eine lokale Abwesenheit". Er fließt (curriculum), er hat Kraft (vigor), aber er ist genauso lokal wie Haddam oder Farmington. Dieser „Fluss" ist Stevens' Version von Mallarmés „Idee"; Kafkas „Gesetz" wie in seiner Parabel „Vor dem Gesetz", in „Der Prozess"; oder Derridas „das ganz andere" oder auch Derridas unaussprechliches Geheimnis „wenn es eines gibt", wie er sagt. Es wäre ein Fehler, dieses „ganz andere" als ein einziges monolithisches oder sogar monotheistisches transzendentes namenloses „Etwas" denken zu wollen. Wenn „jedes andere immer ein ganz anderes" ist, dann ist jede Begegnung-ohne-Begegnung einzigartig, eine lokale Abwesenheit. Jedes ‚ganz andere' ist per Definition völlig anders als jedes andere ‚ganz andere' und auch gänzlich anders als ich. Das ganz andere muss als ausschwärmende Pluralität gedacht werden, nicht als „Einheit". Derrida formuliert diesen Gedanken im letzten Satz seines Essays „Psyché: Invention de l'autre" so: „Das ganz andere kündigt sein Kommen an [oder: ruft die Zukunft], und dies geschieht in einem vielstimmigen Chor."[11]

Ich habe gesagt, Stevens' Titel benennt diesen seltsamen Fluss. Dieses „Namen geben, „benennen" ist wichtig, denn es macht deutlich, dass es in dem Gedicht nicht wirklich um einen Fluss geht. Der Dichter nennt, bezeichnet das Fließende, als Fluss, in einer performativen Katachrese, die dem namenlosen Geheimnis einen Namen gibt, von dem das Gedicht überall spricht, ohne es sichtbar zu machen. Das Gedicht ist auf die Unterscheidung zwischen ‚sehen', ‚nennen', ‚sagen' und ‚erzählen' angewiesen. Man kann den Fluss der Flüsse in Connecticut „nicht außerhalb jener Sprache, die von ihn erzählt, sehen. Der Dichter kann den Fluss nicht direkt benennen oder auf ihm hinweisen, weil dieser sich nicht in referentieller Sprache einfangen lässt. Er ist ein „namenloses Fließen". Der Dichter kann diese Erscheinung nur als etwas benennen, was es dem Buchstaben nach nicht ist. Der Dichter kann es nur „immer wieder bei seinem Namen rufen,/den Fluss, der nirgendwo hinfließt, wie ein Meer."[12] Dieses Rufen entspricht mehr einem performativen Anrufen als einem referentiellen Benennen, auch nicht durch Katachrese.

Hier ist ein link zu dem Gedicht: http://www.poemhunter.com/poem/the-river-of-rivers-in-connecticut/ „Nenne und rufe ihn, immer wieder/Den Fluss, der nirgendwohin fließt, wie das Meer." „The river of rivers", „Der Fluss aller Flüsse", ist nicht der wirkliche Name dieses geheimnisvollen Etwas in Connecticut. Der Dichter nennt es so. Eigentlich ist es ein „unbenanntes Fließen", allerdings verweist „flowing" als Wort dann eben doch auf die Bewegung von Flüssen, nämlich ‚fließen'. Keine Sprache kann diesen Fluss der Flüsse benennen, nur durch Umschreiben ist er sprachlich einzufangen—obwohl auch die ‚Umschreibung', „indirection"[13], kein passender Ausdruck für diese performative Antwort auf das Unbenennbare ist.

Dieses wunderbare und bewegende Gedicht fordert endlose Kommentare heraus, zum Beispiel die provokative Sentenz über Bäume, welchen die Intelligenz der Bäume fehlt. Diese Phrase soll nicht zum Ausdruck bringen, dass Bäume klug seien. Vielmehr richtet sie unsere Aufmerksamkeit auf, unser Wissen über Bäume auf dieser Seite von Stygia auf die Bäume selbst. Sobald wir uns jenen dunklen Katarakten von Stygia, dem Reich des Todes nähern, vergessen wir alles menschliche Wissen. Der Fluss jedoch, den Stevens anruft, ist „far this side of Stygia", also diesseits der Todessphäre. Es ist ein Gedicht über das Leben unter der Sonne von Connecticut, nicht über das Reich des Todes. Auf dieser Seite laufen keine schatten am Flussufer entlang wie sie dies Es gibt keine Schatten, die am Fluss entlang laufen n wie der Tod und von Unwissen umnachtet. Vielmehr ist das Wasser in der ständigen Bewegung des Fließens begriffen, voller Freude in der Sonne glitzernd und glänzend, „full of a gayety,/ flashing and flashing in the sun". Man könnte viel über jedes einzelne Wort, jeden einzelnen Satz in diesem Gedicht sagen, zum Beispiel über die bewunderswerten Zeilen, in denen eine Offenbarung-ohne-Offenbarung durch das Leuchten und Glitzern angesprochen wird, obgleich der Fluss der Flüsse durch die von ihm erzählenden Erscheinungen hindurch nicht sichtbar ist. „The steeple at Farmington/Stands glistening, and Haddam shines and sways". „Der Turm von Farmington ragt leuchtend heraus/ und Haddam scheint und wiegt sich".

Wie Jacques Derrida umfassend gezeigt hat, weist die Verbindung ohne Verbindung der Literatur mit dem ganz anderen relevante Implikationen für die ethische und politische Funktion von Literatur auf.[14] Können die neueren Medien—Film, Fernsehen, Computerspiele,

Popmusik und so weiter—mit Wörtern oder anderen Zeichen irgendetwas Vergleichbares bewirken, das Stevens so spielerisch mit dem gedruckten Wort erreicht? Vielleicht, aber mit viel Aufwand und in einer Art und Weise, die kaum bemerkbar ist, wenigstens nicht bei Kritikern, die sich mit den neuen Medien beschäftigen und über die sie schreiben. Für die meisten bedeutet „other" das rassisch andere, das nationale, linguistische, ethnische andere oder die Differenz der Geschlechter—nicht Derridas „ganz andere". Es scheint eine absurde Idee zu behaupten, das Computerspiel World of Warcraft berge ein Geheimnis in dem Sinne, wie Derrida „Geheimnis" versteht—vielleicht wäre es ja aber einen Versuch wert, zu beweisen, dass dies doch der Fall ist. Ich ziehe deshalb daraus den Schluss, dass das, was wir geschriebene Literatur nennen, eine nahezu einzigartige und unersetzbare performative Funktion in der menschlichen Kultur hat, auch in den Zeiten der Globalisierung und der zunehmenden Dominanz der neuen ‚teletechnologicoprestidigitizing' Medien.

Anmerkungen

1. Marx/Engels, Kommunistisches Manifest, Seitenzahlen verweisen auf: Karl Marx/Friedrich Engels - Werke. (Karl) Dietz Verlag, Berlin. Band 18, 5. Auflage 1973, unveränderter Nachdruck der 1. Auflage 1962, Berlin/DDR. S. 95/96. S. 3.

2. Dies ist einer der vielen Stellen, an denen Derrida diesen Neologismus benutzt: Jacques Derrida, *On Touching Jean-Luc-Nancy*, übers. von Christine Irizarry (Stanford: Stanford University Press, 2005), 301.

3. Vgl. die Geschichte in der *New York Times*, Sept. 5, 2006: htttp://www.nytimes.com/2006//09/05/technology/05wow. Zum weltweiten Erfolg kann man nur sagen „wow!"

4. Jacques Derrida, *Passions* (Paris: Galilée, 1993), 56-71.

5. [Anm.d.Übers. Im Deutschen auf verschiedene Weise wiederzugeben: „Die Fluglinie will Gewinn aus Sturzflügen ziehen" oder „Die Fluglinie plant Gewinne aus Sturzflügen", etc.]

6. Zit. nach Maurice Blanchot, „Kafka et la littérature", in *De Kafka à Kafka*. Paris: Gallimard, 1981, 81 (Übers. Hillis Miller)

7. Franz Kafka, *Die Verwandlung und Andere Erzählungen* (Köln: Könemann, 1955), 35.

8. Zit nach Franz Kafka, *Die Tagebücher: 1910-1922*, hrsg. von Max Brod, übers. ins Englische Joseh Kresh und Martin Greeenberg, mit Kooperation von Hannah Arendt (New York: Schocken, n.d.), 212-213 [*meine Übers.*]

9. Jacques Derrida, *Donner la mort* (Paris: Galilée, 1999), 114-117.

10. II. 5-6 von „It Must Be Abstract", die erste Sektion von „Notes Toward a Supreme Fiction", in Wallace Stevens, *The Collected Poems* (New York: Vintage, 1990), 380.

11. Jacques Derrida, *Psyché: Inventions de l'autre* (Paris: Galillé, 1987), 61.

12. Anm. d. Übers.

13. „indirection" heißt auch „Unaufrichtigkeit" [Anm.d.Übers.]

14. Vgl. z.B. „Die Literatur im Verborgenen: Eine unmögliche Abstammung, der zweite Essay in der französischen Version von *Donner la mort*, 159-209. Dieser bedeutende Essays wurde hier und da durch e-mail zirkuliert, liegt aber meines Wissens noch nicht in gedruckter Form vor.

IV

Ökotechnik
Der öko-technologische Odradek

Die Menschheit [muss] ... die nötigen Anstrengungen unternehmen, um die wesentliche Funktion des Universums zu vollenden, die darin besteht, als Maschine Götter zu schaffen.

Henri Bergson

Unsere Welt ist eine Welt des „Technischen", eine Welt, deren Kosmos, Natur, Götter, das ganze System, sich in ihren innersten Fugen als „technisch" herausstellt: die Welt der „Ökotechnik". Das Ökotechnische funktioniert mit technischen Apparaturen, wir sind mit jedem unserer einzelnen Teile damit verbunden. Was dieses Ökotechnische macht, sind unsere Körper, die es in die Welt bringt und mit dem System vernetzt, wodurch unsere Körper sichtbarer werden, wuchernder, mehr polymorph, eine Körperpresse, mehr vermasst und in Zonen eingeteilt als je zuvor. Dadurch dass Körper als Vielheit geschaffen werden, hat das Ökotechnische den Sinn, den wir vergebens in den Überresten des Himmels oder des Geistes suchen.

Technologie als Modell

„Öko" stammt von dem griechischen Wort *oikos*, das Haus oder Heim. „Öko„ als Vorsilbe wird jetzt in einem breiteren Sinn gebraucht, indem es auf die gesamte Umwelt der einen oder anderen lebenden Kreatur verweist. Jedes Lebewesen lebt oder haust in seinem „Ökosystem". In diesem System sind andere herumwabernde Lebewesen—Virusarten, Bakterien, Pflanzen und Tiere—aber auch das Klima im weitesten Sinne von Umwelt. Das Ökosystem schließt auch „technische Apparaturen" ein. Ich meine all jene vom Menschen hergestellten teletechnologischen Geräte wie Fernsehanlagen, iPhones und Computer, die mit dem Internet verbunden sind, in das unsere Körper eingebunden sind.

Die gesamte Umwelt enthüllt sich mehr und mehr als „technologisch", soll heißen: auf die eine oder andere Weise wie eine Maschine. Nach Nancy ist der „Körper" mit seinem technologischen Ökosystem auf vielerlei Weise verkettet, als eine Hinzufügung zu einer Hinzufügung. Allerdings zeigt sich dieser durch Erweiterungen multiple Körper immer mehr in seiner maschinengleichen Funktion. Er ist ein technisches Produkt des Ökotechnik." „Der Körper" ist ein komplexes Regelwerk ineinandergreifender Mechanismen, die selbst-generierende, selbst-regulierende, selbst-lesende Zeichensysteme sind. „Es gibt keinen „der Körper" (Il n'y a pas „le" corps) im Sinne eines einzigartigen Organismus, sagt Jean-Luc Nancy (Corpus, 104). Diese körperlichen Zeichensysteme sind die Ergebnisse von zufälligen Permutationen, die über Jahrmillionen stattfanden, ähnlich jenen, die das menschliche Genom entwickelten. Diese Zeichensysteme hängen nicht von menschlichen Bewusstseinsaktivitäten ab oder von Aktionen, die ein Code-Leser wählte, um den Entwicklungsprozess am Laufen zu halten. Die Systeme arbeiten, bauen auf, zerstören, bilden um—ohne jemals stillzustehen.

Dieser Essay konzentriert sich auf Kafkas frappierend-unheimliche Geschichte, wenn man es denn eine Geschichte nennen kann, „Die Sorge des Hausvaters" (1919). Ich lese Kafkas 474-Wörter-Text als ein Spielfeld dafür, welche Konsequenzen ein Modell-Wechsel von einer organischen Einheit zu einem technologischen Modell für das Denken in verschiedenen Domänen zeitigt. Mein Essay könnte auch als Gedankenexperiment bezeichnet werden. „Was würde geschehen, wenn ... wir ein technologisches anstelle eines organischen Modells einsetzten um X zu verstehen? Ob Kafkas Text „gebraucht" werden kann über dieses oder jenes nachzudenken, ob überhaupt irgendetwas mit „Die Sorge des Hausvaters" gemacht werden kann, bleibt abzuwarten. Es versteht sich nicht von selbst.

Die thematischen Domänen, die meinem Gedankenexperiment unterzogen werden, sind Sprachen, menschliche und nicht-menschliche, Zeichensysteme allgemein; Literatur und Literaturkritik zusammen mit Literaturtheorie; „Leben", „der Körper", das Immun- und

Hormonsystem, das Gehirn, Bewusstsein, das Unbewusste, das Selbst oder „ego"; die Atom-Molekül-Ding-Virus-Bakterium-Pflanzen-Tier-Mensch-Sequenz; Gesellschaften sowohl menschliche als auch nichtmenschliche, Gemeinden, Nationen und Kulturen; Geschichte; das Internet und andere solcher technologischer Verbunde (Radio, Telefon, Television, mobile phones, iPhones, etc.); das globale Finanzsystem; die Umwelt, das Wetter, Klimawandel, Astrophysik vom großen Big Bang bis zu welchem endlosen Ende der Kosmos auch reichen mag. Manche Wissenschaftler behaupten, dass sich das Universum immer schneller ausdehnt. Galaxien sind so weit voneinander entfernt, sodass schließlich kein Licht oder anderes Signal von der einen zur anderen gelangen kann. Man spricht von Pascals „Stille der unendlichen Räume"! Das iPhone wird dann ziemlich nutzlos sein.

Das Modell der organischen Einheit hatte das westliche Denken fest im Griff, von den Griechen und der Bibel bis auf Heidegger und heutige Öko-Dichter und Apologeten „des Körpers". Außerdem neigen wir dazu, einen Organismus auf irgendeine Weise als „belebt" zu denken. Ein Organismus wird bewohnt von und zusammengehalten durch eine Seele (anima) oder durch ein anderes Prinzip des Lebens. Bewusstsein, das Ego, die Seele belebt den menschlichen Körper, geradeso wie Tiere, Bäume, Blumen und die Erde als Ganzes lebendig sind, belebt durch ein integriertes Lebensprinzip, oder ebenso wie tote Buchstaben, die Materialität der Sprache, die Zeichen auf der Seite, zum Leben kommen durch eine der Ansammlung von Buchstaben und Räumen innewohnende Bedeutung. Wie Martin Heidegger dies in einer berühmten Formulierung zum Ausdruck bringt: „Die Sprache spricht". Sie spricht, als ob sie von einer *anima* beseelt wäre. Mit anderen Worten: Anthropomorphismus und Prosopopöia sind als Redefiguren in vielen Bereichen unserer Tradition allgegenwärtig. John Ruskin nannte diese Personifikationen „pathetische Trugschlüsse". In den Numeri des Alten Testaments heißt es zum Beispiel: „Wenn aber der Herr etwas ganz Ungewöhnliches tut, wenn die Erde ihren Rachen aufreißt und sie verschlingt zusammen mit allem, was ihnen gehört, wenn sie also lebend in die Unterwelt hinabstürzen, dann werdet ihr erkennen, dass diese Leute den Herrn beleidigt haben." (Num 16,30). Jesaja versichert in einer Passage, die Ruskin zitiert: „Berge und Hügel brechen bei eurem Anblick in Jubel aus, alle Bäume auf dem Feld klatschen Beifall" (Jesaja 55,12). Ruskin nennt diese Vermenschlichung der Natur eine „pathetic fallacy", weil sie mit Gottes Macht spielt, also mit etwas, das unendlich weit jenseits allen menschlichen Verständnisses und Sprachfähigkeit liege. Paulus spricht im Römerbrief davon, dass „… wir wissen, dass die gesamte Schöpfung bis zum heutigen Tag seufzt und in Geburtswehen liegt" (Rom 8,22), als ob die Schöpfung eine menschliche Kreatur wäre. Ein lebendiges Wesen, ob pflanzlich, tierisch oder menschlich, muss wegen seiner organischen Einheit von der toten Materie unterschieden werden. Jeder Teil interagiert mit den anderen und macht auf diese Weise ein Lebewesen mehr als eine mechanische Häufung von Teilen. Das menschliche Ego oder Selbst stellen wir uns als organisch einheitlich vor. Wir halten eine „natürliche Sprache" für eine organische Einheit aus Wörtern, die durch eine unbelebte, universale Grammatik und Syntax organisiert wird, wie Noam Chomsky argumentierte. Eine gute Gemeinschaft ist ein organisch einheitliches Muster von Anschauungen und Verhaltensweisen. Geschichte entsteht aus Übergängen von einem Set von Annahmen und Verhaltensweisen zum nächsten, in einer Serie der Foucaultschen „episteme", Wissenssystemen, mit unerklärbaren Sprüngen zwischen den einzelnen Systemen. Manche der Öko-Poeten heute, wie übrigens auch viele indigene Völker, stellen sich die Erde als quasi-personifiziert vor „Pan-Gaia", Mutter Erde. Diese freundliche Dame hat die Menschen unter ihrer wohlwollenden Obhut, deshalb brauchen wir auch nicht zu fürchten, dass der Klimawandel uns schaden könne. Mutter Erde würde dies nicht zulassen. Das Modell der „organischen Einheit" eines guten Gedichts oder eines anderen literarischen Werks hatte einen starken Einfluss von den Romantikern bis zu den ‚New Critics'. Wenn ein Gedicht als ‚gut' erfahren wird, muss es jene organische Einheit aufweisen, in der alle Teile harmonisch so zusammenklingen wie bei einem schönen Gegenstand, einer Blume oder dem Körper einer anmutigen Frau.

In seinen Analysen zu den *Fundamentalen Konzepten der Metaphysik: Welt, Einsamkeit, Ende* argumentiert Heidegger, dass der Stein *welt-los* sei, das Tier *welt-arm*, Menschen dagegen *weltbildend*. Eine Welt ist für Heidegger ein Ganzes, ein Zusammenhang, eine organische Einheit. Wir tendieren dazu anzunehmen, dass Technologie einen menschlichen Schaffensprozess bezeichnet, der aus zusammengewürfelten Teilen etwas

Nützliches hervorbringen kann, ein Werkzeug, das die menschlichen Fähigkeiten erweitert und gleichzeitig ein Produkt seiner Erfindungsgabe, seiner Genialität und seiner Verarbeitungsfertigkeiten darstellt. Ein technologisches Gerät ist nicht beseelt, obwohl wir dazu tendieren, unsere Maschinen zu personifizieren, unseren Autos Namen zu geben. *Techné* ist das Gegenteil von *Physis*, genauso wie Subjekt als Gegensatz zu Objekt verstanden wird. *Techné* ist eine Geschicklichkeit, die von Subjekten und ihren Körpern gesteuert wird. Technologie fügt der Natur etwas hinzu, einer Natur, die wir bereits als uns äußerlich und als organisch verstehen. Heidegger hasste Vorrichtungen der modernen Technologie. Er weigerte sich, eine Schreibmaschine zu benutzen. Nur derjenige, der einen Stift in der Hand hält, kann denken—dachte er, oder was man „denken" nennt. Menschen denken mit ihren Schreibstiften. Heidegger sah mit Sorge die groß angelegte Technologisierung von Russland und den USA—und mit ihnen die Technologisierung der ganzen Welt—die seiner Befürchtung nach das Ende der organisch-gewachsenen Zivilisationen, der griechischen und der deutschen Kultur, unaufhaltsam nach sich ziehen mussten[1] „Nur ein Gott wird uns retten", sagte er bei dem berühmten Interview mit der Zeitschrift *Der Spiegel*. Zweifellos hätte Heidegger den im Augenblick stattfindenden Triumphzug der Technologie entsetzlich gefunden. Trotzdem haben wir das Bedürfnis, unsere Computer und das Internet zu personifizieren. Haben wir nicht das Gefühl, da sei ein Gott in der Maschine? Unsere technischen Hilfsmittel denken und arbeiten unabhängig von uns, wenn zu Zeiten auch nicht immer in die Richtung, die wir gerne hätten.

Solche Beispiele organischer Modelle ließen sich unendlich erweitern. Sie sind überall. Wer würde es wagen, von ihnen Ähnliches zu sagen wie Ruskin in einem seiner Beispiele zu pathetischen Trugschlüssen („The spendthrift crocus, bursting through the mould/Naked and shivering, with his cup of gold")[2]: „Das ist sehr schön, und trotzdem nicht wahr." (par. 4)

Das alternative techno-maschinen Modell hat ebenfalls eine lange Geschichte und geht mindestens auf Leibniz zurück, zu seiner Idee von Gott als Uhrmacher oder zu solchen Büchern aus dem 18. Jahrhundert wie beispielsweise de la Mettrie *L'homme machine* und weiter zu unserer Gegenwart, wenn das menschliche Immunsystem mehr mit

Maschinenmetaphorik als organisch beschrieben wird. Man kann hier auch an die vehemente Zurückweisung des Anthropomorphismus im Zusammenhang mit dem Kosmos oder dem Klimawandel denken. Unser Vorverständnis der Maschine hat sich jedoch über das letzte Jahrhundert hinweg stark gewandelt, von Beispielen wie der Dampfmaschine über den Verbrennungsmotor zu technologischen Formen wie sie im Zeichensystem oder Kommunikationsmaschinen realisiert sind, z.B. Fernsehen, iPhones, und ein mit dem Internet verknüpfter Computer. Sogar die Autos sind heutzutage computergesteuert. Sie sind im selben Maße komplexe Zeichensysteme wie sie benzingetriebene Maschinen für den Antrieb der Räder sind. Bevor wir etwas genauer auf die seltsamen Kennzeichen des ökotechnologischen Modells schauen, wende ich mich noch einmal Kafka als einem der herausragenden Denker / Nicht-Denker des Unmenschlich-Maschinellen zu.

**Maschinengestützte Auto-Co-Immunität als Kontext:
Unser gegenwärtiger Ausnahmezustand**

Zu Kafka—aber im Kontext. Ich denke nicht an die bedeutungsvollen Diskussionen zwischen Walter Benjamin und Gershom Sholem oder zwischen Benjamin und Berthold Brecht darüber, ob Kafka eher als ein Mystiker in der Tradition der Kabbalah oder, im Gegenteil, als ein zuverlässiger Berichterstatter und Aufzeichner der sozialen Zustände im Prag vor dem Holocaust zu sehen ist.[3] Mein Kontext ist aber eher unsere Situation hier in den Vereinigten Staaten und in der Welt heute. Warum und wie sollte ich Kafkas *Die Sorge des Hausvaters* lesen, in diesem Moment an diesem Datum des 4. November 2011? Es ist bei weitem nicht selbstverständlich, dass die Lektüre dieses kleinen Texts überhaupt nützlich und begründbar ist angesichts des Ausnahmezustands, in dem wir leben.

Worin besteht dieser Ausnahmezustand? Die Vereinigten Staaten sind im Augenblick mit voller Kraft aber offensichtlich unwissentlich in vier radikalen Formen von „auto-co-immuner" Selbstzerstörung engagiert, um Jacques Derridas Neologismus zu entlehnen. Die Systeme, die zu unserem Schutz entwickelt wurden, wenden sich nun gegen uns selbst.

Eine Form unseres selbstmörderischen Wahnsinns ist die Weigerung, unverzüglich zu einer Einzelzahler-Krankenversicherung überzugehen, um auf diese Weise die Gesundheitskosten überschaubar zu halten und sie daran zu hindern ein ständig steigender Prozentsatz unseres BIP zu werden. Diese Kosten betragen bereits 16% des BIP, nach einigen Schätzungen sogar 20% BIP, wenigstens das Doppelte der meisten europäischen Länder. Diese Absurdität treibt Tausende in den Ruin, wenn sie erkranken, tötet Zehntausende pro Jahr, die sich keinerlei Behandlung leisten können, ruiniert aber auch das ganze Land zugunsten einiger Pharmazieunternehmen und Krankheitsversicherer, die unermessliche Reichtümer anhäufen können.

Ein weiterer Wahnsinn ist der Verzicht darauf, ernsthaft etwas gegen die selbstmörderische Gier und Risikobereitschaft von Banken und anderen Finanzinstituten zu unternehmen. Eine Kreditausfallprämie (CDS) auf zweitklassische Hypothekendarlehen und komplexe Derivate sind ein sichtbares Zeichen dieses Wahnsinns und der Gier. Ein Nebeneffekt des gegenwärtigen „finanziellen Abschmelzens" ist die Demontage unserer Ausbildungssysteme, insbesondere der staatlichen Universitäten und hier insbesondere der Geisteswissenschaften. Unsere Universitäten marschieren im Gleichschritt mit dem Finanzkapitalismus. Die Harvard Universität verlor etwa 40% ihrer Ausstattung im Finanzkollaps. Nichts wurde unternommen, zum Beispiel Steuern bei den Reichen und den großen Unternehmen zu erhöhen, um die hanebüchene Kluft zwischen dem Reichtum des oberen 1% und den übrigen 99% zu verkleinern. Dieses 1% hat den Bankenzusammenbruch mit Gewinnmaximierung, Wohlstand und Zuwachs an politischer Macht überlebt, und dies durch Manipulation der Medien und Bestechung des Kongresses.

Eine dritte Form der auto-immunen Selbstzerstörung ist die Weigerung, sich aus dem desaströsen Krieg in Afghanistan zurückzuziehen, diesem „Friedhof von Imperien". Völliger Truppenabzug ist jetzt für 2014 geplant. Ich hoffe man verzeiht mir, wenn ich in dieser Hinsicht skeptisch bin und bezweifle, dass dieses Versprechen eingehalten wird. Es hängt alles davon ab, wer zu dieser Zeit verantwortlich dafür ist. Wenn Alexander der Große, die Briten und die Sowjetunion dieses Land nicht befrieden konnten, ist es nicht wahrscheinlich, dass wir dies erreichen könnten, auch nicht mit Tausenden von Soldaten, weiterer Zerstörung unserer Wirtschaft, obwohl natürlich und zugegebenermaßen der industrielle Aufbau für die WM II unserem ökonomischen System Auftrieb aus einer Dekade der Depression verleiht. Jeder fand Arbeit in der Waffenproduktion, Munitionsfirmen, Panzer- und Flugzeugbranche—und alles wurde dann in einem Triumph des militär-industriellen Komplexes auf dem Schlachtfeld zerstört.

Die vierte drohende Katastrophe ist die schlimmste. Sie lässt die anderen trivial erscheinen. Wir unternehmen praktisch nichts, sie zu verhindern. Der von Menschen verursachte Klimawandel, von dem uns nur eine winzige Mehrheit von Wissenschaftlern sagt, dass er jetzt aller Wahrscheinlichkeit nach schon unumkehrbar ist. Sogar jetzt schon führt diese Veränderung des Klimas zu mehr heftigen Hurrikanen, Typhons und Buschfeuern—wir erleben die Verwandlung des Südwestens der USA in eine ausgedörrte Wüste, das Abschmelzen der Polkappen, das Auftauen der Tundra, Eisschmelze in Grönland, etc. Die Eis- und Permafrost Schmelze generiert Folgemechanismen, welche die globalen Temperaturen auf tödliche Werte steigen lässt. Die vernichtenden Konsequenzen all dieser selbstmörderischen Aktionen waren mehr oder weniger unbeabsichtigt; ab einem bestimmten Punkt jedoch hätten wir sehen müssen, was geschieht. Das Geheimnis ist, weshalb wir nichts unternommen haben, bis es zu spät war. Der Verbrennungsmotor, chemische Nahrungsmittelproduktion und Kohlekraftwerke schienen geschickte Ideen zu sein. Sie erschienen als technische Erfindungen, welche die allgemeine Lebensqualität verbessern konnten. Ebenso erschien es eigentlich eine attraktive Idee, jederzeit und überall mit jemandem per Telefon- oder Handy sprechen oder „texten" zu können, obwohl die Begleiterscheinungen für Gemeinschaften und Gesellschaft zu Anfang nicht erkennbar waren. Ich meine die Art und Weise, in der die Telekommunikation eine Mutation in der menschlichen Spezies bewirkt. Das Medium ist der Schöpfer, es verändert die Art und Weise der kollektiven Kultur der Menschen, die eben dieses Medium nutzen.[4] Die globale Erwärmung, in dem Ausmaß, in dem wir sie jetzt schon erleben, hat eine zahlreiche Artenvernichtung, Kriege um Wasser und die weltweite Überschwemmung der Küstenregionen zur Folge (Florida, Indien, Vietnam, Australien, den Nordosten der USA, wo ich lebe, die kleinen

Inselnationen im Pazifik, etc.) und vielleicht auch das Aussterben der menschlichen Art, des *homo sapiens*, jener klugen Wesen.

Alle vier dieser miteinander verketteten Systeme haben eine signifikante Gemeinsamkeit: Veränderungen sind Zufallsereignisse, Resultate beliebiger Ereignisse, die sich statistisch zu einem Muster zusammenfügen. Diese Systeme lassen sich durch Chaos- und Katastrophentheorie erklären. Das bedeutet, sie produzieren katastrophale Veränderungen, wenn sie einen nicht vorhersagbaren Umkipp-Punkt erreichen, wie z.B. in dem unvorhergesehenen, aber vorhersehbaren, Zusammenbruch der Investmentfirmen Bear Stearns und Lehman Brothers, und des Versicherungsriesen AIG. Diese Zusammenbrüche lösten die weltweite Rezession, eine andere Kernschmelze, aus. Ein weiteres wohlbekanntes Beispiel finden wir in dem vielzitierten Flügelschlag eines Schmetterlings in Guatemala, der einen destruktiven Hurrikan im Golf von Mexico auslösen kann.

Ich kann die Vogel-Strauß-Politik verstehen, die sich weigert, über diese verketteten Bedrohungsszenarien nachzudenken und etwas ändern zu wollen. Menschliche Wesen haben ein unendliches Potential im Ableugnen und sich selbst zu betrügen. Die dem *Homo sapiens* zugesprochene Weisheit sollte wenigstens bewirken, dass wir einen Rundblick riskieren, während das Wasser unser Kinn erreicht. Wie können wir unsere Neigung zur Selbstzerstörung erklären, wenn sie schon nicht stoppen können? Teil des Problems ist allerdings, dass wir keine objektiven Zeugen sind. Wir sind selbst Teil dieser selbstzerstörerischen Prozesse, ein Element in einem vernetzten stochastischen System, von dem wir nur annehmen es kontrollieren zu können. Ich behaupte Kafkas Text könnte uns helfen, sich dem zu stellen, was tatsächlich passiert. Das ist eine schwerwiegende und problematische Behauptung.

Odradek, der Unlesbare

Was vermittelt dem Leser ein ungutes Gefühl an der *„Sorge des Hausvaters?"* Diese leichte Seekrankheit entsteht durch die Art und Weise, wie der Text sich dagegen sperrt, nach irgendeinem der tröstlichen Modelle auf der Basis organischer Einheit gelesen zu werden. Diese

Modelle sind so tief verwurzelt, dass sie unbefragt übernommen werden. Dies ist generell der Fall mit ideologischen Vorurteilen.

Das Problem für die englisch-sprachigen Leser beginnt mit dem Titel und mit der Frage nach seiner Übersetzung, nicht zu reden von der Übersetzung des Texts selbst. Stanley Corngolds lobenswerte neue Übersetzung der Kafka-Erzählungen überträgt „Die *Sorge* des Hausvaters" als „Das *Ärgernis* des Vaters der Familie". Peter Fenves, der Übersetzer von Werner Hamachers Essay wählt „Cares" für „Sorge": „Cares of a Family Man" (118). Es ist nicht ganz leicht für einen englischen Muttersprachler, die Bedeutungsnuancen des Wortes „Sorge", wie es im Deutschen verwendet wird, zu entdecken. Mein Deutsch-Englisches Wörterbuch bietet ein ganzes Set von nicht völlig kompatiblen Bedeutungen für „Sorge": „grief, sorrow; worry, apprehension, anxiety, care, trouble, uneasiness, concern." Diese Liste wird gefolgt von unterschiedlichen idiomatischen Formulierungen mit „Sorge"; z..B. „die Sorge ertränken" oder „ersäufen"; oder auch „care for the person of the child" oder „custody" als „Sorge tragen für …". „Keine Sorge" im Sinne von „no problem".

Heidegger-Leser werden sich an die spezielle Verwendung erinnern, die Heidegger in *Sein und Zeit* einführt, „Sorge" im Unterschied zu „besorgen", „Besorgnis", „Fürsorge" und „versorgen", um nicht zu sagen „Angst". Macquarrie und Robinson übersetzen „Sorge" mit „care". Kapitel Sechs von Sektion Eins in *Sein und Zeit* heißt bei Heidegger „Die Sorge als Sein des Daseins" („Care as the Being of Dasein"), und „Sorge" ist ausdrücklich unterschieden von „Angst" (anxiety). Früher im Text differenzierte Heidegger zwischen „Besorgnis" (the „concern"), die wir um zuhandene Dinge haben und „Fürsorge", die wir gegenüber anderen Daseins empfinden in unserer ursprünglichen *condition humaine* von „mit sein" mit anderen Daseins. Jede Form dieses Seins ist eine eigene Form der „Sorge" (care) (*Sein und Zeit*, 182, 121-2). Ist die Sorge, unter welcher der „*Hausvater*" leidet, „care", oder „concern", anxiety oder nur „worry"? Worüber ist er denn besorgt? Was sind seine Sorgen und Besorgnisse? Der Text macht dies nicht hinlänglich deutlich, aber wir werden sehen.

„Hausvater" bringt seine eigenen Probleme. Es gibt kein passendes englisches Äquivalent, da der „Familienvater" oder der „Vater der Familie („the father of the family") weder patriarchale Herrschaft noch

Verantwortung innerhalb des Hauses impliziert. Das Griechische „oiko-nomos" bedeutete Manager oder Haushaltsführer, von „oikos" Haus, und „nomos" führen, gesetzgebend. „Hausvater" ist eine ziemlich genaue Übersetzung von „oikonomos".

„Öko" wie in „Öko-nomie", oder „Öko-logie", oder „Öko-technologie" verweist auf „Haus" im erweiterten Sinne von „Umgebung", „Lebensraum". Ein Öko-system", sagt das *American Heritage Dictionary* ist „eine ökologische Lebensgemeinschaft zusammen mit ihrer physikalischen Umgebung, die als Einheit betrachtet wird." Die ganze Welt kann in diesem Sinne als ein großes Ökosystem gesehen werden, das jetzt einem rapiden Klimawandel unterworfen ist, oder einer Veränderung innerhalb des Hauses, in dem alle Erdlinge wie in einem globalen Dorf zusammenleben. Jean-Luc Nancys Begriff „ökotechnologisch" legt nahe, dass man sich die gesamte Umwelt unter der Patronage des Technologischen vorstellen muss. Dies ist eine Pantechnologisierung, in die unsere Körper eingestöpselt sind wie ein Flash Memory Stick in den USB-Anschluss eines Computers—bereit, jede Information zu empfangen, die auf den Stick heruntergeladen wird.

Ich habe immer noch nicht mit dem Titel zu Ende überlegt. Wer bestimmte den Titel? Wen sollen wir uns als Erzähler oder Sprecher vorstellen? Wahrscheinlich Franz Kafka, den Autor, der den Namen dafür gab, was er schrieb. Er hatte das Recht als *Textvater.* Wer spricht dann den Text? Wahrscheinlich der *Hausvater,* der von Odradek autoritativ Informationen preisgibt wie z.B. „Manchmal verschwindet er monatelang; er ist wahrscheinlich in andere Häuser gezogen; (*„doch dann kehrt er unweigerlich wieder in unser Haus zurück")* (73). Da beides, der Titel und der Text, in Kafkas unverkennbar neutralem, trocken-witzigem Ton gesprochen werden, ist es schwer zu entscheiden, mit wieviel Ironie der Titel die verschiedenen Arten von „Sorge" des Haus-Vaters begleitet. Ist Odradek wirklich etwas, worüber der *Hausvater* sich Sorgen machen müsste? Der Haus-Vater hat vielleicht ernstere Dinge, um die er sich Sorgen machen sollte? Jedenfalls versteht der Leser, dass „*Sorge"*— zunächst ein ganz zentraler Begriff für das ist, was Odradek zurecht hervorruft.

Falls meine Leser den Eindruck haben sollten, dass ich zu viel Aufmerksamkeit bei kleinlichen Fragen der Übersetzung und der

Semantik vergeude, so ist der erste Paragraph von Kafkas kleiner Geschichte *„Die Sorge des Hausvaters"* mein Modell und meine Legitimation. Der erste Abschnitt beschreibt Odradek eigentlich noch nicht. Vielmehr wird darin recht fruchtlos über Semantik und Etymologie des Namens spekuliert. Ich gebe ja zu, dass es ein eigenartiges Wort ist, aber sind nicht alle Eigennamen einmalig und seltsam? Trotzdem haben sie alle eine semantische Bedeutung, genauso wie mein Familienname, „Miller", oder der Vorname meiner Frau, „Dorothy": „Geschenk Gottes".

Bevor ich mich näher der Bedeutung des Wortes „Odradek" widme, möchte ich im Interesse meiner weiteren Lektüre, die unversehens endlos werden könnte, eine Arbeitshypothese formulieren. Ich behaupte, dass der Name „Odradek", das „Ding" genannt Odradek, der Text über Odradek und die impliziten Sprecher von Titel und Text eine gemeinsame destrukturierende technologische Struktur haben. „Struktur" ist nicht der ideale Ausdruck für das, was ich zu beschreiben versuche, weil er eine statische Menge evoziert. Das Oxymoron „destrukturierende Struktur" ruft nicht nur die Vorstellung auf, dass sich die angesprochene Menge oder Ansammlung in einem ständigen Prozess andauernder dynamischer Bewegung befindet, einer Bewegung allerdings, die demontiert—ich neige sogar dazu zu sagen: dekonstruiert.

Die Beziehung der vier eigenartigen, von mir identifizierten dekonstruierenden Strukturen untereinander, ist schwer zu benennen. Diese Relation ist weder metaphorisch noch allegorisch, auch nicht analogisch. Vielleicht kann man sagen, dass diese Strukturen im Gleichklang miteinander schwingen, oder dass sie eine *Stimmung* haben—gemeint in doppeltem Sinne von „gestimmt sein" und eine Stimmung verbreiten. Die Resonanz entspricht allerdings keiner harmonischen Übereinstimmung. Es ist mehr ein „Klang". Alle vier sind dissonante Versionen von einander.

Das passendste Modell zur Beschreibung dieser seltsamen Strukturen scheint mir, in ihnen äußerst seltsame kleine Maschinen zu sehen, jede für sich einzigartig, aber alle bemerkenswert und widersprüchlich maschinenartig. Was ist an diesen Strukturen maschinenartig, und was berührt uns seltsam, wenn wir sie für Maschinen halten? Jede besteht aus Teilen, die zusammengetragen oder artikuliert wurden, um etwas zu schaffen, das *„arbeitet"*, das *funktioniert*. Wie alle guten Maschinen, so bewirkt auch hier jede etwas. Jede ist maschinen-artig, aber gleichzeitig auch ein autarkes Zeichen-System. Jede dieser Strukturen scheint auf eine Weise das Produkt von *techné* zu sein, Produkt von kreativem know-how.

Andererseits aber ist jede für sich unfertig, brüchig, von Spalten und Rissen durchzogen. Außerdem entzieht sie sich jeder rationaler Beschreibung oder Erklärung. Jeder einzelnen Struktur scheint es an Bedeutung und identifizierbarem Zweck zu fehlen. Schließlich lässt sich der Schöpfer dieser kleinen stillgestellten und undarstellbaren (désoeuvrées[5]) Maschinen nicht ohne weiteres identifizieren, noch kann man sich vorstellen, welche abstruse Absicht hinter dem Einsatz solcher Herstellungsverfahren stand. Jede dieser nicht-maschinengleichen Maschinen hat, was Walter Benjamin einen „trüb-verschleierten Ort" nannte, einen Ort, an dem Verstehen und Interpretation versagen, als er von Kafkas Parabeln und Erzählungen sprach.[6] Ich möchte nun diese funktionsunfähigen Maschinen nacheinander beleuchten in ihrem missgestimmten Gleichklang.

Seltsamerweise diskutiert der erste Paragraph in der Geschichte *Die Sorge des Hausvaters* all die widersprüchlichen Dinge, die Experten über das Wort oder den Namen „Odradek" im Laufe der Zeit zu sagen hatten. Ich sage seltsamerweise, nicht nur deshalb, weil eine Diskussion der Etymologie eine skurrile Entscheidung ist, mit der man eine Geschichte oder ein Bekenntnis beginnen kann, wenn es denn eines von den beiden ist; es ist auch sonderbar, weil es ganz und gar nicht offensichtlich ist, wie Linguisten ein Wort in die Hände bekommen konnten, das ein Geheimnis zwischen Odradek und dem *Hausvater* zu sein scheint. Fast möchte man annehmen, dass der Familienvater erst jetzt ein Geheimnis enthüllt, das bis zu gegenwärtigen Zeitpunkt im Haus verborgen wurde. Es fällt auf, dass er zu Beginn nicht sagt „Ich habe diesen Namen linguistischen und etymologischen Experten übergeben—und hier ist was sie dazu zu sagen haben." Wie auch immer, das Wort ist jedenfalls schon lange Gegenstand einer Reihe von (fruchtlosen) Spekulationen. Die „Sorgen" des *Hausvaters* haben vielleicht mit seinen erfolglosen Versuchen zu tun, mit der Hilfe von Experten herauszufinden, was das Wort bedeutet. „Niemand", so sagt er jedoch, „würde sich mit solchen Fragen und Untersuchungen abgeben, wenn es keine wirkliche Figur mit Namen Odradek gäbe." Der „Hausvater" hat Odradek in seiner Obhut, wenigstens solange, wie die seltsame Tier-Maschine durch die Hallen und

Korridore seines Hauses streift oder auf dem Dachboden lauert. Deshalb ist es auch die *Sorge* des Haus-Vaters, herauszufinden, welche Bedeutung der Name jenes eigenartigen Wesens hat. Da Odradek nur in Kafkas Text existiert, soweit ich weiß, haben sich andere Leser und ich des Wortes angenommen und wir machen genau das, wovon der *Hausvater* sagt, dass niemand im Besitz seines gesunden Menschenverstandes eben dies tun würde.

Wie auch immer, Linguisten haben sich auf irgendeine Weise des Wortes angenommen, sagt der *Hausvater*. Wie wir wissen, kümmern sich strukturalistische Linguisten und Etymologen nicht sehr ausgiebig um die Existenz oder Nicht-Existenz der Referenz eines Wortes. Es ist vielmehr die vermeintliche Bedeutung eines Wortes als ein Posten in einem Netzwerk differentialer Beziehungen zu anderen Wörtern, das sie interessiert. Außerdem widersprechen die Linguisten in diesem Fall heftig. Der Sprecher zieht aus ihrer Uneinigkeit etwas irrational den Schluss, dass Etymologie nicht dabei hilft, dem gewichtig klingenden Konglomerat von drei Silben, „Odradek", Bedeutung zu entlocken. „Manche sagen", so beginnt der kleine Text, „dass das Wort *Odradek* aus den slavischen Sprachen stamme und sie versuchen die (*Bildung*) des Wortes auf dieser (*Grundlage*) zu zeigen. Wieder andere behaupten, dass die Wurzeln Deutsch seien und dass es vom Slavischen nur beeinflusst sei. (72)

Etwas unangemessen folgert der *Hausvater*, dass diese Uneinigkeit oder Unsicherheit darauf hinweise, dass solche Untersuchungen mit Blick auf die Bedeutung eines Wortes zwecklos seien. Mir scheint, dass die Uneinigkeit von Experten kein gültiger Grund sein kann, die Suche aufzugeben. „Die Unsicherheit beider Deutungen aber", heißt es im Text, „ lässt wohl mit Recht darauf schließen, dass keine zutrifft, zumal man auch mit keiner von ihnen einen Sinn des Wortes finden kann" (72). Ich sehe nicht, wie diese Unsicherheit es vernünftig erscheinen lassen soll, diesen Schluss zu ziehen. Diese Schlussfolgerung des *Hausvaters* ist so irrational wie das Wort „Odradek". Der eine oder andere aus der Linguisten-Schule mag Recht haben. Es folgt nicht notwendigerweise, dass die eine oder andere angenommene Variante der Wurzeln nicht doch eine plausible Bedeutung des Wortes ergibt. Was würde verbieten, das Wort „Odradek" als ein Hybrid zu betrachten, wie Kafkas verstörendes Katzenlamm in *A Crossbreed*, oder wie Kafka selbst als Sprecher

Ökotechnik 91

beider Sprachen, des Deutschen und des Tschechischen? „Odradek" kann eine Kombination von slavischen und deutschen Wurzeln sein, die etwas ungelenk zusammengefügt sind, mit einem Spalt dazwischen, vielleicht einen bodenlosen dunklen Abgrund,[7] der sich mitten im Wort öffnet, zwischen den Silben oder innerhalb der einzelnen Silben. Es gibt viele solcher hybriden Wörter, z.B. in einer solchen Misch-Sprache wie dem Englischen.

Was bei dieser Frage der Identifizierung von Morphemen und Wortbedeutungen, auf dem Spiele steht—der Leser wird es bemerkt haben—ist nichts weniger als das organische Modell, wie es die traditionelle Terminologie der Etymologie bestimmt, beispielsweise in dem Terminus „Wortstamm". Experten sagen, das Wort „Odradek" stamme entweder vom Slawischen oder Deutschen ab. Die eine oder die andere dieser Sprachen ist sein „Grund". Das Wort „Okradek" ist entweder im Slawischen oder im Deutschen verwurzelt. Das Wort ist daraus gewachsen wie eine Blume aus ihren Wurzeln und ihrem Stamm wächst.

Darüber hinaus bedeutet das deutsche Wort *Grund* nicht nur „Boden" oder „Grund" im „wörtlichen" Sinne von Erde, Gartenerde. Es ist das Äquivalent des griechischen *logos* oder des lateinischen *ratio*. Lateinisch *ratio* ist verwandt mit *radius* und *radix*, Wurzel, wie im englischen Wort „radish", eine essbare Wurzel. Heideggers Buch über das Prinzip der Vernunft heißt *Der Satz vom Grund*. Er folgt damit Schopenhauer, indem er den lateinischen Ausdruck *principium rationis* so übersetzt. Als eine Übersetzung der lateinischen Formel, der Leibnizschen Idee, dass alles seinen Grund habe, dass Vernunft allem zugeordnet werden könne, klingt *der Satz vom Grund* für die Ohren eines Englisch-Sprechers sehr befremdlich. „Grund" für „Vernunft"? Das ist nicht vernünftig. Es ergibt keinen Sinn.

„Etymon" kommt von griechisch *etumos*, wahr, real. Der Zweig der Linguistik, der sich „Etymologie" nennt, sucht nach dem wahren Ursprung des Wortes, von dem spätere Wörter abgeleitet wurden, wie Blume von Wurzel. Das organische Modell trägt in diesem Fall das gesamte System der westlichen Metaphysik mit sich, wie es in dem komplexen Wort *logos* in den Bedeutungsvarianten Wort, Bewusstsein, Ratio, Rhythmus, Substanz, Grund, Vernunft usw. verkörpert ist. Durch die beiläufige Zurückweisung einer ‚Vernunft'-Prozedur, die die Bedeutung von „Odradek" festlegen soll, indem sie den Stamm des Wortes zu seinen Wurzeln in ein begründetes Etymon zurückführt, negiert Kafkas Sprecher/Erzähler gleichzeitig die Auffassung, dass der gesamte Zweig der Linguistik in der Lage sei, wahre Bedeutung herauszudestillieren: „Die Unsicherheit beider Deutungen [gestützt auf die Sprachwurzeln Slawisch oder Deutsch] aber lässt wohl mit Recht darauf schließen, dass keine zutrifft, *zumal man auch mit keiner von ihnen einen Sinn des Wortes finden kann.* (72)

Trotz der strikten Verneinung des Sprechers sind Kafka-Experten von Max Brod bis Werner Hamacher der Versuchung erlegen. Sie haben sich der Herausforderung gestellt. Sie haben alle Arten von Bedeutung für die einzelnen Silben des Worts „Odradek" propagiert. Diese verschiedenen Bedeutungen sind zu einem gewissen Grad inkompatibel. Brods Essay mit der Lösung des Rätsels um das Wort „Odradek" wurde schon zu Kafkas Lebzeiten publiziert. Es setzt Brods charakteristisch religiöse Lektüre von Kafka voraus. Brod behauptet, das Wort „Odradek" beinhalte eine ganze Skala slawischer Wörter mit der Bedeutung „Deserteur", „Abweichler", „Abtrünniger" ... Deserteur von der Art, *rod*; Abweichler vom Rat, die göttliche Entscheidung über die Schöpfung, *rada* (cf. Hamacher, 319). Brod formuliert lakonisch in einem anderen Essay: „(slawische Etymologie: sich vom Rat [] --- *rada* = Rat]" (vgl. Hamacher 319). Hamacher wundert sich ironisch, ob diese Lesart von Odradek als einem Abtrünnigen von der Art oder *rod* etwas aussagt über den Mann, dessen Name *Brod* war. In einem Buch über Kafka von 1958, auch von Hamacher zitiert, verziert Wilhelm Emrich Brods Definition etwas und säkularisiert sie:

> Im Tschechischen [schreibt Emrich]... gibt es das Verb *odraditi* und es bedeutet jemanden von etwas abraten oder jemandem von etwas abbringen. Dieses Wort stammt vom deutschen (rad = Rat: Vorschlag, Rat, Unterrichten). Der nachfolgende slawische „Einfluss" steht in dem Präfix *od*, in der Bedeutung von *ab* „wie in ab-raten, weg von", und in dem Suffix *ek*, was auf ein Diminutiv hinweist .... Odradek ... würde also eine kleine Kreatur bedeuten, die jemanden von etwa abbringt, oder vielmehr, ein Wesen, das immer abbringt von .... (zit. in Hamacher 319-320)

Das ist alles ganz rational und klar. Was Emrich sagt, stimmt jedoch nicht mit dem überein, was Brod sagt. Für Brod ist Odradek in der Rolle des Abtrünnigen. Für Emrich ist Odradek jemand, der jemand anderem von etwas abrät. Sie können nicht beide recht haben. Außerdem lässt sich weder für Brods Bedeutung noch für Emrichs Vorschlag im Text selbst ein Beispiel finden. Der Odradek des *Hausvaters* ist weder gezeichnet als jemand, der von irgendeinem Glauben oder einer Überzeugung abfällt, noch versucht er, jemanden—den *Hausvater* zum Beispiel—von etwas abzubringen. Odradek rennt nur ziemlich ziellos Treppen, Korridore und Hallen hinauf und hinunter, oder schleicht im Dachstuhl herum. Diese Bereiche sind diejenigen innerhalb und außerhalb eines Hauses oder eines Heims, die so oft in Kafkas Erzählungen eine dominante Rolle spielen, z.B. Orte dieser Art in Joseph K.'s schier endlos hinausgezögertem Prozess *The Trial*.

Werner Hamachers eigene Interpretation, sein Lesen/nicht-Lesen des Wortes „Odradek" ist bei weitem die feinsinnigste und elaborierteste, die ich kenne. Sie läuft über Seiten. Ich kann Hamachers Lektüre an diesem Platz nicht gerecht werden, aber eine kurze Skizze seiner Auffassung soll hier gegeben werden. Den Essay selbst muss man eigentlich lesen. Ich identifiziere drei zentrale Themen in Hamachers Vorschlag, wie „Odradek" zu interpretieren sei. 1) Hamacher ist ein wahrer Meister dessen, was Paronomasie genannt werden könnte, das Studium von Wortspielen und Rätseln, nicht dasselbe wie die Wissenschaft der Wortinterpretation. Die scheinbar abwegigsten und weit hergeholten Assoziationen sind Wasser auf Hamachers Mühlen, Heu für seine Fabrikationen. Hamacher macht ziemlich viel Heu. 2) Was dabei herauskommt, ist eine erstaunliche Menge von mehr oder weniger widersprüchlichen Wörtern, die Hamacher in „Odradek" vergraben findet. Wenn William Carlos Williams sagt, ein Gedicht sei eine „kleine (oder große) Maschine aus Wörtern gemacht" (256), so sieht Hamacher in „Odradek" eine dieser kleinen jungfräulichen Maschinen, von denen ich behaupte, sie stellten ein neues Paradigma für ‚Denken in vielen Bereichen' dar. Die Serie, die Hamacher generiert, kann man vergleichen mit einem ewig unvollständigen, ständig in neuen Variationen auftretenden Set einiger gegebener Töne, wie in der Musik von John Cage oder John Adams zum Beispiel, oder von Philip Glass, wie eine bestimmte

Form postmoderner generativer Dichtung von Georges Perec, John Cage, der Oulipo Gruppe[8], oder wie manche etwas ‚verrückt' erscheinende Sequenz von sich überlagernden Bildern und Sätzen in *Finnegan's Wake*[9], oder wie die Eins und die Null in einer Computerdatei, in einen Arbeitsspeicher mit wahlfreiem Zugriff verschoben, oder auch wie die über drei Millionen Permutationen, angesammelt über Millionen von Jahren, viele von ihnen bedeutungslos und ohne erkennbare Funktion. Sie sind Variationen einer Handvoll grundlegender Buchstaben, die chemische Verbindungen bezeichnen. 3) Hamacher besteht wiederholt darauf, dass das Ergebnis dieser paronomastischen Untersuchung nicht darin bestehen soll, die Bedeutung des Wortes „Odradek" zu identifizieren, wie komplex diese auch sein mag, sondern vielmehr die Bedeutungslosigkeit oder die paradoxe Bedeutung zu versichern. Die meisten Etymologen stimmen darin überein, dass die erste Silbe „od" bedeutungsprivativ funktioniert, und die letzte Silbe, „ek" diminutiv. Das Problem ist also die scheinbar grenzenlose Vielstimmigkeit der Silbe „rad":

> Jede Interpretation von „Odradek", die Anspruch auf Gewissheit, Schlüssigkeit und Bedeutung erhebt,—und dies sind die hermeneutischen Prinzipien von beiden, dem Familienvater und dem Etymologen, den er kritisiert—muss die Bedeutung von „Odradek" verfehlen, denn „Odradek" bedeutet Abtrünnigkeit, Unstimmigkeit und die Verneinung jeglicher Bedeutungsordnung. „Odradek" „bedeutet" deshalb, dass es nicht bedeutet. Sein Diskurs macht deutlich, dass er Diskurs leugnet, dass er sich von jedem anzusteuernden Ziel abwendet; sein Name sagt, dass er keinen Namen hat. (Hamacher 320-21)

Hier ist das seltsame Oulipiäische Gedicht, das schon allein dann entsteht, wenn ich nur Hamachers paronomastischer Wortliste entlang folge, in der einige von seinen Kommentaren interpoliert sind. Der Leser bemerkt, dass Hamacher mit einer Hand gibt, während er mit der anderen nimmt. Er will bestimmte Assoziationen aufrufen, diese aber gleichzeitig als falsche Fährte zurückweisen. Der Echo-Effekt der potentiell unendlichen Wortserien und Wortfragmente besteht darin, dass sie im Laufe des Lesens an Bedeutung verlieren und bloße Töne werden,

„rad, rad, rad, rad", in einem Crescendo von Unsinn, wie am Beispiel „Odradek" zu sehen ist, wenn man es oft genug wiederholt. Dies sei mit Hamachers Hilfe hier demonstriert:

> Und unter den unsicheren Bedeutungen von „Odradek", die der „Familienvater"—dieser Bedeutungssparer, der ständig um die Sicherheit der Interpretation besorgt ist—zurückweisen müsste, sind auch solche, die Anklänge im Tschechischen haben: *rada* heißt nicht nur *Rat* (im Sinne von Beratung, Betriebsrat, etc.), sondern hat auch Serie, Reihe, Richtung, Rang und Linie; *rád* bedeutet Serie, Klasse, Regel ebenso wie ratsam, weise; *rádek* meint kleine Serie, Abfolge, Reihe und Linie. Odradek wäre in dieser Verwendung das Ding, das seinen Unfug außerhalb der linguistischen und literarischen Ordnung ausspielt, nicht nur außerhalb der Ordnung des Diskurses sondern auch außerhalb jeder genealogischen und logischen Serie: ein *Verräter*, und zwar einer jeder Partei, jedes vorstellbaren Zusammenhangs ... Sogar die Bemerkung, dass Odradek auch als „Od-rade-K" und Od-Rabe-K oder „Od-raven-K"—gelesen werden kann und auf diese Weise eine doppelte Referenz zum Namen „Kafka" enthält [eine favorisierte Sprachbewegung von Hamacher; er hat die Neigung, jedes Werk Kafkas als ein verstecktes Anagramm von „Kafka" oder „Franz Kafka" zu sehen, obwohl er hier diesen Weg als unerlaubt erklärend zurückweist]—sogar dieser Bemerkung fehlt „das Wort", ein Wort, das sich außerhalb natürlicher, nationaler und rationaler Sprachen bewegt. Nicht einmal der Name „Kafka", auch nicht dessen Kontraktion in dem Buchstaben K oder seine Transformation zu „Dohle" und „Rabe" könnte Bedeutung generieren, der Beginn einer Rede sein oder auf eine Wortwurzel verweisen, denn „Kafka" segmentiert sich in „Odradek" eben von seiner Wurzel, seiner *radix*.
>
> Odradek ist der „od-radix": derjenige „ohne Wurzeln"; in Tschechisch *odrodek*, derjenige ohne Familie (im Sinne von „Wortfamilie"), derjenige, der aus der Reihe tanzt, „aus der Art schlägt" (*odroditi*—degenerieren, entwurzelt sein). Kurz:

„Odradek" ist derjenige, der nirgends hingehört und ohne guten Rat ist, ohne Sprache und eigenen Namen ....Nach Kotts Wörterburch lässt sich *odraditi* mit „entfremden", „weglocken" übersetzen; *odranec* bedeutet „Lumpen, Fetzen"; *odranka* entspricht „einem Blatt Papier", „Textfragment"; *odrati* steht für „abreissen"; *odrbati* bedeutet „abkratzen", „abrubbeln"; *odrek* bedeutet „Verzicht", „Verleugnung"; *odrh* steht für „Vorhaltung", „Vorwurf"; *odrod* und *odrodek* konnotieren „der Einzige seiner Art". Kafka hat vielleicht Fragmente aus all diesen Wörtern miteinander verknüpft zu *Odradek*. Sie unterstützen die Bemerkung von Malcolm Paisley, dass Kafka seine Schriften immer „Patchwork" genannt hat, zusammengelötete Fragmente, kleine Teile einer Geschichte, die heimatlos herumirren. (Hamacher 320-21)

Wenn ich nun die tschechischen, deutschen und lateinischen Wörter aus Hamachers Serie herausziehe, bekomme ich das folgende Oulipianische oder Cagean mehr oder weniger bedeutungslose und unlesbare Gedicht. Die einzelnen Bestandteile sind bedeutungstragend, aber miteinander ohne grammatische oder syntaktische Ordnung verknüpft verlieren sie Bedeutung, werden zu klanglichen Variationen oder zu bloßen Möglichkeiten, einzelne Buchstaben des Alphabets miteinander zu arrangieren: *rada,, Rat, rád, rádek, Rede, Verräter; ratio,* Od-rade-K, Od-Rabe-K, Od-raven-K, Kafka, *radix,* „od-radix"; *odrodek, odroditi, odraditi, odranec, odranka, odrati, odrbati, odrek, odrh, odrod, odrodek, Odradek.*

Diese Wortreihung ist den vielen unverifizierbaren Bedeutungen ähnlich, mit denen man es im Zusammenhang mit Derridas geheimnisvollem Eröffnungssatz zu tun hat, der seinen Essay „How to Avoid Speaking: Denials": „*Pardon de ne pas vouloir dire*"(was unter anderem auch heißt „Verzeihen Sie bitte, wenn ich nicht sprechen will, oder „Verzeihen Sie bitte, wenn ich nicht sagen will ...", oder „Verzeihen Sie bitte, wenn ich nichts bedeute", oder „Verzeihen Sie bitte, wenn meine Rede bedeutungslos ist." (119-121; 161; 163); Ähnlichkeiten gibt es auch mit Thomas Pynchons Bedeutungsvariationen, z.B. in einem Segment von *Gravity's Rainbow* (221), wenn in einer Wortkette durch Veränderungen in der

Interpunktion, Betonung und dem Kontext verschiedene Bedeutungen evoziert werden—„You never did the Kenosha Kid":

> Dear Mr. Slothrop:
> You never did.
>
> The Kenosha Kid. (62)
> Old veteran hoofer: Bet you never did the „Kenosha," kid! (62)
> You? Never! Did the Kenosha Kid think for one instant that *you* ...? (62) „You never did '*the*', Kenosha Kid!" (62)
> But you never did the Kenosha kid. (63)
> You never did the Kenosha kid. Snap to, Slothrop. (63)
>   Voice: The Kid got busted. And you know me, Slothrop.
>   Remember? I'm Never.
>   Slothrop (peering): *You*, Never? (A pause.) *Did* the
>   Kenosha Kid? (72)

Ein weiteres Beispiel für dieses Verfahren ist der Strang von Wörtern, Phonemen und mutmaßlichen Indo-Europäischen Wurzeln in „g", den ich mit Hilfe von Derridas *Glas* entrolle, und zwar in „Line", dem ersten Kapitel meines Buches *Der Faden der Ariadne: graph, paragraph, paraph, epigraph, graffito, graft, graphium, graphion, graphein, gluphein, gleubh-, gher-, gerebh-, gno-, guh, gn, gl, gh, gr.* (9-10) Derridas „Telepathie" zieht einen anderen solch multilingualen Faden aus Freuds eigenartigen Essay über Telepathie: „Forsyth .... Forsyte, foresight, Vorsicht, Voraussicht, Vorkehrung, oder Vorhersage, [*Vorhersehung*]". An anderer Stelle in „Telepathie" übernimmt Derrida eine verwirrende Sequenz, die auf dem Namen „Claude" beruht (ein ambigues Beispiel, weil Frauen- und Männername zugleich). Hier ist die Stelle aus Derridas *Glas*: „glas ... (cla, cl, clos, lacs, le lacs, le piège, le lacet, le lais, là, da, fort, hum ... claudication [cla, cl, closed, lakes, snare, trap, lace, the silt, there, here, yes, away, hmmm ... limp]) (260-61, 234 (Übersetzung etwas verändert), 235; 269, 245, 246).[10] Andere Beispiele für solche Oupoulianischen Gedichte lassen sich in den Diskussionen von Cage, Perec und Joyce in Louis Armands „Constellations" finden, siehe Fußnote 8.

Vorhandene Sprachsysteme oder multipel ineinander verwobene Sprachsysteme sind nicht-rationale Zusammenwürfelungen, in denen die Bedeutung eines gegebenen Phonems oder einer Phonemkette offensichtlich durch Kontext, Intonation begrenzt sein könnte, aber auch durch seine Differenz zu anderen Phonemen oder Phonemreihen. Trotzdem überschreitet eine gegebene Phonemreihe ihren Kontext und ihre differentialen Begrenzungen in Richtung auf einen grenzenlosen Horizont von immer entlegeneren aber nie völlig ausschließbaren Wortspielen, Homonymen und zufälligen Assoziationen. Die Wörter oder Ausdrücke in diesen Listen sind weder nach Priorität noch nach zeitlichen oder narrativen Sequenzen geordnet. Sie könnten eigentlich in jeder Ordnung auftauchen. Implizit erscheinen sie als simultan, wie alle Daten im Internet oder wie die Einheiten eines Hypertexts. Die erste Position ist weder der Anfang, noch ist das letzte Wort ein Ende. Das plausibilisiert Louis Armands Redefigur der Konstellation, die er von Mallarmé übernimmt—auch wenn „Konstellation" eher eine statische, fixe Ordnung evoziert als eine dynamische und nicht vorhersagbar sich verändernde Ansammlung, die ich in diesem Kontext hier aufrufen will. Die Positionen in diesen Sequenzen haben Ähnlichkeit mit Schnipseln von farbigen Fäden, verknotet und ineinander gedreht, wie sie um Odradek gewunden sind, als ob er nicht mehr als eine Spule zur Aufbewahrung von gebrauchten Fäden sei. Jede Liste, die ich zitiert habe, könnte in jede Richtung unendlich ausgedehnt und verlängert werden. Schließlich könnte in einem immer gewagteren Substitutions- und Austauschprozess—wie ihn Hamacher auf brillante Weise entfaltet, als wäre er eine Maschine zur Produktion von Wortspielen—jeder Listeneintrag—wie „rad" in „Odradek"—auch zu allen Wörtern in tschechischen und deutschen Sprachen führen wie auch zu überhaupt allen Wörtern in anderen Sprachen. Es ist nicht verwunderlich, dass gesunde Menschen Wortspiele nicht besonders mögen und von ihnen dasselbe sagen, was Samuel Johnson meinte: „derjenige, der mit Wortwitzen spielt, würde auch eine Geldbörse stehlen." Wortspiele berauben die Sprache ihrer Rationalität, wie dies die Alliterationen in Johnsons witziger Formulierung tun.

Wie zufällige Alliterationen so macht auch Paronomasie offensichtlich, dass Sprache immer schon eine irrationale Maschine ist. Der Wille zu Sinn und Bedeutung, das *„vouloir vouloir dire"*, kann diese Maschine niemals einfangen oder kontrollieren, genauso wenig wie der *Hausvater* jemals „den Odradek" fangen, zähmen oder kontrollieren kann.

Ich habe die Hypothese aufgestellt, dass das Ding, das sich Odradek nennt, eine unstrukturierende Struktur besitzt, die ein Analogon zur stillgestellten, „undarstellbaren" (*désoeuvrant*) Wort-Maschine „Odradek" ist. Dazu möchte ich etwas deutlicher werden. Zum einen ist das Ding Odradek genauso wie das Wort „Odradek" heimatlos. Wenn der *Hausvater* Odradek fragt, wo er wohne, antwortet er: „Unbestimmter Wohnsitz" (73)[11], und dann lacht er. „...es ist aber nur ein Lachen, wie man es ohne Lungen hervorbringen kann. Es klingt etwa so, wie das Rascheln in gefallenen Blättern". (73)

Für mich ist diese Stelle der unheimlichste Augenblick in *„Die Sorge des Hausvaters"*. Sie ruft genau dieselbe Gänsehaut und dasselbe Grauen hervor, wie jener Augenblick, wenn Hunter Gracchus, der auf ewig in seiner Todesbarke gefangen ist und zwischen dieser und der anderen Welt hin- und herfährt, sagt: „Meine Barke hat keine Pinne, sie wird vom Wind gesteuert, der in den niedersten Gefilden des Todes bläst". (*Kafkas Selected Stories* 112) Lachen, so meinen Experten, ist eine Form der speziell menschlichen Gestensprache. Wir vermuten, dass Tiere nicht lachen können. Was aber ist Lachen, das ohne Lungen hervorgebracht wird? Es ist Lachen ohne Lachen, eine ironische Unterhöhlung des echten Lachens. Odradeks Lachen ist skurril auf seine Versicherung gerichtet, dass er keine permanente Adresse habe. Es ist ein unmenschliches Geräusch, wie eben das Rascheln von gefallenen Blättern. Wie Hamacher bemerkt, steht das deutsche Wort „Blätter" für die bedruckten Seiten in einem Buch und „blättern" als Verb bedeutet das Geräusch, das beim *Umblättern* entsteht. So könnte man also sagen, dass Odradeks Lachen ein rein literarisches Lachen ist. Es ist ein Ton, ein Geräusch, das durch die Wörter auf der Seite evoziert wird und durch ihren Vergleich mit dem Geräusch fallender/gefallener Blätter. Aber die Blätter dieses Textes sind gefallen, tot, ausgetrocknet. Sie können nur rascheln. Sie sind nicht lesbar, man kann sie nicht lesen wie Odradeks Lachen. Warum lacht er überhaupt? Die Erzählung gibt keinen Grund dafür an, weshalb er es so lächerlich findet, keine feste Adresse zu haben. Das ist kein Grund zum Lachen, auch kein Gegenstand, der zum ironischen nicht-lachenden Lachen geeignet wäre.

Die Beschreibung des *Hausvaters* von Odradek dem Ding ist so ungewöhnlich wie das Wort, das sein Name ist. Odradek ist weder ein menschliches Wesen, noch ein Tier, auch kein Ding, vielmehr eine seltsame Art von Sprechen und eine sich flink bewegende Maschine. Odradek ist ein (wenig erfolgreicher) Roboter, ein technologisches Konstrukt, das von jemandem geschaffen worden zu sein scheint, der kein Meister im Entwerfen von Robotern war. Eigentlich kann man sich gar nicht vorstellen, dass er überhaupt das Werk eines Designers sein soll. Er/es scheint das Produkt einer Fertigkeit ohne Verfertiger, d.i.Techniker, zu sein, wie das ganze Universum und menschliche Körper innerhalb dieses Universums mit all ihren fehlerhaften Genomen, ihren potentiell selbst-zerstörerischen Immunsystemen und ihren mangelhaften Hormonsystemen. Alle drei sind anfällig für tödlichen Stillstand. Wir, ebenso wie unser Lebensraum, sind vielleicht das Resultat zufälliger Veränderungsprozesse über Millionen von Jahren, die den aus unserer menschlichen Perspektive optimalen Zustand für uns immer noch nicht ganz richtig getroffen haben.

Wie attraktiv das Argument des „intelligenten Designs" auch sein mag, denn es schreibt der Schöpfung und allen Lebewesen in ihr Bedeutung zu, so scheinen die Indizien dennoch eine andere Sprache zu sprechen; Darwin und moderne Physiker haben anscheinend Recht: das Universum mit allem darin hat über Jahrmillionen zufällige Evolutionsprozesse durchlaufen, in denen das Prinzip des „Survival of the fittest" die Auswahl der Arten bestimmte. Kein rationaler Entwurf steht hinter dem menschlichen Genom, dem Hormon- und dem Immunsystem. Fast jeder hätte dieses Bastelwerk aus Einzelteilen, aus anscheinend zweck- und funktionslosen Überbleibseln (die unsinnigen Reihenfolgen im menschlichen Genom) besser machen können. Trotzdem könnte es sein, dass all diese Teile eine verborgene Funktion haben, die wir noch nicht entschlüsseln konnten, die wir vielleicht nie entschlüsseln werden.

Dasselbe gilt für Odradek. Der *Hausvater* sagt rein gar nichts über Odradeks Genese und Genealogie. Er scheint keinen Anfang, Ursprung und keine Zugehörigkeit zu haben, er ist der Einzige seiner Art, einmalig, genauso wie er kein Ende hat im Sinne von Ziel oder Zweck: „Es sieht zunächst aus wie eine flache sternartige Zwirnspule, und tatsächlich scheint es auch mit Zwirn bezogen; allerdings dürften es nur abgerissene, alte, aneinandergeknotete, aber auch ineinander verfilzte Zwirnstücke von verschiedenster Art und Farbe sein. Es ist aber nicht nur eine Spule, sondern aus der Mitte des Sternes kommt ein kleines Querstäbchen hervor und an dieses Stäbchen fügt sich dann im rechten Winkel noch eines. Mit Hilfe dieses letzteren Stäbchens auf der einen Seite, und einer der Ausstrahlungen des Sternes auf der anderen Seite, kann das Ganze wie auf zwei Beinen aufrecht stehen." (72) Wenn man sich vorstellen wollte, wie diese seltsame Maschine aussehen könnte, hätte man Schwierigkeiten, Sinn darin zu sehen. Ich habe noch nie eine Fadenspule gesehen, die Sternform hatte, obwohl Kommentatoren eine Referenz zum Davidstern gesehen haben, der zuerst in Prag als ein Zeichen eingesetzt wurde, um Juden zu markieren. Wie auch immer, wie würde man Faden um die Spitzen des Sterns wickeln? Einwärts und auswärts? Sie würden von den Spitzen abrutschen. Die Fadenreste sind alle miteinander verflochten und verknotet, wie jene Wort- und Phonemstränge, die ich vorher diskutierte. Sie haben keinen ersichtlichen Zweck außer zu zeigen, dass Odradek oder jemand, der ihn (es) benutzt, ein Faden-Retter ist, wenn auch ohne ersichtlichen Grund. Vielleicht ist ein obskurer Hinweis in Kafkas Werk eincodiert, etwas, das er ein Patchwork / Flickwerk aus narrativen Elementen nannte, die in einer willkürlichen Sequenz zusammengeknotet sind.

Ich kann sehen, wie ein Apparat aufrecht stehen kann, aber ich kann mir nicht vorstellen, wie er sich so flink die Treppen hinauf und herunter bewegen kann, die Korridore entlang, ins Foyer, in den Dachstuhl— wie der dies nach den Worten des *Hausvaters* tun soll. Er ist so außerordentlich bewegungsintensiv, dass er nie gefangen werden kann: „... da Odradek so außerordentlich beweglich und nicht zu fangen ist." Obgleich Odradek aus Holz gemacht zu sein scheint, ist er selbst-beweglich, kann sprechen und lachen, auch wenn er keine Lunge hat. Wie das Lämmchen in „Der Mischling", oder der sprechende Affe in „Bericht an eine Akademie", oder wie alle jene anderen sprechenden und denkenden Tiere in Kafkas Literatur, Odradek gehört zu keiner identifizierbaren Spezies. Er/es ist weder Ding noch Pflanze, weder Tier noch menschliches Wesen, sondern eine Mischung aus all dem, die vernünftiger Klassifikation widersteht.

Der Leser könnte versucht sein, Odradek für mangelhaft, unvollendet, oder auf irgendeine Weise zer-/gebrochen zu halten, aber der *Hausvater* sagt, es gebe keinerlei Beweis dafür, obwohl er danach gesucht habe. Wenn Odradek mangelhaft wäre und die fehlenden Teile zu finden wären, würde er vielleicht mehr Sinn machen, als eine technologische Maschine mit erkennbarem Zweck: „Man wäre versucht zu glauben, dieses Gebilde hätte früher irgendeine zweckmäßige Form gehabt und jetzt sei es nur zerbrochen. Dies scheint aber nicht der Fall zu sein; wenigstens findet sich kein Anzeichen dafür; nirgends sind Ansätze oder Bruchstücke zu sehen, die auf etwas Derartiges hinweisen würden; das Ganze erscheint zwar sinnlos, aber in seiner Art abgeschlossen." (72) Das wäre eine treffende Beschreibung für Kafkas gesamtes Werk wie auch für das paradigmatisch kafkaeske Wort „Odradek". All das ist vollständig, auch die Werke, die Kafka nicht beendet hat, aber ohne Bedeutung.

Kein Wunder, dass der *Hausvater* besorgt ist. Kafka, so stelle ich mir vor, muss Freude daran gehabt haben, ein Ding zu schaffen, das sich jeder vernünftigen Erklärung widersetzen würde, sinn- und bedeutungslos wäre und dennoch auf seine ganz eigene Weise vollendet, abgeschlossen, selbst-genügsam zu sein. Er hat sicher auch Vergnügen dabei empfunden, einen verantwortungsbewussten und vernünftigen Patriarchen als „Erzähler" zu etablieren, dessen wiederholte und ebenso vergeblichen Versuche, dem Eindringling in seinen Haushalt Sinn und Bedeutung zuzuschreiben und dennoch immer wieder zu dem Urteil zu kommen: „sinnlos", ebenso wie sich der Name Odradek jeder Sinnkonstitution entzieht. Beide, der Name und das Ding, sind schlaue technologische Konstruktionen, deren Zweck einzig darin zu liegen scheint, menschlicher Vernunft ein Schnippchen zu schlagen.

Die abschließende Charakteristik von Odradek ist das, was dem Familienvater die größte *Sorge* bereitet. Es ist die Angst des *Hausvaters*, dass Odradek vielleicht nie sterben werde, ebenso wie Hunter Gracchus. Nach Meinung des *Hausvaters* hat jedes sterbliche Wesen wenigstens ein identifizierbares Ziel—nämlich zu sterben. Nach Heidegger ist ein wesentliches Zeichen von *Dasein*, das eigene Ende vorauszusehen, was Tiere nicht können. Menschliche Existenz ist daher ein *Sein zum Tode*. „Kann er sterben?" fragt der *Hausvater* mit Blick auf Odradek. „Alles was stirbt, hat vorher eine Art Ziel, eine Art Tätigkeit gehabt und daran hat es sich zerrieben; das trifft bei Odradek nicht zu." (73)

Das Prinzip Vernunft, oder *der Satz vom Grund*, die dieser seltsame kleine Text radikal hinterfragt, setzt voraus, dass alles mit rational erkennbarer Bedeutung diese Bedeutung hat, weil seine Aktivität und Bewegung ziel-gerichtet sind. In diesem Sinne kann Bedeutung/Sinn nach *Zweck* oder *Ziel* ausgerichtet und interpretiert werden. Odradek hat kein Ziel und deshalb erschöpft seine Aktivität sich auch nicht bis er/es stirbt, wie auch eine Maschine mit der Zeit verschleißt, selbst wenn sie sehr klug konstruiert ist. Nur eine technologische Konstruktion ohne Ziel, Zweck oder Bedeutung kann unsterblich sein, vielleicht wie das Universum selbst in seiner im wahren Wortsinne ‚endlosen' Bewegung von Ausdehnung und Kontraktion bis zu einem neuen Big Bang. Die quälendste Sorge des *Hausvaters* besteht darin, dass Odradek ihn überleben könnte und dass er eines Tages, „einstmals etwa noch vor den Füßen meiner Kinder und Kindeskinder mit nachschleifendem Zwirnsfaden die Treppe hinunterkollern" könnte. „Er schadet ja offenbar niemandem, aber die Vorstellung, daß er mich auch noch überleben sollte, ist mir eine fast schmerzliche." (73)

Nach allem, was ich über das Wort „Odradek" und das Ding „Odradek" mit Blick auf das Modell der selbst-zerstörerischen unorganischen technologischen Strukturen gesagt habe, Strukturen, die ich darüberhinaus als ein Alternativmodell für organisches Denken halte, kann ich die anderen beiden Formen des anorganisch Maschinellen oder Technologischen, die dieser Text exemplifiziert, kurz abhandeln. Ich könnte auch sagen „kurzen Prozess mit ihnen machen" und dabei „shrift" (Amerikanisch) / „Schrift" (Deutsch) als Wortspiel nutzen.[12]

Wenn „Odradek" ein Wort ist, das kein Wort ist und wenn Odradek selbst eine Maschine ist, die keine Maschine ist, dann ist *Die Sorge des Hausvaters* ein anomaler, ein von der Regel abweichender Text, der zu keinem erkennbaren Genre gehört. Er ist weder eine Geschichte noch eine Parabel, weder eine Allegorie noch ein Bekenntnis, weder eine Autobiographie noch ein wissenschaftlicher Bericht, noch passt er in das Normensystem irgendeines bekannten Genres. Er ist eine Anomalie, ein anorganischer, hybrider Haufen von Wörtern, der Aspekte, einzelne Eigenschaften von vielen Genres miteinander vermengt, sich jedoch keiner Gesetzmäßigkeit unterordnet. Er hat eigentlich auch nicht viel Ähnlichkeit mit anderen Texten Kafkas. Er ist *sui generis*, ein einsamer Einzelner, keine Eltern, keine Kinder.

Auf ganz ähnliche Weise produziert *Die Sorge des Hausvaters* im Bewusstsein der Leser auch keine Illusion eines erkennbaren Charakters oder einer Person. Wir lernen wenig über den Familienvater, außer dass er sich Sorgen über Odradek macht. Kafka übertrifft sich selbst, indem er eine distanzierte, leicht ironische Erzählerstimme entwickelt, die man kaum einen „point of view", eine Perspektive, einen verlässlichen oder nicht verlässlichen Erzähler nennen kann und auch nicht die wiedererkennbare Rede einer Person. *Die Sorge des Hausvaters* ist nur eine seltsame Ansammlung von Wörtern, die vom Himmel gefallen zu sein scheinen, wie ein Meteor oder ein eingeritzter Astrolith oder wie ein verkratzter Stein, wie wir ihn am Meer finden können. Es liegt vor uns wie eine unentzifferbare verschlüsselte Botschaft. Obwohl wir wissen, dass Kafka diesen kleinen Text in klarem Deutsch schrieb, kann uns nichts, was wir über die Person Kafka lernen könnten, diesen phantastisch erfindungsreichen Text erklären. Sein Sinn liegt in seinem erfolgreicher Widerstand gegen Interpretation, in seiner Weigerung zu bedeuten. Er ist *sinnlos*.

Was immer arbeitet ...

Bevor ich mich einigen zeitgenössischen heutigen Beispielen von destrukturierenden Strukturen zuwende, will ich noch einmal kurz die Charakteristika eines solchen Modells zusammenfassen, das ich in Kafkas *Die Sorge des Hausvaters* identifiziert habe. Solch ein technologischer Artefakt scheint keinen Schöpfer zu haben. Er scheint selbstgeneriert und selbst-generierend. Er ist sicherlich nicht das Ergebnis menschlichen Willens und technologischem Know-how. Er lässt sich am besten als eine Maschine beschreiben, allerdings als eine Maschine, ,entwerkt', „undarstellbar"[13], die trotzdem unaufhörlich läuft, ihr Ding tut, arbeitet ohne Ergebnis, wie der Energiespender bunny. Er ist *techné* ohne einen Ingenieur oder Techniker, eine wahnsinnige *techné*, die nutzlose Maschinen produziert, die unter der Perspektive von menschlichen

Bedürfnissen und Gebrauch keinen Sinne haben, ebenso wenig wie unter jeder anderen Perspektive.

Zum Schluss möchte ich fünf Systeme parallel betrachten, von denen ich behaupte, sie seien verständlich und verstehbar nach dem linguistisch-maschinellen Modell, das ich mit Kafkas Hilfe gezeichnet habe: die Umwelt, das globale Finanzsystem, die Nationen-Gemeinde, der Körper und die Sprache. Diese mechanischen Zeichensysteme arbeiten. Sie bewirken etwas, auch wenn es aus der menschlichen Perspektive im Desaster endet. Jedes dieser Systeme kann als Figuration für die anderen gesehen werden, jedoch ist keines das selbst-deutende Symbol für das die anderen nur seine Ersetzungen, Figurationen, Zusätze wären. Alle sind miteinander verknüpft. Zusammen ergeben sie ein alles-inkludierendes ökotechnologisches nicht-integriertes Ganzes, mit welchem jeder von „uns" eng verbunden ist.

Ein solches System ist Terra, die Erde. Wie Wissenschaftler immer deulicher entdecken, ist die Erde eine komplizierte Maschine aus nahezu unzählbaren Atomen und Molekülen, die sich gegenseitig Signale zusenden. Diese Maschine ist außerhalb unserer Kontrolle. Sie arbeitet ohne unser Zutun weiter, produziert ständig das sich fortwährend ändernde Klima, in dem wir leben, wie in unserer Umgebung, unserem Haus oder *oikos*. Die klugen Wissenschaftler, Techniker und Ingenieure, die den Verbrennungsmotor erfunden und perfektioniert haben, sodass er Benzin als Treibstoff frisst, und ihn dann mit einem Vehikel mit vier Rädern verbunden haben, wie die Forscher, die chemische Düngemittel und Pestizide entwickelten oder Kohlekraftwerke bauten—sie alle hatten nicht die Absicht, zur katastrophalen Klimaveränderung beizutragen. Sie wussten anfangs ja auch nicht, dass der Klimawandel—einmal gestartet—sich durch Feedback Mechanismen immer schneller entwickeln würde. Heute sind die Wissenschaftler überrascht und sagen verwundert, „Das alles geschieht viel schneller als wir erwartet hatten!" Die rapide Anreicherung von Kohlenmonoxiden und anderen Gasen in der Atmosphäre hat in die Abläufe des Ökosystems eingegriffen und seine Selbststeuerungsmechanismen in Gang gesetzt. Dieser Prozess war nicht intendiert, aber das verhinderte nicht, dass er ab einem bestimmten Punkt mechanisch einsetzte.

Die Erde ist kein Super-Organismus. Sie ist überhaupt kein Organismus. Man kann sie sich am besten als eine extrem komplexe Maschine vorstellen, die selbst-destruktiv Amok laufen kann, mindestens wenn man die menschlichen Bedürfnisse als Vergleich ansetzt. Die globale Erwärmung wird viele Arten auslöschen. Sie wird unsere tiefer liegenden Inseln überfluten, unsere Küstenregionen ebenso wie die Städte, Dörfer und Häuser, die dort liegen. Ein Beispiel ist unser Haus am Ufer von Deer Isle, Maine, wo ich dies schreibe, den nur fünfzig Fuß entfernten Ozean sehe, dessen Wasserspiegel bei Flut bis auf wenige Fuß zu den Fundamenten unseres Hauses ansteigt.

Außerdem, wenn wir weiter Kohlenstoffe in die immer höheren Schichten der Atmosphäre schicken, könnte es sein, dass eines der Kohlendioxid-Moleküle unerwartet ein Ökosystem umkippen lässt und eine nicht-lineare Klimakatastrophe heraufbeschwört—wie die Sibirische Tundra aufzutauen, sodass all ihr Methan entweichen kann, oder den Amazonas austrocknet oder die Polkappen noch schneller abschmelzen lässt. Die Systeme, die ich beschreibe, kann man unter den Vorzeichen der Chaos- und Katastrophentheorie verstehen, das heißt in Theoremen von sofortigen Einbrüchen. Auch kann, wenn ein Ökosystem zusammenbricht, eine Kettenreaktion entstehen, indem andere Systeme so affiziert werden, dass die gesamte Erde sich abrupt verändert (Friedman).

Ein andere Maschine ist das globale Finanzsystem. Diese Maschine ist nun mit dem Internet und einer Menge von Computer-gestütztem Datenvorrat und Datenträgern verbunden. Im Jahr 2007 ist dieses System implodiert, verursachte infolgedessen eine weltweite Rezession und viel menschliches Leid. Die Arbeitslosenrate in den USA ist inzwischen bei zehn Prozent, nicht mitgezählt all jene, die aufgehört haben, nach einer Arbeit zu suchen. Die Finanzexperten, Banker und Aufsichtsräte hatten nicht die Absicht, das Finanzsystem an den Rand eines totalen Zusammenbruchs zu bringen. Jeder von ihnen agierte rational, deshalb dachten sie ihre Profite zu maximieren, ihre hohen Gehälter, Bonuszahlungen und Börsengewinne einzufahren. Die finanzielle Kernschmelze trat trotzdem ein, offensichtlich deshalb, weil zu viele Leute (fälschlicherweise) der Magie eines simplen Computerprogramms vertrauten, dass es nämlich das Risikos einer Ausfallwahrscheinlichkeit aller Darlehensgewinne vorhersagen könne.

David X. Li, der damals in Kanada und den USA war und jetzt wieder in Beijing ist, schrieb die Formel, eine Gauss'sche Kurve von eleganter Einfachheit (George Salmon). Die Formel hatte nur den tödlichen Fehler, dass nach ihrer Voraussetzung die Immobilienwerte nicht fallen würden, nicht fallen könnten. Alle Bankfachleute glaubten an diese Annahme, eingeschlossen die von der „Finanzindustrie" bezahlten Ratingagenturen, die AAA-Bewertungen für, wie sich im Laufe der Zeit herausstellte, völlig wertlose Garantien verteilten.

Quants-gestützte Computerprogramme befähigen Computer und Datenbasen, Dinge zu tun, die kein menschliches Gehirn verstehen kann. Alle Banker und Direktoren von Finanzinstituten wie Merrill Lynch, Bear Stearns, AIG, Citigroup, Bank of America, u.a. sagten—als ihre jeweiligen Institutionen im Bankrott landeten—dass sie nicht verstünden, was ein Kreditausfall oder ein CDO (verbriefter Unternehmenskredit) sei, oder wie Programme funktionierten, die Tranchen und Tranchen von Tranchen produzierten, um zweitklassige Hypotheken in immer weiter abliegende Anbieter zu platzieren. Diese Prozedur war dazu gedacht, das Risiko so weit wie möglich zu verteilen, sodass keiner schmerzhafte Verluste hinnehmen musste, wenn ein anderer seine Verpflichtungen nicht einhalten konnte. Bankvorstände und Finanzgesellschaften logen wahrscheinlich nicht, wenn sie meinten, sie wüssten die Höhe ihrer Verschuldung nicht. Es sieht so aus, als seien viele total überschuldet gewesen. Einhundertvier kleinere Banken in den USA mussten am 24. Oktober 2009 Bankrott anmelden; Bankpleiten sind inzwischen weitergegangen. CDOs stiegen auf 4.7 Milliarden Dollar in 2006; in 2007 hatte die Kreditausfallversicherung die erstaunliche Summe von 62 Billionen Dollar erreicht. Banken und Finanzinstitute wurden zerstört oder wären zerstört worden, wenn sie nicht durch massive Infusionen von Dollar-Milliarden der Steuerzahler gerettet worden wären; diese Finanzspritze ist in das System eingebaut, man weiß darüber nichts, allerdings gab es einige Whistleblower, die Warnzeichen aufgestellt haben. Das hat Ähnlichkeit mit meinem Unverständnis darüber, was in meinem Computer geschieht, wenn ich bestimmte kleine Tasten auf meinem Keyboard drücke und auf dem Bildschirm eben diesen Satz in 12 Punkt

Palatino, 2-zeilig, mit bestimmten vorformatierten Rändern und anderen Einstellungen. Unsere Katzen sind Experten darin, zufällig eine Reihe von Tasten gleichzeitig zu drücken, die dann meinen Computer abstürzen lassen, genauso wie beim Crash des Aktienmarkts. Wie die bereits erwähnten CEOs, so habe auch ich nicht die geringste Idee, was meine Katzen genau angestellt haben oder wie das wieder reparierbar wäre.

Es ist ein ein wesentliches Merkmal des modernen Finanzsystems, dass es—um zu funktionieren—von Computerprogrammen und der Vernetzung von Computern abhängt. Diese Prozesse übersteigen menschliches Verständnis. Das hält sie aber nicht davon ab, weiter in ihrer Art zu funktionieren, was man mit einem Anthropomorphismus ‚die Rache der Roboter' nennen könnte. Das unerwartet rasche Tempo der globalen Erwärmung und des Artensterbens geht einher mit diesem mangelnden Wissen bezüglich der Prozesse des Finanzsystems. Experten sind damit beschäftigt die Überschwemmungsvorhersagen für unser Deer Isle Haus zu revidieren und dem faktisch steigenden Wasserspiegel anzupassen. Es wird eine unmittelbar bevorstehende Bedrohung. „Macht Euch bereit! Das Ende der Welt ist nahe!" „Macht Euch bereit! Der Finanzkollaps steht schon vor der Tür!" Es wird meinen Lesern nicht entgangen sein, dass „Kollaps" und „giftig" Begriffe sind, die aus dem Vokabular des Klimawandels kommen. Thomas Friedman—in der vorher zitierten New York Times Kolumne—bringt unsere unerwartete Misere wie folgt zum Ausdruck:

> Um uns von der Großen Rezession zu erholen, mussten wir uns noch tiefer in Schulden verstricken. Man muss nur auf den heutigen Höchststand des Goldes in einer Periode der Deflation schauen, um die Sorge der Menschen zu verstehen, die fürchten, dass unser nächster Schuldendollar—nicht ausgeglichen durch Ausgabenkürzung oder neue Steuern—eine nicht lineare Bewegung ‚aus dem Dollar heraus' auslösen könnte und die U.S. Währung in unkontrollierbare Bewegung versetzen würde.
>
> Wenn die Menschen das Vertrauen in den Dollar verlieren, könnten wir in eine Rückwärtsspirale kommen wie schon mit dem Klima, in der der sinkende Dollar dann Zinssätze hochtreibt, welche die langfristigen Zinsdarlehen unserer

bereits massiven Schuldenlast steigen lässt, welche unsere Defizitprognosen verschlechtert, was dann den Dollar weiterhin aushöhlt. Wenn die Welt nicht bereit ist, unser Defizit zu finanzieren, außer mit deutlich höheren Zinssätzen, würde das zweifellos die Möglichkeiten unserer Regierung verringern, öffentliche Investitionen vorzunehmen und es würde ebenso sicher den Lebensstandard unserer Kinder vermindern.

Ein Lieblingsspruch des Umweltschützers Rob Watson lautet: „Mutter Natur ist nur Chemie, Biologie und Physik. Das ist alles. Man kann sie nicht drehen; man kann mit ihr nicht Süßholzraspeln; man kann nicht zu ihr sagen, ‚Hey, Mutter Natur, wir haben eine schlimme Rezession, kannst du nicht ein Jahr Ferien machen" Nein, sie tut was immer ihr Chemie, Biologie und Physik vorschreiben zu tun angesichts des Kohlenstoffs, den wir in die Atmosphäre pusten, und wie Watson gerne hinzufügt: „Mutter Natur bietet immer zuletzt, und sie bietet eintausend."

[Addendum 11/29/11: Friedmans Szenario der selbst-zerstörerisch hohen Zinssätze hat sich bisher in den USA noch nicht ereignet, ist aber kürzlich aufgetaucht in den „Club-Med" Nationen der Euro-Zone, die sich am Rand des Staatsbankrotts bewegen: Griechenland, Irland, Italien, Spanien, Portugal. Beide, die USA und die Euro-Staaten machen denselben desaströsen ideologischen (d.i. Robotermäßigen) Fehler; sie hoffen ihre Ökonomie auf den Gesundheitspfad zurück zu bringen, wenn sie die Staatsausgaben kürzen und die Reichen- und Unternehmenssteuern senken. Das ist genau der falsche Weg, wie Irlands gegenwärtige Zwangslage demonstriert. Diese Strategie zu verfolgen wäre dieselbe Katastrophe für die Reichen und für die Unternehmen, weil es die Einkommen der Konsumenten schmälern würde, die diese brauchen, um die von den Unternehmen produzierten Güter zu kaufen. In der Zwischenzeit liegt die Arbeitslosenrate in den USA immer noch bei 9% (viel höher allerdings, wenn wir die Kurzarbeiter und jene dazurechnen, die aufgehört haben, sich um einen Job zu kümmern); hunderttausende Menschen verlieren ihre Häuser durch Hypothekenkündigungen, manche davon unrechtmäßig; das obere 1% der Amerikaner erwirtschaftet 20% des nationalen

Einkommens und kontrolliet 40% des Wohlstands der Nation; die nationalen Gesundheitsvorsorgekosten steigen auf 20% des GDP und steigen weiter; die galoppierenden Ausbildungskosten halten die höhere Bildung für die meisten Amerikaner außerhalb ihrer Reichweite, in einer Litanei von ineinander verzahnter Auto-co-immun Desaster.]

Das dritte dieser Systeme ist eine Gemeinschaft oder eine Nation. Ein solches Konstrukt ist ein interdependentes Konglomerat von Menschen, die durch Gesetze, Institutionen, Konstitutionen, Legislativen und die gesamte Maschinerie der Regierung, nach Foucault die „*gouvernementalité*[14], miteinander verkettet sind. Das Finanzsystem ist ein wichtiger Teil eines gegebenen nationalen Körpers, besonders in einer militaristisch-kapitalistisch-teletechnowissenschaftlichen Plutokratie wie den Vereinigten Staaten. Was heute besonders auffallend an den Vereinigten Staaten ist, wenn wir von ihnen nicht als Organismus sondern als einem technologischen Artefakt, einem Produkt der *techné*, sprechen, ist ihre Neigung zu unbekümmerter oder wenigstens irrationaler Selbstvernichtung.

Wie kommt es aber, dass eine große Gruppe von offensichtlich wohlmeinenden und augenscheinlich gesunden menschlichen Wesen versessen auf Selbstzerstörung ist? Die beste Beschreibung, die ich hierfür kenne, ist Jacques Derridas Hypothese dessen, was er „Auto-co-Immunität" nennt und damit die Tendenz meint, die sich im Laufe der Zeit innerhalb jeder Gemeinschaft entwickelt und darin besteht, die Kräfte, die die Gemeinschaft ursprünglich zusammenhielten, gegen sie selbst zu wenden. Eine solche Gemeinschaft zerstört sich selbst durch die Überaktivierung jener Kräfte, die ihr Leben allererst ermöglicht haben. Der Prozess lässt sich gut mit dem Körpersystem vergleichen, wenn die Autoimmunität im menschlichen Immunsystem den Körper gegen sich selbst richtet. Ich habe mich mit Derridas „Auto-co-Immunität" in *For Derrida* (123-9) ausführlich auseinandergesetzt, deshalb hier nur einige Verweise auf zentrale Stellen:

Aber das Auto-Immune verfolgt die Gemeinschaft und ihr System des beständigen Überlebens wie die Hyperbel seiner eigenen Möglichkeiten. Nichts mit anderem *gemeinsam*, nichts immun, sicher und gesund, *heilig* und holy, nichts unbeschädigt in der intensiven Gegenwart des Lebens ohne irgendeine Gefahr der Auto-Immunität. ... Dieser Exzess über und jenseits des Lebendigen, dessen Leben nur dann absoluten Wert hat, wenn es mehr wert ist, als das Leben, mehr wert als es selbst ist— das ist es, was den Raum des Todes öffnet, der verknüpft ist mit dem Automaten (exemplarisch „phallisch"), gekoppelt an Technik, Maschine, Prothese, Virtualität: in einem Wort, verknüpft mit der Dimension des Auto-Immunen und dem sich-selbst-opfernden, selbst-zerstörenden Zusatz, mit diesem Todestrieb, der in jeder Gemeinschaft heimlich am Werk ist, in jeder *Auto-co-Immunität*, der diese in Wahrheit allererst als solche in ihrer Wiederholbarkeit, ihrem Erbe, ihrer spektralen Tradition konstituiert. Gemeinschaft (*Community*) als *Com-mon-auto-immunity*: keine Gemeinschaft (community) ist denkbar und möglich, die nicht ihre eigene Auto-Immunität kultiviert, ein Prinzip der aufopferungsbereiten Selbst-Zerstörung, durch die das Prinzip der Selbst-Erhaltung (das die Selbst-Integrität aufrechterhält) ruiniert wird, und dies mit der Perspektive einer Art unsichtbarem und spektralem Über-Leben. Diese selbst-bestreitende Beglaubigung erhält die auto-immune Gemeinschaft am Leben und gleichzeitig offen für etwas anderes, das mehr ist als sie selbst: das Andere („tout-autre"), die Zukunft, der Tod, die Freiheit, die Liebe zum anderen, Raum und Zeit einer spektralisierenden Heilserwartung jenseits aller Heilsversprechen. An dieser Schnittstelle hat Religion ihren Platz: das religiöse Band (gewissenhaft, respektvoll, bescheiden, zurückhaltend, befangen) zwischen dem Wert des Lebens, seiner absoluten „Würde" und der theologischen Maschine, die „Maschine, mit der Götter gemacht werden".[15] Aber alle diese Anstrengungen, die Verletzungen abzuschwächen oder zu neutralisieren (zu leugnen, zu unterdrücken, zu vergessen, zu überwinden) [pour en faire son deuil], etc.) sind nur viele verzweifelte Versuche. Und so viele auto-immune Bewegungen. Sie produzieren, erfinden und füttern das Ungeheuerliche, von dem sie behaupten, es überwinden zu können. Was also nie dem Vergessen anheimfallen wird, ist daher der perverse Effekt des Auto-Immunen selbst. Also wissen wir nun, dass Repression—sei sie im psychoanalytischen Sinn und im politischen Sinn—sei sie durch die Polizei, das Militär oder die Ökonomie ausgeübt [au sens politico-policier, politico-militaire, politico-économique] am Ende immer genau das, was sie zu entwaffnen strebt, produziert, reproduziert und regeneriert.[16] Der *Patriot Act* und das *Department of Homeland Security* (dt.

Ministerium für Innere Sicherheit) haben die Bürger der Vereinigten Staaten deutlich weniger sicher gemacht als sie vorher waren, da man unsere wertvollen bürgerlichen Freiheiten genommen und allumfassender Überwachung ausgesetzt hat.[17] Wir könnnen ohne klar formulierten Anklagegrund zu einer unbegrenzten Gefängnisstrafe verurteilt werden, vielleicht durch einen „außerordentlichen Urteilsspruch" („extraordinary rendition") zu Folter in einem geheim gehaltenen Gefängnis eines anderen Landes. Ich sehe vier weitere Bereiche in Folge, in denen sich die Vereinigten Staaten gegenwärtig einem solchen Prozess der auto-immunen Selbst-Zerstörung unterziehen.

Einer, vielleicht der gravierendste, besteht in der Weigerung, ernsthafte Maßnahmen gegen den globalen Klimawandel unternommen zu haben, bis es schon zu spät ist. Es ist bereits zu spät, denke ich, den Wasserspiegel der Ozeane auf gewohntem Niveau zu halten, um so zu verhindern, dass der Planet in den meisten Gebieten unbewohnbar wird.

Eine weitere auto-immune Verhaltensweise ist die Weigerung, irgendetwas zielführendes zur Regulierung des Bankensystems zu tun. Banker und Anlageberater kehren bereits zu ihren alten Gewohnheiten zurück, extrem riskant zu spekulieren, gleichzeitig ihre Gehälter und Boni exzessiv zu erhöhen. Banken und Investmentunternehmen wehren sich mit Händen und Füßen gegen Banken- und Marktregulierungen—vielleicht, weil sie im Geheimen wissen, dass die Klimakatastrophe ohnehin Verwüstung im Gefolge haben wird. Sie wissen, dass ihre Aktionen einen weiteren Zusammenbruch des Finanzsystems provozieren, legen deshalb riesige Geldsummen auf die hohe Kante, damit sie als Teil der übrigbleibenden Lebenden für das Privileg bezahlen können, in eingezäunten Reservaten hoch über den ansteigenden Fluten weiter zu leben. Oder so denken sie sich das.

Das dritte Beispiel von auto-immunen Attitüden ist die konstante Absage, die einzig mögliche Lösung für unser katastrophales Gesundheitssystem auch nur entfernt in Betracht zu ziehen: nämlich ein von der Regierung geschaffenes personenbezogenes Gesundheitssystem. Die Republikaner haben geschworen, den von den Demokraten eingeführten bescheidenen und nicht sehr effektiven Gesundheitspass sofort wieder abzuschaffen. Er kam auch nur zustande, solange die Demokraten beide Kammern besetzten. Medicare und Medicaid sollen nach dem Willen der Republikaner auch wieder gestrichen werden, was für Zehntausende unserer Bürger bedeuten würde, dass sie durch einen vielleicht nicht ganz unfreiwilligen Ausleseprozess wegen mangelnder medizinischer Versorgung sterben müssten. Es ist schwer zu glauben, dass die Republikaner, mindestens einige von ihnen, nicht wissen, was sie tun. Ohne ein robustes „öffentliches Votum" („public option") würden die „Reformen", die den Kongress passierten und von Präsident Obama unterzeichnet sind, nur die Krankenversicherungsträger und die pharmazeutischen Unternehmen immens reicher werden lassen, während sie außerdem viel mehr kosten würden als die sechzehn bis zwanzig Prozent unseres GDP (Gross Domestic Product), die wir schon jetzt in den USA bezahlen.

Ein viertes Thema ist der ebenfalls schon erwähnte immer wieder verschobene Rückzug aus Afghanistan und die Rückkehr unserer Truppen. Billionen von Steuer-Dollars wurden bereits in Besatzungskriegen versenkt, im, Irak und in Afghanistan, nicht zu sprechen von den getöteten und verwundeten Opfern auf allen Seiten.

Wenn wir uns einen Moment Zeit nehmen und diese vier Problembereiche anschauen, ist es leicht, die rationalen Lösungen zu erkennen. Aufgrund unserer kollektiven Auto-co-Immunität jedoch scheint es extrem unwahrscheinlich, dass irgendeine von diesen Lösungen gewählt wird. Offensichtlich bleiben wir blind und unsensibel dafür, was die Gefahren der Selbst-Vernichtung betrifft.

Ein zusätzlicher Bereich des Technologischen ist das „menschliche Wesen", gedacht als verkörperte Seele, beseelte Materie. Der Körper erscheint in unserer Zeit immer mehr als nicht-organisch in dem vertrauten, unscharfen Sinn, wie wir das immer gemeint haben, sondern als ein komplexes Produkt der *techné*, mit dem Universum als Ökotechniker. Das menschliche Immunsystem ist beispielhaft für die maschinenmäßige Eigen-Funktion des Körpers, wie das Hormonsystem. Man kann seine Antikörper nicht allein durch an-sie-Denken veranlassen, dieses oder jenes zu tun. Sie handeln nach ihrer eigenen Bestimmung. Es handelt sich um *L'homme machine*, wie de la Mettrie sagte, oder *La femme machine*, aber mit einer eingebauten Tendenz zur Selbst-Zerstörung. Der Hypothyroidismus (die Schilddrüsenunterfunktion) zum Beispiel ist eine autoimmun Erkrankung, wie auch vielleicht der Pankreas-Krebs und wie eine Reihe anderer Krankheiten und Krebsarten. Viele Krebsformen scheinen durch willkürliche Fehlsteuerungen im genetischen Code aufzubrechen. Wir können die Programmierung, in der ein Strang des genetischen Codes bestimmte Proteine oder Enzyme generiert, nicht durch Denken beeinflussen; ebenso wenig die Art und Menge, in der das Immunsystem sich durch Antikörper gegen entdeckte fremde und gefährliche Gene zu schützen sucht. Diese mechanischen Systeme arbeiten nicht immer sehr zuverlässig. Sie sind lästig, redundant und anfällig für Irrtum. Neueste Arbeiten zum menschlichen Genom und seine Funktionsweise, zur Zellbiologie, zum Hormonsystem, zum Immunsystem mit seiner beängstigenden Macht der selbst-zerstörenden Autoimmunität und Arbeiten von Neurologen zur Gehirnchemie und Gehirnschaltungen zeigen, dass ein technologisches Paradigma den Körper besser zu verstehen hilft als ein traditionelles organisches Paradigma mit seinen sehr menschlich erscheinenden Begleitumständen von Bewusstsein zusammen mit allen Auslegungen von Individualität und Willen.

Ein ernstzunehmender Titelessay in *Science News*, „Enter the Virosphere" fasst jüngere Arbeiten zu Viren zusammen auf eine Weise, die zeigt, dass und wie Gene wie Maschinen arbeiten, aber großen Schwierigkeiten begegnen, wenn die Frage danach gestellt wird, was „Leben" ausmacht. Anfänglich hielt man Viren nicht für lebendig, aber Wissenschaftler sind sich darüber nicht mehr so sicher, wie das Wortspiel im Titel des obengenannten Essays signalisiert, „Virosphäre" statt „Biosphäre". Einerseits ist es richtig, dass Viren nicht essen, atmen oder sich reproduzieren. Sie haben keinen Metabolismus, also müssen sie tot sein. Andererseits bestehen sie aus genetischem Material, das auf vielerlei Weise wie das Material in „lebenden" Zellen sich verhält, beispielsweise Bakterien, Algen, Hasen und menschliche Wesen. Ein Gen ist ein Gen. Ob ein Gen in einem Virus ist oder im menschlichen Genom, es ist ein Muster, das Dinge wie Proteine konstruiert. Viren sind überall. „Ein Fingerhut voll mit Meerwasser enthält Millionen von Virenpartikel" (Ehrenberg 22). Viren machen etwa 90 Prozent der Biomasse des Ozeans aus, sie töten angenommene 20 Prozent davon jeden Tag. „Ihr Töten ernährt die Welt"(22), denn so viele „Organismen" leben weil sie sich von durch Viren getötete Organismen ernähren. Wie der Kern einer lebenden Zelle das ihn umgebende Zytoplasma nutzt, um seine eigne DNA zu replizieren und dabei Maschinerie außerhalb seiner selbst benutzt" (zit. von Jean-Michel Claverie in Ehrenberg 25), besteht ein Virus aus genetischem Material, das sich verhält wie der Zellkern, der in die Wirtszelle eindringt und um sich zu reproduzieren, die Maschinerie jener Zelle nutzt. Viren borgen Gene von anderen genetischen Systemen und geben sie entweder weiter, um andere genetische Systeme zu „infizieren", oder inkorporieren sie in ihren je eigenen Genomen.

Vielleicht ist es am besten folgendermaßen zu formulieren: die neuen Erkenntnisse führen nicht so sehr zu dem Schluss, dass Viren lebendig sind, wohl aber zu der Einsicht, dass alles Lebende—genau wie Viren auch—den maschinen-ähnlichen Prozessen genetischer Aktionen unterworfen sind. Es ist auch denkbar, dass das erste „lebendige Ding" ein Protovirus war, der schließlich zu biologischen Zellen mutierte—obwohl diese Hypothese reichlich kontrovers diskutiert wird. Es könnte an dieser Stelle hilfreich sein, die Aufmerksamkeit noch einmal auf *„Die Sorge des Hausvaters"* zu richten und Odradek als virus-ähnlich aufzufassen, oder den Virus zusammen mit Ding, Pflanze, Tier und Mensch in Odradeks hybride Mixtur eines sprach-ähnlichen Systems einzubeziehen. Die Beziehung des Virus zu Sprache ist indiziert in der Terminologie, mit der zwei verschiedene Wege beschrieben werden, in denen bakterielle und tierische Viren sich in Wirtszellen einnisten, vervielfältigen, dann den Wirt verlassen, um ihre Arbeit fortzusetzen. Diese besteht oft aus Töten. In der Sprache der Virologen wird dieser Prozess beschrieben als „das virale Genom dringt in die Zelle ein, „vervielfacht" sich, „schreibt sich ein", dann „ übersetzt" es sich, schließlich „formt es sich in Gruppen", „verpackt" sich, bevor das replizierte virale Genom die Zelle in neuen multiplen Kopien verlässt, ähnlich denen aus einer Kopiermaschine.

Redefiguren, entstanden aus der Arbeit der Sprache, sind—wie wir sehen—zentral für die Beschreibung der Ergebnisse der genetischen Forschung. Die drei herausragenden Metaphern in Ehrenbergs Artikel sind „Maschine", „Sprache", und „Infektion". Diese werden unbefangen und unproblematisiert angewendet. Sie sind die üblichen figurativen Wörter zur Beschreibung dessen, wie ein Virus arbeitet. Ein Paragraph jedoch, sprachlich pompös, offensichtlich ironisch, verwendet eine durchgehend wiederholte Metapher, um damit einen Vergleich anzubieten, wie Viren sich im globalen Finanzsystem auswirken—mit düsteren Implikationen für den ohne Intelligenz ablaufenden technischen Prozess in beiden Feldern. Dieser Paragraph erhärtet auch meine Warnung, dass wir dazu neigen, diese Systeme als figurative Analogien zu betrachten, ohne irgendeine begründete, dem System entsprechende Terminologie zur Verfügung zu haben. Jede Beschreibung dieser durch *techné* hervorgebrachten Produkte ist katachrestisch, d.h. sie schließt eine sprachliche Lücke und wird wie eine verblasste Metapher nicht mehr als solche wahrgenommen. Sie dient damit häufig der Benennung neuartiger Gegenstände bzw. der Bildung fehlender Begriffsbezeichnungen. „Viren beinhalten auch Gene, die sie selbst erzeugt haben, bündeln diese Bestände sogar, wie dies beispielsweise der Fall bei einigen Genen der Photosynthese zu sein scheint, die kürzlich in Meeresviren gefunden wurden. Diese Funde deuten auf den alle Vorstellungen sprengenden viralen Beitrag zum Bruttosozialprodukt des Ozeans hin und ebenso auf die Bedeutung von Viren in der globalen Energieproduktion.

Fünftens: Textsysteme, Zeichensysteme ganz generell, sind in ihren Funktions- und Wirkungsweisen auch maschinen-ähnlich. Dies lässt sich am besten zeigen in der Interferenz von konstativen (feststellenden) und performativen Sprechakten. Sobald diese Systeme aktiv werden (wer weiß wie?), geraten sie auch schon außer Kontrolle. Sie setzen Dinge in Gang, die wir nicht mehr stoppen können. Wenn wir der Argumentation von Paul de Man folgen, können wir uns nicht davor schützen, immer wieder denselben Irrtümern von Missdeutungen aufzusitzen, sogar wenn wir sie als Irrtümer identifiziert haben.[18] Entscheidend hier ist de Man's These, dass performative Äußerungen aus sich selbst heraus funktionieren, nicht als Ergebnis menschlichen Einflusses. Sie funktionieren mechanisch, nur durch die Kraft der Sprache. Und sie wirken auf bizarre und unvorhersehbare Weise. De Man betonte immer die mechanische, nicht-menschliche und willkürliche Wirkungsweisen der Sprache, eine Idee, die auch Louis Armand in seinem Buch *Literate Technologies* verfolgt, wenn auch mit etwas anderem Fokus.[19] Die erste Fassung des vorliegenden Essays beruhte auf einer Reihe von Beispielen, die spontan und eigentlich eher willkürlich aus der Datenansammlung des Erinnerungszentrums meines Gehirns abgerufen wurden, wo sie gespeichert waren. Sätze formten sich in magischer Eigendynamik in meinen Gedanken, als Wörter in vorher existierende grammatische und syntaktische Paradigmata eingepasst wurden. Dies geschah im Wege einer freien Erfindung im doppelten Sinne von Entdeckung und Montage. Dann tippte ich diese Sätze in meinen Laptop. Ich vermute, jeder, der schreibt, verfährt nach einem ähnlichen Muster. Es vermittelt aber ein ungutes Gefühl einzuräumen, dass Schreiben so wenig unter der bewussten Kontrolle eines Autors sein soll, seiner Intention und seinem Willen so wenig unterliegt. Ich weiß nie, was ich schreiben werde bis ich es schreibe. *Die Sprache spricht.* Sie spricht durch mich in einer Art des Bauchredens, sodass ich als Medium fungiere (im Sinne meines Körpers, meiner Computerfertigkeit, Tastaturtippen, bewusstes Selbst und Fingerfertigkeit). Nach Paul de Man verursacht eine performative Äußerung ein Geschehen, eine Veränderung der Welt, aber nicht notwendig was intendiert oder vorhergesagt ist. Die letzten Sätze von de Mans „Promises (*Social Contract)*" bringen dies durch jenen paradigmatischen performativen Sprechakt eines Versprechens zum Ausdruck: „ Die gefürchtete Wirkungskraft des Textes hängt von dem rhetorischen Modell ab, von dem es selbst eine Version ist. Dieses Modell ist ein Sprechakt über dessen Wirkungskraft Rousseau selbst keine Kontrolle hat. Wie jeder andere Leser, so kann auch er nicht anders als seinen eigenen Text als Versprechen für politischen Wandel zu missdeuten. Der Irrtum liegt nicht im Leser; die Sprache selbst dissoziiert das Erkenntnisvermögen vom Akt selbst. *Die Sprache verspricht (sich)*; sie tut dies auf eine Weise, die notwendig irreführend ist; genauso notwendig aber vermittelt die Sprache das Versprechen ihrer eigenen Wahrheit." (de Man 277) Der deutsche Ausdruck, „Die Sprache verspricht (sich)" ist eine ironische Anspielung auf Heideggers bedeutungsschweren Satz „Die Sprache spricht", weiter oben zitiert. *„Versprechen"* heißt „jemandem etwas *versprechen"* oder „jemandem ein *Versprechen* geben"; es kann auch heißen, „sich versprechen" im Sinne von „sich gegenseitig versprechen, sich einem anderen versprechen" z.B. als Ausdruck der dauernden Treue. Aber es heißt auch „sich *versprechen"* im Sinne von etwas unfreiwillig falsch aussprechen—vielleicht aufgrund von mangelnder Konzentration. De Mans kleine Phrase ist ein Beispiel für ‚sinn-lose' Wortspiele durch Klangähnlichkeit, Paronomasien, die mechanisch in die Sprache eingebaut sind. Es ist richtig, dass die Sprache spricht, aber sie sagt auch Dinge, die vom Sprecher nicht intendiert sind, die *notwendigerweise* in die Irre führen, z.B. in der Form eines Versprechens, das nicht gehalten werden kann. De Man fährt in seiner Analyse fort und behauptet notorisch, dass solche rhetorischen Komplexitäten, solche linguistischen Verwechslungen „Geschichte generieren". Oder wie de Man diesen unbequemen Aspekt von performativer Rede einmal in einem Graduiertenseminar beschrieb: „Du zielst auf einen Bären und ein unschuldiger Vogel fällt vom Himmel."

Bringt man diese fünf Felder oder Systeme zusammen, die getreu ihrer Bau- und Funktionsweise alle miteinander verknüpft sind zu einer einzigen großen, extrem sperrigen und *'entwerkten'* (*déoeuvrée*) Maschine—und man bekommt einen gewaltigen Aufstand der Roboter. Wenn man das technologische Modell nutzen will, um zu entwerfen, was in diesen fünf Bereichen geschieht, wird das, was geschieht nicht aufgehalten und verhindert werden können zu geschehen. Wie Odradek, in meinem in diesem Essay als erstem entwickelte Modell, dem anorganisch Ökotechnologischen, funktionieren die entwerkten Maschinen automatisch, ohne Ziel und Zweck, vor sich hin. Dieses alternative Paradigma stellt aber nichts desto weniger eine bessere *techné* im Sinne von Hilfsmittel und Werkzeug bereit als das organische Modell, um zu beschreiben, was passiert, wenn das Wasser der Ozeane um uns herum nicht stillgestellt und aufgehalten werden kann, sondern der Wasserspiegel immer weiter ansteigt. Unglücklicherweise jedoch geht es dem ökotechnologischen Modell genauso wie meiner Betonung des Irrationalen oder Aporetischen an den (nicht)Maschinen: das Ökotechnologische führt auch nicht zu klarer Erkenntnis oder besserem Verstehen. Bestenfalls ruft es die verschiedensten performativen Aktionen hervor, wie beispielsweise Gesetze gegen Kohlenstoffemissionen zu erlassen, deren Realisierung extrem unwahrscheinlich ist. Das unerbittliche Gesetz der Auto-co-Immunität verbietet dies.

Im Versagen sowohl von Erkenntnis als auch wirkungsvoller zielführender Handlung erfüllt sich in der seltsamen Übersetzung der Worte Jesus am Kreuz in Hieroglyphen der Maya. Die mündlichen Formulierungen dieser Hieroglyphen wurden nach einer vielleicht trügerischen Mysteriengeschichte in westliche Buchstaben transkribiert, die ich nicht mehr unter unseren Büchern finden kann: „Sinking, Sinking! Black ink over nose". Vielleicht wird dieser Essay gelesen als die

Inschrift in schwarzer Tinte, als Veranschaulichung der Technizität des Buchstabens und geschrieben auf die Nase von jemandem, der in schwarzer Tinte ertrinkt.

Zusätze

Es war nicht die Absicht der Finanziers, Banker und CEOs (Chief Executive Officers, Geschäftsführer) das gesamte Finanzsystem an den Rand des Ruins/Zusammenbruchs zu bringen, auch wenn deren Entscheidungen diese Katastrophe letztendlich verursachten. Jeder für sich handelte rational— dachten sie zumindest—um Gewinne zu maximieren und um damit ihre eigenen Gehälter, Boni/Bonuszahlungen und Aktienoptionen in die Höhe zu treiben. Der Zusammenbruch des Finanzsystems resultierte allem Anschein nach daraus, dass zu viele Personen an die Magie einer einfachen Formel eines Computerprogramms glaubten. Diese (Formel) sollte vergleichend Risiken messen, d.h. die gemeinsame Ausfallwahrscheinlichkeit von Hypothekenkrediten, was sich jedoch als falsch herausstellte.

... David X. Li, der sich damals in Kanada und den Vereinigten Staaten aufhielt, sich inzwischen aber wieder in Peking befindet, hat diese Formel— eine Gauss-Kopula-Formel von bestechender/eleganter Einfachheit—entwickelt (Salmon). Die Formel hatte einen gravierenden Fehler: nämlich die Annahme, dass Hauspreise nicht fallen würden, geschweige denn fallen könnten. ...

Anmerkungen

1. Vgl. dazu Martin Heideggers *Einführung in die Metaphysik*. Tübingen: Max Niemeyer Verlag, 1958 und seine Argumentation in *Was ist Metaphysik?* Frankfurt a.M. Vittorio Klostermann, 1960.

2. Dt. „Der verschwenderische Krokus platzt durch die Form/ Nackt und zitternd, mit seinem goldenen Kelch".

3. Vgl. Hamacher, bes. 296-300.

4. Für eine ausführliche Diskussion dieser These vgl. mein Buch *The Medium is the Maker: Browning, Freud, Derrida and the New Telepathic Ecotechnologies*.in

5. Jean-Luc Nancy verwendet dieses komplexe Wort im Titel seines Buches über moderne nicht-funktionierende Gemeinschaften: *The Inoperative Community* (*La communauté désoeuvrée*).

6. Die Metapher des „trüb bedeckten Orts" in Kafkas Schriften, besonders in den Parabeln, kommt dreimal in Walter Benjamins großem „Kafka"-Essay vor. Von der Eröffnungsanekdote über Potemkin sagt Benjamin „Das Rätsel, das diese Geschichte verdunkelt, ist Kafkas Rätsel" (795). Die berühmte Parabel „Vor dem Gesetz" hat einen „dunklen Fleck in ihrem Inneren" (802), und Kafkas Verwendung von Gestik und Gebärden wird der „bedeckte Teil der Parabeln" genannt (808). Dieser Teil ist dunkel, weil es der Ort ist, an dem Klarsicht der Lehre, lehren oder Moral, welche die Parabel zum Ausdruck bringen sollte, unmöglich ist. Die Parabeln von Jesus haben eine klare Bedeutung. Die Parabel des Säers in Matthäus geht um das Königreich im Himmel und wie man dorthin gelangt. Jesus sagt de Jüngern, dass dies der Fall ist. Kafkas Parabeln haben keine solch erkennbare Bedeutung. Eine undurchdringliche Undurchsichtigkeit herrscht, wo die Bedeutung sein sollte. Kafkas Parabeln bedeuten deshalb genau das, nämlich den Mangel von identifizierbarer Bedeutung.

7. Die Anspielung bezieht sich auf Walter Benjamins Kommentaren zu Kafkas Parabeln. Vgl. die vorausgehende Fußnote.

8. „Oulipo (frz. Aussprache [ulipo], Kurzform von *Ouvroir de littérature potentielle*; grob übersetzt mit ‚Workshop für potentielle Literatur', ist eine lose Gruppe vorwiegend französisch sprechender Schriftsteller und Mathematiker, die versuchen Kunstwerke zu schaffen, indem sie eingeschränkte Schreibtechniken verwenden. Sie wurden 1960 von Raymond Queneau und François Le Lionnais gegründet. Andere bemerkenswertze Mitglieder sind Romanautoren Georges Perec und Italo Calvino, der Dichter Oskar Pastior und Dichter/Mathematiker Jacques Roubaud.

   Die Gruppe definiert den Begriff ‚littérature potentielle' als „die Suche nach neuen Strukturen und Formen die bei jedem Autor nach Belieben eingesetzt werden können. Einschränkungen werden eingesetzt, um Ideen und Inspirationen freizusetzen, ganz besonders Perecs ‚Geschichten-machende Maschine', die er in *Life: Ein Benutzerhandbuch* präsentiert. Auch eingeführte Techniken, wie Lipogramme (Perecs Roman *A Void*), und Palindrome, die Gruppe entwirft neue Techniken, die oft auf mathematischen Problemen beruhen, wie beispielsweise „Die Tour des Springers auf dem Schachbrett und seine Vertauschungen" („Oulipo"). Unterstrichene Wörter sind Links von Wikipedia-Einträgen http://en.wikipedia.org/wikiOulipo. Besucht 5. Nov. 2011.])

9. Für Cage, Perec, Oulip und Joyce als Schöpfer von Texten, die durch wie von Maschinen hergestellten Vertauschungen wirken, vgl. das brilliant intelligente und provokative Buch von Louis Armand *Literate Technologies: Language, Cognition, Technicity*" und darin besonders das letzte Kapitel

„Constellations", 165-223. Obwohl Armands primäres Interesse den technologischen Aspekten von Sprache, Denken und Bewusstsein gilt—was er „literarische Technologien" nennt—und weniger dem Klimawandel, dem Finanzmarkt oder den Nationalstaaten oder auch die Wirkungen der Neuen Medien, so hat sein Buch mein Denken und meine Sicht der Dinge doch stark beeinflusst.

10. Ich habe diese Sequenzen in *The Medium is the Maker* diskutiert, 27-29.

11. Nur um es zu erwähnen, Kafka selbst hatte keine permanente Adresse. Wie ich selbst erfahren habe, zeigen Prager Fremdenführer ein Apartment nach dem anderen, wo Kafka gelebt haben soll, meist mit seiner Familie; wenn das, was er tat, ‚leben' genannt werden kann, was er selbst stark bezweifelte. Die meisten dieser Apartments befinden sich in der Nähe des berühmten Altstadtplatzes oder in einer der angrenzenden Seitenstraßen, aber mindestens eins ist in einem anderen Teil der Stadt, über den Fluss in der Nähe des Prager Schlosses. Wie Joyce in Zürich, so zog auch Kafka häufig um. Er hatte keine dauernde Bleibe. Joyce zog immer wieder um, weil er seine Miete nicht bezahlen konnte und zwangsgeräumt wurde. Kafka zog um, weil sein Vater durch seinen sozialen Aufstieg in immer besseren Apartments wohnen wollte.

12. „Shrift" (am.) ist eine Strafe, die ein geweihter Priester über ein katholisches Gemeindemitglied verhängt, die Ohrenbeichte, aber auch die Galgenfrist. Zum Tode durch den Strang verurteilten Verbrechern gewährte man eine ‚Galgenfrist', bevor sie hingerichtet wurden. Im Eilverfahren wurde ihnen die Beichte abgenommen und die Absolution erteilt. Vgl. Shakespeare, *Richard III*. „To give him short shrift" übersetzt ins Deutsche heißt: „kurzen Prozess mit jemandem machen". *Prozess* ist sicherlich ein Wort mit kafkaeskem Anklang, obwohl Joseph K's *Prozeß* alles andere ist, nur nicht kurz. Ganz im Gegenteil sagt man ihm, dass seine größte Hoffnung in einem niemals endenden Prozess liege, was aber unglücklicherweise nicht eintritt.

13. Wie dies in der deutschen Fassung von Jean-Luc Nancys Studie zur Gemeinschaft heißt, wenn von „entwerkt", undarstellbar (désoeuvrée) die Rede ist. Vgl. Jean-Luc Nancy, *La Communauté désoeuvrée*. Paris: Christian Bourgois 1986; deutsche Fassung: Jean-Luc Nancy, *Die undarstellbare Gemeinschaft*; aus dem Frz. Gisela Febel und Jutta Legueil. Stuttgart: Ed. Patricia Schwarz, 1988. [Anm. d. Übers.]

14. **Gouvernementalität** (frz. Gouvernementalité) ist ein Begriff in Sozial- und Geschichtswissenschaften. Er geht auf den französischen Gesellschaftstheoretiker Michel Foucault zurück, der unter *Gouvernementalität* eine recht spezifische und doch komplexe Form der Machtausübung durch Institutionen, durch die politische Ökonomie und durch Sicherheitsdispositive versteht. Das französische Wort ist gebildet aus

gouvernement (Regierung) und *mentalité* (Mentalität), und transportiert beide Bedeutungsbereiche mit sich.

15. Vgl. Foi et savoir: Les deux sources de la 'religion' aux limites de la simple raison." In *La Religion*. Hg. Thierry Marchaisse. Paris:Seuil, 1996, 62, 68-69.

16. Vgl. *Le 'concept' du 11 septembre: Dialogues à New York (octobre-décembre 2001)*. Mit Jürgen Haberrmas und Giovanna Borradori. Paris: Galilée, 2004, 152.

17. *USA PATRIOT Act* steht als Akronym für *Uniting and Strengthening America by Providing Appropriate Tools Required to Intercept and Obstruct Terrorism Act of 2001*, (dt. „Gesetz zur Stärkung und Einigung Amerikas durch Bereitstellung geeigneter Instrumente, um Terrorismus abzufangen und zu blockieren").

18. Vgl. de Man, „Allegory of Reading (Profession de foi)" in *Allegories of Reading* (New Haven: Yale University `press, 1982), 242.

19. Vgl. zum Beispiel de Mans „Excuses (Confessions)" in *Allegories of Reading*, 298.

V

Flächenbrand der Gemeinschaft

Nach Auschwitz noch ein Gedicht zu schreiben, ist barbarisch.
                                                          Theodor Adorno

Kritiker haben Adornos berühmtes Diktum in viele Richtungen hin auszulegen versucht. Adorno selbst wandelte seine Aussage später ab, indem er darauf verwies, dass fortwährendes und andauerndes Leid ebenso viel Recht habe zur Sprache und zur Welt zu kommen, wie Gefolterte haben zu schreien … Es könnte deshalb falsch gewesen sein zu behaupten/sagen, dass man nach Auschwitz kein Gedicht mehr schreiben könne. Dichtung mit dem Schrei von gefolterten Menschen zu vergleichen, ist überraschend, um es vorsichtig auszudrücken, obwohl eine Wahrheit darin verborgen sein mag. Es wird jedoch der Komplexität von Paul Celans Dichtung kaum gerecht, und Celan ist ein Überlebender. Adorno sagt nicht, „nach Auschwitz Gedichte zu schreiben ist barbarisch". Er meint zweifellos, „Nach Auschwitz auch nur noch ein einziges Gedicht zu schreiben, ist barbarisch." Es ist jetzt barbarisch, sich kalt- oder heißblütig vor der leeren Seite, dem blanken Bildschirm mit der Absicht niederzulassen und ein Gedicht zu schreiben, überhaupt irgendetwas zu schreiben, das einem Gedicht ähnlich ist, sei dies kurz oder lang. Adornos Betonung liegt auf dem konkreten Akt des Schreibens, sei es mit Stift oder mit den Fingern auf der Tastatur, und Lyrik zu komponieren. Dies nach Auschwitz zu tun, ist barbarisch.

Vielleicht hat Adorno unter anderem gemeint, dass nach Auschwitz die Aufgabe jedes einzelnen sein müsse zu verhindern, dass Auschwitz jemals noch einmal geschehen könnte. Es ist barbarisch, sich dieser Aufgabe nicht zu widmen. Lyrik verfassen ist in dieser Hinsicht keine Hilfe. In diesen dunklen Zeiten haben wir eigentlich keine Zeit für ästhetische Aktivitäten, für Dinge, die nichts mit Politik zu tun haben. Das sind die Zeiten nach Auschwitz, wenn sich gezeigt hat, dass das Unmögliche möglich ist. Auschwitz bildet einen entscheidenden Wendepunkt in der Geschichte. Es war der historische Moment, in dem die deutsch-sprechende Region Europas, jene Region, in der einige der bedeutendsten kulturellen Errungenschaften entstanden—durch Beethoven, Kant, Hegel, die Jenaer Schule, nicht zu vergessen Marx, Rilke, Thomas Mann, Wittgenstein, Heidegger und Kafka—die aber auch in einem monströsen Technologie- und Bürokratie-gestützten Völkermord sechs Millionen Juden umbrachte.

Den Kontext von Adornos Äußerung bildet das, was wir üblicherweise „ästhetische Ideologie" kennen. Diese Ideologie beinhaltet die Annahme, dass Lyrik als höchste Form sprachlicher Kunst sich vor allem anderen dem widmet, was Hegel „das sinnliche Scheinen der Idee" nannte. „Idee" nimmt hier bei Hegel denselben Platz ein, den das „Sein" für Heidegger hatte. Dichtung ist bei beiden die Offenbarung des Transzendenten. Heidegger brachte dies durch sein Bekenntnis zum griechischen Begriff *aletheia* zum Ausdruck. Er verstand den Sinn dieses Wortes mit der Betonung auf dem Zurückbringen, dem Bewahren des Seins vor dem Vergessen: *lethe* mit dem Privativ *a*. *Aletheia* war Heideggers Beschreibung für das, was durch Poesie geschieht. Poesie ist ein Akt der Entschleierung dessen, was in Vergessenheit geraten ist: *Sein*. Es kann auch sein, dass Adorno das entsprechende Genre für den Ausdruck subjektiver Gefühle hält. Vielleicht aber hat er auch an ein Gedicht als eine in sich selbst geschlossene Einheit eines schönen Gegenstands gedacht, eine organische Einheit aus Wörtern. Ein Gedicht ist vergleichbar mit einer Blume oder einem schönen menschlichen Körper, wie zwei bekannte Metaphern in dieser Tradition verbildlichen.

Ein berühmter Satz in Mallarmés „Crise de vers" formuliert diese Annahmen auf eine andere, aber typisch Mallarmésche Weise, dieses Mal mit Bezug auf poetisches Sprechen, nicht auf poetisches Schreiben: „Je dis: une fleur! Et, hors de l'oubli où ma voix relègue aucun contour, en tant que quelque chose d'autre que les calices sus, musicalement se lève, idée même et suave, l'absente de tous bouquets". Es ist die Idee der Blume selbst, die sich wie die Musik aus der Sprache befreit. Keine dieser drei Versionen ästhetischer Ideologie, so Adorno, berechtigt dazu, dem

Schreiben von Gedichten eine aktive Rolle im Leben nach Auschwitz. Die Aufgabe der Poesie ist es nicht, auf den Ebenen des Sozialen und des Politischen etwas geschehen zu lassen, was etwa sicherstelle, dass sich Auschwitz nicht wiederholt. Das Letztere ist unsere wirkliche Aufgabe. Wir haben keine Zeit für irgendetwas anderes.

Adornos Wort „barbarisch" verdient Aufmerksamkeit. Wie kam er dazu, gerade dieses Wort zu wählen, anstatt beispielsweise „unmoralisch" oder „unverantwortlich"? Ein Barbar ist jemand außerhalb der Grenzen der bürgerlichen Gesellschaft. Kenner der griechischen Antike sagen, die Griechen nannten diejenigen „Barbaren", die nicht Griechisch konnten, sondern nur radebrechten „bar bar bar", nur Gestammel von Unsinnslauten, kein gutes Griechisch. In diesen schweren Zeiten, so Adorno, ist Dichtung nichts als unsinnige Silben, voll von Schall und Wahn, ohne jede Bedeutung: „ bar bar bar bar", mit keinem Bezug zur Wirklichkeit. „Bar bar bar bar" ist dem Gebrabbel ähnlich, das Jehova angesichts der Sprachverwirrung beim Turmbau zu Babel erfuhr. Dieses barbarische Gebrabbel machte jeden Baumeister unfähig, seine Kollegen zu verstehen.

Wenn man diesen berühmten Aphorismus in seinen Kontext zurücksetzen und ihn als viertletzten Satz eines komplexen Essays mit dem Titel „Cultural Criticism and Society" (dt. „Kulturkritik und Gesellschaft") lesen wollte, so wäre das ein lang andauerndes Unternehmen. Nicht zu sprechen von dem noch größeren Kontexts des gesamten Bandes, in dem dieser Essay erscheint, *Prisms* oder etwa in den Kontext von Adornos gesamten Schriften. Das ist hier nicht meine Absicht, aber eine kurze Bemerkung will ich trotzdem einfügen. Etwas überraschend ist der Kontext nicht die Barbarei, heutzutage Lyrik zu schreiben, sondern Adornos Argument dass Kulturkritik jetzt unmöglich geworden ist, weil die Gesellschaft als Ganze so korrupt und sinnentleert ist, dass Kulturkritik sofort eine Komplizenschaft mit dem eingehen würde, was sie kritisieren will. Sie wird eingenommen von dem Objekt, das sie zu beherrschen versucht. Nach Adorno ist „die traditionelle transzendente Kritik der Ideologie obsolet" geworden. Eine solche Kritik ist in diesen dunklen Zeiten nach Auschwitz unmöglich. Adornos Essay erweist sich als auffällig relevant für unsere soziale Situation heute, sowohl für die westlichen Staaten als auch für das akademische Projekt der „*Cultural*

Studies", und ebenso für mein eigenes, jedoch sehr verschiedenes Projekt in diesem Buch, das eine Verbindung zwischen rhetorischer Lektüre und „Cultural Criticism" zu etablieren versucht. Die Lektüre von Adornos Essays gewährt mir jedoch eine kurze Verzögerung. Hier ist der unmittelbare Kontext für die angesprochene Passage:

> Je totaler die Gesellschaft, um so verdinglichter auch der Geist und umso paradoxer sein Beginnen, der Verdinglichung aus eigenem sich zu entwinden. Noch das äußerste Bewusstsein vom Verhängnis droht zum Geschwätz zu entarten. Kulturkritik findet sich der letzten Stufe der Dialektik von Kultur und Barbarei gegenüber: nach Auschwitz ein Gedicht zu schreiben, ist barbarisch, und das frißt auch die Erkenntnis an, die ausspricht, warum es unmöglich ward, heute Gedichte zu schreiben. Der absoluten Verdinglichung, die den Fortschritt des Geistes als eines ihrer Elemente voraussetzte und die ihn heute gänzlich aufzusaugen sich anschickt, ist der kritische Geist nicht gewachsen, solange er bei sich bleibt in selbstgenügsamer Kontemplation.[1]

Wahrscheinlich benutzte Adorno den Ausdruck „ein Gedicht schreiben" als Synekdoche für literarisches Schreiben im Allgemeinen, z.B. einen Roman oder ein Theaterstück, einen fiktiven Text verfassen. Das Wort ‚Literatur' bedeutet in unserer Kultur etwas eigentümlich Nicht-Referentielles, auch wenn es sich beispielsweise um Namen von wirklichen Orten oder fiktionalen Versionen historischer Personen handelt.

Seitdem Adorno sein striktes Verbot aussprach, haben viele Autoren—darunter auch Holocaust-Überlebende wie Paul Celan oder Imre Kertész—sich gegen diese einstweilige Verfügung zur Wehr gesetzt. Sie haben Gedichte oder andere literarische Werke geschrieben. Wenn das jedoch schon verdächtig erscheint, wie steht es dann erst mit der Analyse oder literarischen Kritik, besonders von Werken, die Teil dieser „Holocaust-Literatur" sind? Immerhin will ich das in diesem Essay unternehmen.[2]

Wie kann ich das rechtfertigen? Wo hat Adorno eine falsche Richtung eingeschlagen durch sein strenges Verbot? Eine Antwort könnte sein, dass er die Möglichkeit der Literatur als wertvollen Zeugen für die Geschehnisse in Auschwitz nicht realisierte. Literatur kann eine Zeugenschaft übernehmen, die wesentlich dazu beiträgt, dass die mehr als sechs Millionen Toten nicht in Vergessenheit geraten. Sie kann uns auch dazu führen, an der Erinnerung der Geschehnisse zu arbeiten. Zeugenschaft durch Literatur ist etwas ganz anderes als jene Schreie der Gefolterten, welche Adorno in einer Art Nachgedanken in einigen Gedichten auch nach Auschwitz noch zulassen wollte. Außerdem, obwohl Celan Recht hatte mit seiner berühmten Formulierung dass niemand Zeugenschaft für den Zeugen ablegen könne, so kann meine Lektüre trotzdem meine Reaktion auf die hier genannten Werke bezeugen. Eine solche Lesart kann vielleicht Haltungen entwickeln, die Derrida „die zukünftige Demokratie", („the democracy to come") nannte.

Wie Wissenschaftler argumentieren, die zum Holocaust geforscht haben, war der nationalsozialistische Völkermord aus zwei Gründen ungewöhnlich. Zum Beispiel schreibt Christopher Browning: „Ich glaube, der Holocaust bildete einen Wendepunkt in der Menschheitsgeschichte— Der extremste Fall von Völkermord, den es je gegeben hat. Was ihn von anderen Genoziden unterscheidet, sind zwei Faktoren: erstens die Totalität und die Dimension der Absichtlichkeit—d.h. das erklärte Ziel war, im gesamten Nazi-Reich auch den letzten Juden zu töten, Mann, Frau und Kind; und zweitens die eingesetzten Mittel—nämlich die administrativen und technologischen Möglichkeiten des modernen Nationalstaats gepaart mit der westlichen Kultur."

Obwohl ich zustimme, dass Auschwitz unter diesen beiden Gesichtspunkten einen nahezu unvorstellbaren Ausnahmefall darstellt (eine totale Ausnahme widersetzt sich qua Definition der Kategorisierung und verbietet daher rationales Verständnis oder „Vorstellung") so findet Literatur über Auschwitz dennoch ihren Widerhall in Literatur über ähnliche Ereignisse, Analogien, man behalte das bitte im Gedächtnis, sind keine Identitäten, jedoch kann die Entgegensetzung mit „auf irgendeine Weise analogen Ereignissen" helfen, beide Seiten der Analogie zu verstehen. Das vorliegende Buch [aus dem dieser Essay als erstes Kapitel stammt, Anm.d.Übers.] konstruiert eine Benjaminische Konstellation, eine Konfiguration oder ein Mosaik, in dem (1) Jean-Luc Nancys Überlegungen zur Gesellschaft nach Auschwitz, die er einen „Flächenbrand der Gesellschaft" nennt, anderen literarischen Werken entgegengesetzt werden wie z.B. (2) drei Romanen von Franz Kafka, die auf Auschwitz vorverweisen; (3) vier Romane über den Holocaust, geschrieben von Autoren, die unterschiedliche historische oder mediale Distanz zum Holocaust hatten: Thomas Kendeally, *Schindlers Liste*, Ian McEwans *Black Dogs*, Art Spiegelmans *Maus* und Imre Kertészs *Fatelessness*; und (4) *Beloved*, Toni Morrisons großer Roman über eine lange Phase der amerikanischen Geschichte, die Auschwitz am deutlichsten spiegelt: die Sklaverei und die Lebensumstände der vielen Millionen von Abkömmlingen jener Sklaven (daher auch mein Untertitel, „Fiktion vor und nach Auschwitz"); die ernüchternde Gemeinsamkeit zwischen Deutschland und seinen angrenzenden Nachbarn in den Jahren bis zu Hitlers Machtübernahme und was kürzlich in den Vereinigten Staaten und in anderen Ländern geschah als eine Konsequenz dieser Aktionen. Ich denke dabei unter anderem an die Besetzung des Irak, den daraus resultierenden Tod von sechshunderttausend und mehr Irakern (manche rechnen bereits mit mehr als einer Million), und die Vertreibung von weiteren sechs Millionen anderer Menschen, das stillschweigende Einverständnis mit Folter und illegaler elektronischer Überwachung in den USA und in anderen Ländern, und die langsame Erosion unserer bürgerlichen Rechte, wie zum Beispiel das Recht auf *habeas corpus*. In den Vereinigten Staaten ist ein höherer Prozentsatz der Bevölkerung im Gefängnis als in jedem anderen hoch-industrialisierten Land in der Welt. Guantánamo Bay ist nicht Auschwitz, aber es ist auch nicht so völlig verschieden von den „Arbeits-Lagern" der Nazis. Unsere gefährliche Situation wurde zweifelsfrei ermöglicht durch „die administrativen und technologischen Möglichkeiten eines modernen Nationalstaats und der westlichen Wissenschaftskultur." Diese sind seit Auschwitz enorm erweitert worden. Präsident Obama versucht sein Bestes, die faschistischen Tendenzen aufzuhalten, aber die Korruption unserer demokratischen Ideale ist viel zu tief in unsere nationale Kultur eingedrungen, um sie wirklich mit Stumpf und Stiel auszumerzen. Wenn wir uns aus dem Irak zurückziehen, verschärfen wir den Krieg in Afghanistan.

Keine Lektüre ist völlig desinteressiert oder objektiv. Sie werden von bestimmten Fragen geleitet. Wenn eine meiner wichtigsten Fragen also ist, was es bedeute, von einem „Flächenbrand der Gesellschaft" im zwanzigsten Jahrhundert zu sprechen, so heißt die zweite Frage, was es bedeute, die hier diskutierten Romane als Akte der Zeugenschaft zu bezeichnen. Ich werde in diesem Zusammenhang immer wieder auf die Frage nach Funktion und Wirksamkeit von Sprechakten für und in brennende(n) Gemeinschaften zurückkommen. Schließlich verfolgt mich unausgesetzt die Frage, welche Resonanzen es wohl geben mag zwischen der Schwierigkeit, sich Auschwitz überhaupt vorzustellen, zu verstehen oder zu erinnern, eine Schwierigkeit, die so oft Thema in historischen und fiktionalen Aufzeichnungen des Holocaust ist, einerseits, und andererseits die entnervende Zurückhaltung gegenüber klaren, schlüssigen Interpretationen, wie sie die von mir diskutierten Romane von Kafka über Kertész bis Morrison manifestieren.

Es gibt eine enorme, manchmal umstrittene Literatur zum Holocaust: historische Untersuchungen, Filme, Gedichte, Romane zum Teil von Überlebenden, zum Teil von Autoren, die nicht in Lagern waren, kritische Schriften zu diesen Gedichten und Romanen,, Bücher, die diese unglaublich vielfältige Literatur aus einer bestimmten Perspektive zu lesen versuchen. Das Thema ist wichtig und kompliziert genug, um kontroverse und konfligierende Perspektiven hervorzurufen. Robert Eaglestones brilliante Arbeit über *Der Holocaust und die Postmoderne* (orig. *The Holocaust and the Postmodern*) argumentiert auf einer breiten Basis von Texten für seine Überzeugung, dass das, was Postmodernismus genannt wird, entscheidend von der Shoah beeinflusst. Eaglestone hat zum Beispiel bewunderswerte Analysen über Arbeiten vound n Emmanuel Levinas und Arbeiten von Derrida zum Holocaust, ebenso wie Kapitel über mehrere Erzählungen von Holocaust-Überlebenden, obwohl er Kertész nur kurz erwähnt und auf *Fatelessness* nur einmal verweist.

Mein Projekt ist jedoch von einem etwas anderen Interesse geleitet. Ich möchte einige Romane, die explizit den Holocaust zum Thema haben, mit fiktionalen Texten vergleichen, die vor und nach Auschwitz geschrieben wurden; mich interessieren Ähnlichkeiten und Anklänge zwischen diesen Texten im Lichte von kürzlich publizierten theoretischen Reflexionen über die Auswirkungen des Holocaust auf die Bedingungen der Möglichkeit von Gemeinschaft und Gesellschaft. Kafka, so behaupte ich, lässt Auschwitz vorausahnen, Kertészs *Fatelessness* bildet ein Echo von Kafka und Morrisons *Beloved* ist ein post-Auschwitz-Roman, der ebenfalls kafkaeske Züge zeigt. Ich bin vor allem daran interessiert, die gewählten Romane im Lichte der Fragen nach ihrer Zeugenschaft zu lesen. Die Schwingungen der fünf Elementen in meiner Zusammenstellung, die ich zu entdecken versuche—als eine *Stimmung* oder eine Art Vibration zwischen Analogien, können sich nur einstellen, wenn eine ganz spezifisch nahe Arbeit am Text, ein *close reading* eingesetzt wird, eine literarische Arbeit, in der Zitate analysiert und in jedem einzelnen Fall mit Lektüren anderer Texte verglichen werden, welche in der gleichen Weise zu befragen sind.

Ab und zu finden sich in unterschiedlichen Kapiteln hier und da Bemerkungen, welche die Umstände aufgreifen, die mich zu den ausgewählten und hier diskutieren Texten geführt haben. Ich möchte das Buch nicht „Memoire" nennen, allerdings registriert es einen signifikanten Wandel in meinem Werk. Dieser Wandel hat natürlich seine persönliche und professionelle Geschichte, wie meine Widmung zum Buch für Jakob Lothe und andere Anerkennungen in diese Richtung zeigen. Die neuen Themen in meiner Arbeit wenden sich Fragen der Gemeinschaft und Gesellschaft zu, implizieren eine Rückkehr zu Kafka nach vielen Jahren, beinhalten den Versuch, mit dem Holocaust und Holocaust-Literatur zurecht zu kommen und—durch die Beschäftigung mit Toni Morrisons *Beloved*—auch einen Standpunkt gegenüber der Geschichte der Sklaverei in den Vereinigten Staaten zu beziehen. Ein solches ‚Zurechtkommen', ein solcher Standpunkt ist gar nicht leicht zu finden, vielleicht lässt er sich auch nie wirklich finden. Wann immer ich zurzeit den Cincinnati Flughafen nutze, der gegenüber dem Ohio-River in Kentucky liegt, denke ich daran, dass dieser Fluss einst—nicht gar so lange zurück—die Grenze zwischen den freien Staaten und einem Sklavenstaat bildete. Diese Erinnerung (Morrisons Wortprägung dafür ist ‚*re-memory*') bringt die Rolle des Ohio-Flusses in *Beloved* ins Gedächtnis zusammen mit meiner eigenen Beziehung zur Sklaverei durch meine Vorfahren in Virginia. Eine weitere persönliche Erfahrung war mein kürzlicher Besuch in Buchenwald, die Eindrücke dort kann ich immer noch nicht vergessen und bearbeite sie in meinem Buch, das denselben Titel trägt, wie dieser Essay. Alle Werke, die ich in diesem Zusammenhang diskutiere, rufen ganz persönliche Betroffenheit hervor, sind daher nicht nur intellektuelldistanzierte, akademische Gegenstände. Die Betroffenheit entspringt, wie ich in mehreren Referenzen deutlich zu machen versuche, der aktuellen

US-amerikanischen Geschichte: Abu Graib, Guantánamo Bay, die ungewöhnliche Auslieferung unserer Gefangenen an die Gefängnisse unseres Geheimdienstes in der ganzen Welt, die illegale Observierung von US Bürger, etc. Sogar unter Barack Obamas Präsidentschaft sind diese Praktiken bis zu einem gewissen Grad beibehalten worden. Es scheint heute mehr denn je zuzutreffen, dass diejenigen, die die Geschichte vergessen, dazu verdammt sind, sie zu wiederholen. In diesem Sinne sind die fiktionalen Texte, die hier diskutiert werden, eine Weise, Geschichte zu studieren.

Ich habe eine Auswahl von Fotografien konsultiert, alle verfügbar auf Webseiten. Eine wahrhaft erstaunliche Kollektion von solchen Fotografien sind mit wenigen Mausklicks herunterzuladen: Fotografien von Kafka und seiner Familie; Fotografien von Auschwitz zusammen mit einigen Beispielen aus dem kürzlich aufgefundenen Karl Hoecker Album, wie auch eine bewegende Serie von Bildern, die den Weg der Gefangenen dokumentierten—von ihrer Ankunft im Lager mit dem Zug, durch die *Selektion*, bis wenige Minuten, bevor sie in die Gaskammern geschickt wurden—immer noch im Ungewissen über die unmittelbar bevorstehendes Schicksal. Daneben gibt es eine große Anzahl von Fotografien über Lynchjustiz in den USA, viele davon wurden ursprünglich als Postkarten verschickt; auch Fotographien von Gewalt in Abu Ghraib finden sich darunter. All diese Fotografien übernehmen die Funktion einer Art von Zeugenschaft. Sie können auch als Verkörperungen von Sethes Behauptung in *Beloved* betrachtet werden, dass nichts jemals wirklich stirbt, wenn etwas geschehen ist, geschieht es weiter und hört nicht auf. Kafkas Leben, Auschwitz, Lynchmorde in Amerika, Abu Ghraib wiederholen sich ständig, unaufhörlich, in diesen Fotografien im Cyberspace, von wo sie jeder, der einen Computer und Zugang zum Internet hat, herunterladen kann.

Nancy contra Stevens

> *Das Bedeutendste und wohl Schmerzlichste, wovon die moderne Welt Zeugnis ablegt, jenes Zeugnis, das vielleicht alle anderen, deren Bürde diese Epoche im Namen irgendeiner unbekannten Order oder Notwendigkeit zu tragen hat, in sich vereint, (denn wir legen auch davon Zeugnis ab, dass sich die Philosophie der Geschichte erschöpft hat), ist das Zeugnis der Auflösung, des Zerfalls oder der Erschütterung der Gemeinschaft.*
>
> Jean-Luc Nancy, La communauté désoeuvrée
(dt. Die entwerkte Gemeinschaft)[3]

> *Wir waren wie Dänen in Dänemark den ganzen Tag lang*
> *Und kannten einander gut, gesund-muntere Landsleute,*
> *Für die das Ausländische ein weiterer*
>
> *Wochentag war, sonderbarer als Sonntag. Wir dachten ähnlich*
> *Und das machte uns zu Brüdern in einer Heimstatt,*
> *In der wir uns davon nährten, Brüder zu sein, uns nährten*
>
> *Und dicker wurden wie von einer ordentlichen Honigwabe.*
> *Dieses Drama, das wir leben—Wir lagen klebrig vor Schlaf.*
>
> Wallace Stevens, The Auroras of Autumn
(dt.Die Polarlichter im Herbst)[4]

Dieses Kapitel stützt sich auf kürzlich erschienene theoretische Untersuchungen zu Gemeinschaft und Gesellschaft; mit ihrer Hilfe sollen einige Hypothesen formuliert werden, die meine Untersuchungen zu Literatur vor und nach Auschwitz leiten—insbesondere bei der Frage, wie der Flächenbrand einer Gemeinschaft mit literarischen Mitteln zur Darstellung kommt. Das Kapitel setzt einander gegenüber, oder erzwingt, dass zwei ganz unterschiedliche Modelle von Gemeinschaft gleichzeitig erscheinen. „Compear" ist ein juristischer Terminus, der eine Vorladung zu einem Richter zusammen mit einer Begleitperson bezeichnet. Das Wort wird später im Essay noch einmal auftauchen als Teil einer Übersetzung von Jean-Luc Nancys Wort *comparution*. Mein Versuch, zwei Konzepte von Gemeinschaft nebeneinander zu stellen, als ob sie vor ein Tribunal gerufen wären, wird eine etwas dürftig ausbalancierte Grundlage für meine kritische Sichtung von Gemeinschaft oder die Abwesenheit einer solchen zeigen, genauer in einer Analyse von Romanen, die vor und nach dem Holocaust geschrieben wurden.

Mein Eröffnungszitat ist der erste Satz eines von mehreren neueren philosophischen oder theoretischen Arbeiten, die sich mit der Bedeutung des Wortes „Gemeinschaft" (hier engl. *Community*) beschäftigt haben und mit dem, was mit Gemeinschaft in der Moderne geschehen ist. Was Nancy sagt, ist in vielerlei Hinsicht eigenartig. Erstens widersetzt er sich nachdrücklich jeder Zeugenschaft und dezidiertem Wissen, worin eigentlich die Aufgabe des Historikers besteht. Bezeugen ist ein Sprechakt, eine performative Äußerung, während „la pensée de l'Histoire", denken nach Maßgabe der Geschichte, zu konstativen Behauptungen, führt. Diese sind Aussagen von Tatsachen, von Fakten, die ihrerseits wahr oder falsch sind. Wir können bezeugen, was sich in modernen Zeiten in und mit Gemeinschaften ereignet—ihre Auflösung, ihr Zerfall oder ihre Erschütterung.

Wir können es nicht wissen, wir können es nicht verstehen. Es scheint unsere Aufgabe zu sein, den Zerfall und die Auflösung der Gemeinschaft zu bezeugen, wir werden von einer unbekannten Instanz dazu verpflichtet. Auch die Anordnung selbst ist ihrem Wortlaut nach nicht bekannt, zwingt uns aber trotzdem unerbittlich. Das alles ist außerordentlich seltsam, wenn man es genau betrachtet. Was heißt, durch ein Dekret, dessen Wortlaut oder Anspruch man nicht einmal kennt, zu etwas gezwungen zu werden? Unkenntnis des Gesetzes ist keine Entschuldigung oder „schützt vor Strafe nicht", wie es im Deutschen heißt. Dennoch ist es unerfreulich—um das Mindeste zu sagen—einem Urteil unterworfen zu werden, dessen Inhalt wir nicht kennen können. Diese Situation hat Ähnlichkeit mit Joseph K's Erfahrung in Kafkas *Der Prozess*—eines schönen Tages verhaftet zu werden, ohne auch nur das Geringste getan zu haben. Wenn wir mit dem Bedeutungsbereich des Wortes „Prozess" oder „Urteil" etwas spielen, könnten wir Nancys Behauptung, wir seien dazu verurteilt die Bürde dieser Epoche zu bezeugen, auch in dem Sinne übersetzen, dass diese Zeugenschaft selbst der Prozess ist, dem wir uns stellen müssen ohne irgendein Unrecht begangen zu haben. Wie Nancy uns versichert, ist diese Zeugenschaft so wichtig und so schmerzhaft (*pénible*), dass sie alle anderen Bürden, die wir in der modernen Welt aufgefordert sind zu tragen, möglicherweise einschließt.

Eine weitere Eigentümlichkeit von Nancys Formulierung liegt darin, dass sie sich selbst widerspricht. Sie exemplifiziert das Denken durch Geschichte, von den im selben Moment gesagt wird, dass es erschöpft sei. Die Passage impliziert, dass es einst Gemeinschaft gab, aber jetzt, in der modernen Welt, Gemeinschaft aufgelöst, zerstört, erschüttert ist. Es muss vorher etwas gegeben haben, das diese Transformationen durchlitten hat. Wenn es je eine gab, dann ist dies eine historische propositionale Äußerung. Es ist eine Behauptung, die entweder wahr oder falsch sein kann. Nancys Buch widerspricht dieser historischen Proposition jedoch. In seinem ganzen Buch argumentiert Nancy so, dass die Definition einer „undarstellbaren Gemeinschaft" als eine universale *condition humaine* formuliert wird, wie dies für westliches Denken charakteristisch ist. Nancys Propositionen, seine Art und Weise seine Überzeugungen zu formulieren, impliziert, dass diese generell wahr sind, überall, in allen Kulturen und zu allen Zeiten.

Die undarstellbare Gemeinschaft als Ganzes dekonstruiert—wenn ich das so nennen darf—den strikt apodiktischen ersten Satz. Eine These/Antithese ohne mögliche Aufhebung, eine aufgeschobene oder drohende Selbst-Vernichtung, bezeugt, dass jeder Gedanke an die Auflösung von Gemeinschaft von der traditionellen Vorstellung von eben jener Gemeinschaft abhängt, die er in Zweifel ziehen will. In einer reziproken Weise beinhaltet das traditionelle Konzept von Gemeinschaft in Stevens' Gedicht zum Beispiel, bereits sein offensichtliches Gegenteil. Man kann das eine Konzept von Gemeinschaft nicht ohne das andere haben, wie beide Nancy und Stevens zeigen—fast im Widerspruch zu sich selbst.

Eine letzte Auffälligkeit von Nancys Satz im Verhältnis zum Titel seines Buchs kann man auf zwei Arten zum Ausdruck bringen. 1) Die Begriffe, so sorgfältig vom Autor ausgewählt um zu benennen, welches Geschick Gemeinschaften in der modernen Welt widerfahren ist, sagen überhaupt nicht dasselbe. Jeder von ihnen ist etwas eigenartig. 2) Nancy scheint keine Mühe gescheut zu haben, das eine Wort zu vermeiden, das sein Freund Jacques Derrida weltweit bekannt gemacht hat: „Dekonstruktion".[5] Die englische Übersetzung wählt *The Inoperative Community* für den französischen Originaltitel *La communauté désoeuvrée*, vielleicht weil „unworked", die buchstäbliche Bedeutung von *désoeuvrée* kein englisches Wort ist. Jedoch würde „unworked", Neologismus oder nicht, die Kraft dessen, was Nancy mit seinem Titel und im Buch selbst sagen will, viel besser einfangen. „Inoperative" evoziert eine passive Kondition. Moderne Gemeinschaften arbeiten/funktionieren eben nicht. Sie sind wie eine stillgestellte Maschine, die repariert werden muss. *Désoeuvrée*, „ungearbeitet", auch wenn es im Französischen einen Apparat beschreibt, der nicht funktioniert, legt andererseits die Betonung auf den Prozess, durch den irgendwelche Kräfte zusammengewirkt haben, um die Gemeinschaft zu demontieren. Und dies ist nicht nur passiv geschehen.

„Die Dekonstruktion der Gemeinschaft"—im doppelten antithetischen Sinne als ein gleichzeitiges Auf- und Abbauen, Konstruieren und in seine Einzelteile zerlegen, wäre eine gute Übersetzung von Nancys Titel. Aber auch diese Übersetzung könnte nicht die Resonanzen an den Begriff „Arbeit" einfangen, die in *désoeuvrée* anklingen, und zwar mit den Anspielungen auf Marx'sches oder Sartre'sches Verständnis von kollektiver Arbeit an der Gemeinschaft, die auch kommunale Strukturen geschaffen hat. Marx und Sartre sind wichtige und explizite Referenzen für Nancys Gedanken in diesem Buch. Diese Referenzen verankern das Buch in der Zeit und dem kulturell-politischen Raum, in dem es entstand. „Undarstellbar" (*désoeuvrée*) verweist auf die Idee, dass jede menschliche Gemeinschaft durch kollektive Zusammenarbeit konstruiert wurde. Diese Arbeit schuf Straßen, Gebäude, Häuser, Maschinen jeder Art (Kommunikationsmaschinen inbegriffen), Institutionen, Gesetze und Konventionen des Familienlebens, um ein Ganzes entstehen zu lassen, das wir nun „Gemeinschaft" nennen. Entgegengesetzte Energien mussten in der Moderne mobilisiert werden, um jene materialen und immateriellen Elemente von Gemeinschaft abzubauen und zu dekonstruieren. Nachdem sie zuerst erarbeitet (*worked*) worden waren, müssen sie jetzt abgebaut werden (*unworked*), wie George W. Bush und seine Kollegen sich recht weit vorwagten in dem Bemühen, die Verfassung der Vereinigten Staaten ebenso wie andere Gesetze und Institutionen zu dekonstruieren, gesetzliche Regelungen, die unsere nationale Gemeinschaft über zweihundert Jahre als fragile Demokratie zusammengehalten haben—in einer Regierung des Volkes, durch das Volk und für das Volk.

Nancys Wörter „Auflösung", „Dislozierung" und „Zusammenbruch" sind drei nicht ganz kompatible Begriffe für die Zersetzung der Gemeinschaft. Jeder beinhaltet ein unterschiedliches Modell, um das Geschehene zu erklären.

„Auflösung" impliziert die Desintegration eines vorher bestandenen Zusammenhangs, wie z.B. ein Diktator das „Parlament auflösen" wird, wenn ihm die von den gewählten Vertretern erlassenen Gesetze nicht passen.

„Dislozierung" meint, dass moderne Gemeinschaften außer sich geraten, irgendwie randständig werden. Es ist schwierig, sich vorzustellen, was Nancy gemein haben kann, als er dieses Wort einsetzte. Vielleicht wolle er den Effekt beschreiben, der im Körper entsteht, wenn Bänder in Gelenken reißen und hatte dabei die Gemeinschaft als eine lebendes, quasi-organisches Ganzes im Blick. Die Dislozierung der Gemeinschaft bedeutet, dass die Bänder und Gelenke, die Scharniere, die den Organismus zusammenhalten sollen, ausleiern und ihre Haltekraft verlieren.

„Konflagration" als „Zusammenbruch", „Großfeuer oder Flächenbrand" ist das ungewöhnlichste Wort in der Serie. Es vermittelt das Bild völliger Zerstörung der Gemeinschaft mit Blick auf den Gesamtzusammenhang, aber auch der einzelnen Sektionen. Alles ist in Flammen aufgegangen—ein mehr oder weniger expliziter Hinweis auf den Holocaust, an rituelle Brandopfer und die Krematorien in Auschwitz und Buchenwald. Die Nazis arbeiteten nicht nur an der völligen Zerstörung der jüdischen Gemeinschaften innerhalb des *Reichs* dadurch, dass sie Millionen von Juden ‚verlegten', dislozierten, deportierten, oder die Bande durchtrennten, welche die Familien innerhalb der Ghettos zusammenhielten. Sie zerstörten diese Gemeinschaften durch den Mord an sechs Millionen jüdischer Menschen in den Gaskammern, deren Körper sie dann in einer unsagbaren Feuersbrunst einäscherten.

Stevens' Modell von Gemeinschaft

Mein zweites Zitat ist aus einem Gedicht von Wallace Stevens, geschrieben im Jahr 1947. Es war in dieser Zeit, wenn überhaupt, dass der Holocaust als Wendepunkt der westlichen Geschichte ins nationale amerikanische Bewusstseins eindrang. Im Gedicht „Die Polarlichter im Herbst" (*The Auroras of Autumn*) ist die Zerstörung einer Gemeinschaft durch das unheimliche Spiel der Nordlichter am Himmel angezeigt.

Die Passage bei Stevens, die ich zitierte, evoziert auf bewegende Weise, was es heißt, in einer abgelegenen Eingeborenen-Gemeinschaft zu leben. Stevens ist ein amerikanischer Dichter, der wie andere unserer großen Literaten das Gefühl von Heimat zum Ausdruck bringt, ob das nun Hartford, Connecticut, wo Stevens lebte, ist, oder Pennsylvania, wo er geboren wurde, oder Florida, wo er die Ferien verbrachte, oder sogar Tennessee, wie in „Anecdote of the Jar": „I placed a Jar in Tennessee" (*CP*, 76). Man fühlt sich an all die amerikanischen Ortsnamen in Stenvens' Gedichten erinnert, zum Beispiel die magischer Zeile „Die Blaukopftauben singen entlang dem Perkiomen",(„Gedanken zum Verhältnis der Bildqualitäten in Metaphern", *CP*, 356) oder auch an „The Idea of Order at Key West", *CP* 128-30), oder an die Erwähnung „der dünnen Menschen von Haddam" in „Dreizehn Arten, einen Mangrovenvogel anzuschauen" (*CP*, 93) oder auch an die Zeile „Damariscotta da da doo", („Variationen an einem Sommertag", *CP*; 235). „Perkiomen" heißt ein kleines Flüsschen in Pennsylvania, wo Stevens geboren wurde. Haddam ist der Name einer kleinen Stadt in Connecticut. Damariscotta wird ein kleines Küstendorf in Maine genannt. Amerikanische Ureinwohner haben dieses Gewässer „Fluss der kleinen Fische" genannt. Die Liste könnte verlängert werden. Stevens' frühes Gedicht „Sunday Morning" (*CP*, 66-70) ist ein Loblied auf die Besonderheiten der amerikanischen Landschaft, wie sie die Lebensgewohnheiten bedingt. In vielen anderen von Stevens' Gedichten finden wir das auch, wie z.B. in der Zeile „Die Eingeborenen des Regens sind Regenmenschen" („rainy men") (Der Komödiant als der Buchstabe C" in *CP*, 37).

Was sind nun nach Stevens die hervortretenden Eigenschaften einer eingeborenen Gemeinschaft? Ich sage „eingeborene Gemeinschaft", weil Stevens hervorhebt, dass es sich um eine Erfahrung handelt, die von einem „wir" geteilt wird: „Wir fühlten uns den ganzen Tag wie Dänen in Dänemark." Die Annahme, dass der oder die Eingeborene mit anderen ihm oder ihr gleichen Eingeborenen in einer Gemeinschaft lebt, ist eines der hauptsächlichen Merkmale von Stevens ‚eingeborenen' Ideologie. Ein ‚Eingeborener' zu sein bedeutet, Teil einer Gemeinschaft zu sein und kollektive Erfahrungen zu machen. Eine eingeborene Gemeinschaft lebt darüber hinaus räumlich zusammen, teilt ein Milieu, eine Umwelt, ein Ökosystem. Dieses Milieu ist von der Außenwelt abgetrennt, ist daher „ausländisch", komisch, man könnte fast sagen „unheimlich" in demselben Sinne, der im Deutschen mit *un-heimlich*, un-behaust, nicht-vertraulich transportiert wird. Eingeborene sind aus vollem Herzen Land-Leute. Sie gehören zu ihrem Land, zu den Felsen, Flüssen, Bäumen, Erde, Vögeln, Fischen, Tieren und zu allen anderen Arten, mit und von dem Land zu leben. Wenn sie anderswo hinzögen, würden sie sich entwurzelt fühlen. Die Eingeborenen fühlen sich in ihren Geburtsorten zuhause, wie Dänen sich in Dänemark zuhause fühlen oder wie Bienen in ihrem Bienenstock.

Eingeboren in diesem Sinne impliziert unschuldig sein, kindhaft, schlafend und doch wach. Diese Unschuld entspricht jener von Adam und Eva vor dem Sündenfall. Eingeborene in diesem Sinne kennen kein Gut und Böse. Sie leiden nicht unter dem Geheimnis von Schuldträumen, die gefallene Männer und Frauen verfolgen, beispielsweise den erschreckenden (und möglicherweise heimlich attraktiven) Ödipalen Angsttraum, den Vater getötet und mit der Mutter geschlafen zu haben. „Geheimnis" verweist vielleicht auf das Rätsel der Sphinx, das Ödipus gelöst hat, oder auch auf das Delphische Orakels, das für Ödipus genau diese Sündenschuld von Vatermords und Inzest mit der Mutter vorhersagt. Eingeborene haben kein Bewusstsein ihrer selbst, ähnlich wie Schlafwandler. Ihre Wahrnehmungen sind gedämpft—„Hellwach, am Rande des Schlafs". (*sticky with sleep*, 8) „Sticky" evoziert hier den einhüllenden Honig der Bienenwabe, von dem Eingeborene sich ernähren. Ihr Zu-Hause-Sein transformiert ihr Milieu in eine Art einschläferndes Narkotikum, wie der von den Bienen selbst produzierte Honig, der ihre Nahrung bildet

Nicht nur haben Eingeborene kein Selbst-reflexives-Bewusstsein im Sinne der westlichen mit der Bürde der Schuld beladenen Introspektion. Sie haben auch kein kritisch-distanziertes Verhältnis zur Umwelt. Sie nehmen ihr Milieu als etwas Selbstverständliches, das immer schon unveränderlich da war und immer da sein wird, wie Dänemark für die Dänen—nach Auffassung von Stevens. Die Abwehrhaltung gegenüber der Evidenz der globalen Erwärmung ist vielleicht teilweise hervorgerufen durch diese nahezu mythische Annahme, dass unsere Umwelt unveränderbar und in einem ständigen Erneuerungsprozess sei. Warum wählt Stevens Dänen als beispielhafte ‚eingeborene Gemeinschaft'? Ich vermute, weil sie in einem kleinen Land leben, eine relativ homogene Kultur haben und die Sprache einer „Minorität" sprechen, die sie von den anderen unterscheidet. Das entspricht den Vorstellungen, die die meisten Menschen von einer ‚eingeborenen Gemeinschaft' haben.

Die Erwähnung von Sprache bringt mich zu der Beobachtung, dass Sprache eine zentrale Rolle in Stevensons Beschreibung spielt. Eine indigene Gemeinschaft wird nicht nur durch gemeinsame Lebensvollzüge, Gebäude und Heimaterde geschaffen. Sie ist mindestens ebenso stark *aus* Sprache, *durch* Sprache geschaffen, entsteht über eine besondere Sprache, die zu dem jeweiligen Ort gehört. Ein radikaler Effekt der globalen Hegemonie des westlichen kulturellen Kapitals besteht darin, die überall die sogenannten Minoritäten- oder „kleinen" Sprachen zu bedrohen, wenn nicht gänzlich auszulöschen. Die indigenen Völker, die im Staat von Main lebten, wo ich in den USA lebe, lebten hier mehr als zwölftausend Jahre, ehe die Weißen kamen. Mit „hier" meine ich genau hier, an diesem Ort, an dem ich dies schreibe. An einem nahegelegenen Küstenstreifen gibt es einen großen Muschelhaufen, der wenigstens siebentausend Jahre alt ist. Wir radierten die meisten indigenen Menschen und ihre Kulturen in nur ein paar Jahrhunderten aus. Nur noch ganz wenige sprechen die indigenen Sprachen Penobscots oder die Micmacs. Ihr Ziel besteht oft darin, Spielcasinos zu betreiben, was kaum dem Sinn ihrer originalen Kultur entspricht. Wenn wir von der anderen Küste sprechen, so verschwinden in Kalifornien jedes Jahr ein Dutzend indigene Sprachen, wenn der letzte Sprecher dieser Sprache stirbt. Offensichtlich können Sprachen nicht wiederbelebt werden, wenn niemand übrig geblieben ist, der die entsprechende Sprache von früher Kindheit an gelernt hat. Eine Sprache vom Recorder oder von einem Grammatikbuch lernen zu wollen, bringt keine tote Sprache zurück zum Leben.

Der Gedanke an verschwindende Sprachen lässt das Sprachthema in Stevens' Zeilen umso prägnanter erscheinen. Er betrachtet eine indigene Gemeinschaft als durch Sprache generiert, und zwar in einem Akt maternalistischer und künstlerischer Schöpfung, welche die Erschaffung der Welt aus der Dunkelheit in *Genesis* nachahmt: „Als ob die unschuldige

Mutter im Dunkeln sänge / vom Raum und auf einem Akkordeon, halb-gehört, / erschuf die Zeit und den Raum, in dem wir atmeten ... / Und aneinander dachten." Warum „auf einem Akkordeon"? Ich vermute, weil dies ein „Volksinstrument" ist. Ein Akkordeon ist geeignet, um das Zusammengehörigkeitsgefühl eines Volkes zu transportieren. Vielleicht auch deshalb, weil der *Zusammenklang* von mit „Akkord" im Namen des Instruments „Akkordeon" evoziert wird. Die Mitglieder einer Gemeinschaft sind in Übereinstimmung. Sie sind von einem „Akkord". In einer Beteuerung, die an Heideggers Argument in „Bauen Wohnen Denken" und an seine Essays zu Hölderlins Gedichten erinnert, behauptet Stevens, dass Zeit und Raum einer indigenen Gemeinde nicht von Anbeginn existieren, um dann von einem gegebenen Volk in Besitz genommen zu werden.[6] Eine Muttersprache schafft das Heimatland in dem ein Volk atmen kann, einen Platz zum Atmen und deshalb auch einen Platz, wo sie zueinander und miteinander sprechen können.

Der gerade analysierte Satz von Stevens endet mit der Phrase „"Und von einander dachten." Die Sprache, die Zeit und Raum einer indigenen Gemeinschaft entstehen lässt, ist auch das Medium, in dem die Indigenen oder Autochthonen aneinander denken. Jeder Angehörige der kulturellen Gruppe kann das Denken des oder der anderen durchdringen, denn alle sprechen dieselbe Sprache, teilen dasselbe „Idiom", d.h. eine Dialekt, charakteristisch für eine spezifische Gruppe.

Angehörige einer indigenen Gruppe sprechen „im Idiom ihrer Arbeit", d.h. in einem Idiom, das spezifisch für die Arbeit, welche die unschuldigen Mutter auf dem Akkordeon spielt. Ich höre auch einen Anklang an „Arbeit" mitschwingen und halte diesen Anklang für das kollektive Verständnis einer ursprünglichen Gemeinschaft durch Sprache und durch die körperliche Transformation des Lebensraums. Das wäre dem marxistischen Verständnis von Arbeit ähnlich oder auch Heideggers Idee von „Bauen".

Die Akkordeon-Arbeit der Mutter ist ebenso im „Idiom einer unschuldigen Erde". Die Erde ist unschuldig, weil sie am Sündenfall von Adam und Eva keinen Anteil hatte. Die Sprache der indigenen Völker ist wie sie selbst aus der Erde geboren und bleibt in dieser verwurzelt. Für Stevens ist Sprache hier die Verkörperung des Gedankens. Jeder Eingeborene weiß, was der jeweilige Freund, die jeweilige Freundin denkt, denn: „sie sprechen dieselbe Sprache". Und daraus resultiert, dass wir uns gegenseitig gut kannten, weil wir das Gleiche dachten/ und das machte uns zu Brüdern in einem Zuhause/in dem wir uns davon nährten, Brüder zu sein." Ich komme auf diesen Ausschluss der Frauen in der Anrufung der „Bruderschaft", Blutsbrüderschaft, zurück. Dieses Zuhause-Sein bedeutet letztlich, dass der Ort und die Gemeinschaft, die in ihm wohnt, heilig sind. Diese glücklichen Alteingesessenen „legen sich nieder wie Kinder in dieser Heiligkeit." (*CP*, 418).

Wundervoll! Hurra! Oder, wie Stevens diesen Überschwang einige Zeilen später in „Die Polarlichter des Herbstes" formuliert: „Ein glückliches Volk in einer glücklichen Welt—/Buffo! Ein Ball, eine Oper, eine Bar" (*CP*, 420). Nur zwei kleine Probleme werfen ihre Schatten über dieses Fest. Der eine heißt: indigene Gemeinschaft ist ein Mythos. Es dreht sich immer um etwas, das hypothetisch einmal existierte, jetzt aber nicht mehr. „Wir *waren* wie die Dänen in Dänemark", aber wir sind es nicht länger. In Stevens' Versen liest sich das so:

> There may always be a time of innocence.
> There is never a place. Or if there is no time,
> If it is not a thing of time, nor of place,
>
> Existing in the idea of it, alone,
> In the sense against calamity, it is not
> Less real.
>
> Es kann immer eine Zeit der Unschuld geben.
> Es gibt nie einen Ort. Oder wenn es keine Zeit gibt,
> Wenn sie weder ein Ding von Zeit oder Ort ist
>
> Und allein in der Vorstellung davon existiert,
> Im Gefühl gegen Unheil, ist sie nicht minder
> Wirklich. (CP, 418)

Eine indigene Gemeinschaft ist real genug, allerdings hat sie die Realität von etwas, das nur als Idee, nur in einer Idee, existiert, vor jeder Zeit und außerhalb jeden Ortes.

Die andere Bedrohung, die einen Schatten über diese Idee wirft, liegt darin, dass auch die mythische unschuldige Gemeinschaft zu allen

Zeiten der Gefahr der Invasion ausgeliefert war. Sie existiert als „Ahnung #gegen die Katastrophe", jedoch steht die Katastrophe ständig unmittelbar bevor. Diese Katastrophe erscheint nur wenige Zeilen nach der langen Passage, die ich diskutiert habe, plötzlich als eine starke Angst oder als Gefühl des Terrors:

> Shall we be found hanging in the trees next spring?
> Of what disaster is this the imminence:
> Bare limbs, bare trees and a wind as sharp as salt?
>
> Werden wir nächstes Frühjahr in den Bäumen hängend gefunden?
> Welches Unheil steht hier drohend bevor:
> Kahle Äste, kahle Bäume und ein Wind, so scharf wie
>   Salz? (CP, 419)

Das Gedicht trägt immerhin den Titel „Die Polarlichter im Herbst". Sein zentrales Bild sind die bedrohlich anzuschauenden Polarlichter, die wie eine Weissagung in schneller Folge aus dem dunklen Himmel aufblitzen und die Auflösung der Gemeinschaft ankündigen. Schon allein der Versuch, alle Besonderheiten einer eingeborenen Gemeinschaft zu benennen, auch wenn ihre ideelle Existenz in einem Gedicht so gefeiert wird wie hier, bedeutet, diese Gemeinschaft dadurch zu zerstören, dass sie ans Licht gebracht wird. Sie zu benennen heißt, ihr Anderes in einem Spiegel zur Anschauung zu bringen: das Grauen ihrer Zerstörung. Das Bild der Gemeinschaft entsteht aus der Sicherheit, dass die Bedrohung noch bevorsteht. „Ein glückliches Volk in einer glücklichen Welt" klingt und ist auch zu gut, um wahr zu sein. Die Vorstellung dieser Welt entsteht aus der Angst, sie zu verlieren. Die Vorstellung, zuhause zu sein, in einem Heimatland oder einer *Heimat*, lässt sofort die Angstvision des *Un-heimlichen*, des Beängstigenden entstehen, die Vision des Terroristen *ante portas*—oder vielleicht sogar schon heimlich irgendwo innerhalb des Heimatlandes.

In einem brillianten Essay mit dem Titel „The Offices of Homeland Security; or Hölderlin's Terrorism" hat Jennifer Bajorek gezeigt, auf welch erschreckende Weise die Rhetorik der George W. Bush Administration die irreführende Attraktivität von faschistischen Staaten, z.B. der Nazis, anklingen ließ.[7] Beide rufen die Vorstellung von „Heimatland" (homeland) auf, in dem sie Blut und Erde vermischen, Reinrassigkeit und die Verankerung in einem geliebten besonderen Ort (*engl. rooted in one dear particular place*), wie es bei Yeats heißt.[8] Unser Ministerium für Innere Sicherheit (Department of Homeland Security) setzt voraus, dass wir ein homogenes Heimatland haben, eine indigene Bevölkerung, deren Sicherheit und Reinrassigkeit von fremden Terroristen von außerhalb bedroht ist; nach dieser Maßgabe sind die Terroristen rassisch und ethnisch Fremde, nicht zu erwähnen unsere zwölf Millionen „illegalen Einwanderer" oder alle unsere amerikanischen Bürger afrikanischer Abstammung, einschließlich unseres gegenwärtigen Präsidenten der USA, Barack Obama. Wahrscheinlich sind die Terroristen ebenfalls im Land—so sollen wir fürchten—*unheimliche* Präsenzen innerhalb des Heimatlands. Man sieht leicht, was an diesem Gebrauch von „Heimatland", „Vaterland" und „Sicherheit" problematisch ist.

Ich bestreite nicht die „Terrordrohung". Viele Menschen mögen die USA nicht und planen terroristische Angriffe. Trotzdem waren die USA nie ein „homeland" in dem von dem Begriff implizierten Sinne. Relativ wenige amerikanische Bürger bleiben ein Leben lang in ihrem Geburtsort. Wir sind Nomaden, auch wenn wir hier geboren sind. Ich wurde im Staat Virginia geboren wie meine Eltern und Großeltern, als Nachfahren von Pennsylvania-holländischen Migranten in Virginia; aber meine Familie verließ Virginia als ich einige Monate alt war und ich war deshalb auch nie ‚einheimisch' in Virginia. Die Pennsylvania Niederländer waren Deutsch. Manche stammten von Britisch-Hessischen Soldaten ab, die sich während des Bürgerkriegs ergaben. Einige der Hessischen schlossen sich nach dem Krieg den vielen Deutschen an, die schon in Pennsylvania waren. Diese wiederum waren vor religiöser Verfolgung und der Einberufung zur Wehrpflicht geflohen, insbesondere in jenen Gebieten, die noch nicht zum vereinigten Deutschland gehörten. Die Deutschen in meiner Verwandtschaft mütterlicherseits gehörten wahrscheinlich zu dieser Gruppe. Ein direkter Vorfahr von der Miller-Seite war allerdings ein hessischer Soldat. Er nannte seinen 1786 geborenen Sohn George Washington Miller, wahrscheinlich um seinen Patriotismus zu dokumentieren. Viele Pennsylvania Niederländer zogen wie meine Vorfahren nach Virginia, um Farmer zu werden. In meiner Familie waren sie Baptisten oder Presbyterianer, nicht Amish. Ich habe in vielen

Teilen der USA gelebt, wie viele unserer Mitbürger auch. Außerdem sind sehr viele Amerikaner Immigranten, viele davon sogar erst in jüngster Zeit, zwölf Millionen davon sind illegal eingewandert. Fast alle von uns sind Abkommen von Immigranten, die fremdes Land besetzten. Nur eine winzige Anzahl der Ursprungsbevölkerung darf sich wirklich indigene, „first people" nennen. Aber auch ihre Vorfahren waren eingewandert, Reisende von Asien, die kurz nach der Eiszeit über die Bering Landbrücke kamen.

So sind die Vereinigten Staaten aus einer enormen Diversität verschiedener Rassen und ethnischen Gruppen gewachsen, die viele verschiedene Sprachen sprechen. Das Ministerium für Innere Sicherheit hat durch seine Überwachungsmaßnahmen vielen Bürger oder Bewohnern der Vereinigten Staaten viel von ihrer Sicherheit genommen. Wir sind zweifellos deutlich weniger in der Lage, die Privatsphäre unseres Heims, unserer e-mail, unserer Lektüren zu schützen. Analog dazu hat der Einmarsch in Irak und Afghanistan im Namen der nationalen Sicherheit unser „Heimatland" (*homeland*) viel unsicherer werden lassen. Dies geschah dadurch, dass unaufhörlich die Terrorbedrohung wiederholt wurde und ein Land wie Nordkorea oder Iran zu dem Entschluss veranlasste, dass deren einzig mögliche Sicherheit darin liege, nukleare Abschreckungswaffen so schnell wie möglich zu entwickeln. „Sicher" zu sein, so Bajorek, bedeutet sorglos und ohne Umsicht zu sein (*to be without care*). Wie ich gezeigt habe, generiert der Mythos der indigenen Gemeinschaft die Furcht, sie zu verlieren. Er generiert die Unsicherheit, gegen die er uns schützen könnte.

In einer vorsichtigen, ausgewogenen und sorgfältigen Analyse zeigt Bajoreks Essay, dass Heideggers Behauptung, Hölderlin akzeptiere die Ideen von Heimatschutz und von einer indigenen deutschen Gemeinschaft als irreführende Fehllektüre zu werten ist. Vielmehr zeigt Bajorek in überzeugender Interpretation, dass Hölderlin in seinen Gedichten über Flüsse, Täler und Berge die Idee von Heimat als bodenlosen Ort, als *Abgrund* präsentiert. Die Heimat der deutschen Sprache ist bei Hölderlin ein Ort der Risse und unermesslichen Abgründen und kein Ort, an dem eine indigene Gemeinschaft—im Sinne von Stevens—wohnen könnte. Wenn für Hölderlin Heimat immer nur ein Ort sein kann, zu dem man zurückkommt, genauer zu dem man unablässig zurückkehrt, so deshalb, weil die Heimat, die wir uns auf dieser Welt schaffen, nicht den ‚Wohnort' bedeutet—*„Wohnen ist nicht das Innehaben einer Wohnung"*, wie es Hölderlin heißt. Vielmehr impliziert *„Dasein"* immer auch *„Anderswo sein"*, und das entsteht durch Verlassen und Zurücklassen.[9]

Ein alternatives Modell von Gemeinschaft

In sensibler Sprache dramatisiert und hinterfragt Stevens die gängige Idee von menschlichem Zusammenleben, welche die meisten Menschen explizit oder implizit meinen, wenn sie von Gemeinschaft sprechen. Jean-Luc Nancy hat ein anderes, weniger intuitives Modell entwickelt, eines, das allerdings unauflösbar mit dem ersten Modell verknüpft ist. Man zögert, Nancys Modell ernst zu nehmen, weil es schwer nachvollziehbar ist und desaströse Konsequenzen für das erste Modell hat. Das zweite Modell ‚entwerkt' das erste.

Eine bekannte Vorstellung der menschlichen Gemeinschaft liegt darin, diese als die Konstruktion einer Gruppe, die zusammen lebt und zusammen arbeitet, zu verstehen. Die Gemeinschaft ist im Laufe der Zeit geformt worden. Sie ist das Produkt einer gemeinsamen Anstrengung, von Zusammenarbeit und eines Gesellschaftsvertrags, der explizit oder implizit unterschrieben bzw. anerkannt wurde. Die kollektive Arbeit hat die Gemeinschaft konstituiert, manchmal auch auf der Basis einer „Verfassung". Die Gemeinschaften meiner Universitätsdepartments werden nach Verfassungen der Departments geleitet. Die Gemeinschaft der amerikanischen Bürger ruht auf der Verfassung der Vereinigten Staaten, unserem Gründungsdokument. Unter der Präsidentschaft von George W. Bush war Regierung nach den Maßgaben unserer Verfassung stark gefährdet durch die exekutiven und judikativen Zweige der Regierung.

Nach allgemeiner Vorstellung von Gemeinschaft werden Individuen als vor der Gemeinschaft existierende Subjektivitäten gesehen. Diese Subjektivitäten haben sich zum Nutzen eines gemeinsamen Ziels mit anderen Subjektivitäten zusammengeschlossen. Ihr Kommunikationsmodus untereinander kann als „Intersubjektivität" bezeichnet werden. Diese Kommunikation ist ein Austausch zwischen Subjekten. Solch ein Austausch setzt allerdings voraus, dass der Andere genauso ist wie ich. Unsere gemeinsame Sprache erlaubt mir, trotz meiner

Individualität meinem Nachbarn zu kommunizieren, was ich denke und fühle, was ich bin. Ich kann, so nehme ich an, mit Hilfe der Sprache und anderer Zeichen auch verstehen, was die andere Person denkt und fühlt, was sie ist. Wie Stevens dies in der bereits zitierten Passage formuliert, we „knew each other well, hale-hearted landsmen." (380/381). Diese miteinander lebenden Subjektivitäten haben zusammen eine Sprache geschaffen, Häuser, Straßen, Farmen, Industrien gebaut, Gesetze, Institutionen, Religionen, Sitten entworfen, mythische oder religiöse Geschichten über ihren Ursprung und ihre Bestimmung geschrieben; diese Geschichten werden in der Gemeinschaft erzählt oder in irgend einem heiligen Buch aufgeschrieben, damit sie für die Gruppe rezitiert werden können. Christliche Kirchendienste bieten zum Beispiel jede Woche Lesungen aus dem Alten und dem Neuen Testament an, die als Synekdochen für die Rezitation der ganzen Bibel wirken. Über mehrere Jahre wurde die ganze Bibel laut in der Kirche vorgelesen. Die Bibel ist das heilige Buch, das die Christliche Gemeinschaft verbindet.

In einer solchen Gemeinschaft ist die Literatur eine Imitation, oder Reflektion, oder Repräsentation der Gemeinschaft, auf geschickte Weise ein getreues Miniaturmodell der Gemeinschaft. *Bleak House* erlaubt uns das gesamte Dickens'sche London in unserer Tasche herumzutragen. Literatur sollte nach der Wahrheit ihrer Korrespondenz zu einer bereits bestehenden Gemeinschaft bewertet werden, nach ihrem behauptenden Wert, nicht nach irgendeiner performativen Funktion, die sie für die Konstitution von Gemeinschaften haben kann. Gültige Sprache, zum Beispiel die Sprache der Literatur, ist hauptsächlich und grundlegend abhängig vom Wort, nicht—mit Ausnahme der Ausschmückung und Verschönerung—figurative Sprache, genauso wie die konzeptuellen Begriffe zur Beschreibung dieses Modells von Gemeinschaft wörtlich verstanden werden müssen, à la lettre. Die vorrangig verwendete Redefigur ist die der Synekdoche. Diese Figur erlaubt es, einige literarische Beispiele für das Ganze zu nehmen, wie z.B. Gridley, der Mann von Shropshire in *Bleak House* für die gesellschaftliche Klasse all jener steht, deren Leben durch den Court von Chancery zerstört worden war.

Obwohl sich die Individuen, die in einer solchen Gemeinschaft zusammenleben, zweifellos für sterblich halten, und obwohl einer der gemeinschaftlichen Orte der Friedhof ist, so definiert das Thema der

Sterblichkeit dennoch das Gemeinschaftsleben nicht wesentlich. Die ständige Erneuerung der Gemeinschaft von Generation zu Generation verleiht ihr eine Art kollektiver Unsterblichkeit, genauso wie das Zusammenleben von Individuen in einer Gemeinschaft tendenziell das Gefühl von einem angenommenen ‚ewigen' „Gemeinschaftsbewusstsein" oder „kollektivem Bewusstsein" entwirft. Jedes Individuum nimmt daran teil, wird darin gebadet oder eingehüllt in dieses kollektive Bewusstsein, wie ein Fisch im Wasser schwimmt oder alle Dänen Dänisch können. Der Tod scheint überdeckt zu werden, unterdrückt, fast vergessen, wie es in vielen amerikanischen Gemeinschaften, wenn man sie überhaupt so nennen kann, heute geschieht.

Auch wenn es vielleicht ein Irrtum ist, kann man dennoch Viktorianische Romane—z.B. von George Eliot, Charles Dickens oder Anthony Trollope—geradewegs als inspiriert von einem solchen Konzept der Gemeinschaft lesen, sogar auch als Reflexionen oder Imitationen tatsächlich existierender Gemeinschaften der Art, wie ich sie hier charakterisiert habe. Ein Beispiel einer solchen fiktiven Gemeinschaft ist die Barsetshire Gemeinde in Trollopes Barset Romanen. Die allwissenden oder telepathischen Erzähler in diesen Romanen sind der Ausdruck eines kollektiven Bewusstseins der Gemeinschaft, wie ich es vorher beschrieben habe. Unter diesem Gesichtspunkt sind Viktorianische Romane mit vielen ineinander verwobenen Geschichten „Modelle von Gemeinschaft". Sie sind geschickte Abbildungen *en miniature* von Gemeinschaften, die oft als real und historisch existierende gesehen werden. Der Gegenstand ihrer Darstellungen sind keine individuellen Lebensgeschichten sondern die Geschichte einer ganzen sozialen Gemeinschaft. Die Existenz solcher Gemeinschaften in Wirklichkeit oder als fiktives Simulakrum—so sagt man (ob falsch oder nur teilweise wahr) über Viktorianische Romane— erlaubt die Formulierung gelungener Performative. In Trollopes Romanen, wie in Viktorianischen Erzählungen überhaupt, sind die wichtigsten Sprechakte oder Schreibakte die Hochzeiten junger Frauen und von Generation zu Generation die Weitergabe von Geschenken, Testamenten, Heiratsverträge, Geld, Besitz und gesellschaftlichem Rang. Meistens sind diese beiden Themen miteinander verknüpft. Durch die Heirat der Heldin werden Besitz, Geld, Rang neu verteilt und an die nächste Generation weitergegeben.

Ein anderes Modell von Gesellschaft wurde in jüngster Zeit formuliert, mit leichten Abänderungen aber trotzdem mehr oder weniger übereinstimmend von Theoretikern: Georges Bataille, Giorgio Agamben, Alphonso Lingis und Jean-Luc Nancy. Ein besonders intensiv rezipiertes und einflussreiches Buch von Benedict Anderson, *Die Erfindung der Nation. Zur Karriere eines folgenreichen Konzepts*.[10] ist im Großen und Ganzen nicht mehr als eine subtile postmoderne Version des ersten Modells von Gemeinschaft, dessen Grundzüge ich bereits nachgezeichnet habe. Ich will nun das zweite Modell vor allem auf der Basis von Nancys Buch *Die undarstellbare Gemeinschaft* entwickeln.[11]

Nancy betrachtet Personen nicht als Individuen sondern als „Singularitäten". Für ihn sind Menschen, *Agentia*, grundlegend voneinander verschieden. Jeder Singularität wohnt eine geheime Alterität inne, die nie mit einer anderen Singularität kommunizierbar ist. Diese Singularitäten sind wesentlich bestimmt durch ihre Endlichkeit und ihre Sterblichkeit. Vom Augenblick ihres Beginns an ist jede von Augenblick zu Augenblick definiert durch die Tatsache, dass sie sterben wird. Der folgende Abschnitt ist Nancys Beschreibung dafür; die Passage findet sich teilweise zitiert von Blanchot in *La communauté inavouable* (dt. *Die schändliche Gemeinschaft*). Für Blanchot findet sich die fundamentale Bestätigung dafür in Nancys *La communauté désoeuvrée* (dt. *Die undarstellbare Gemeinschaft*, wörtlich: *Die entwerkte Gemeinschaft*. [Anm.d.Übers.])

> Was kein Subjekt ist, eröffnet und öffnet sich eine® Gemeinschaft, die zu denken wiederum alle Möglichkeiten einer Metaphysik des Subjekts übersteigt. Die Gemeinschaft webt nicht zwischen Subjekten das Band eines höheren Lebens, eines unsterblichen oder jenseits des Todes gelegenen Lebens (wie sie ebenso wenig ein Geflecht aus gemeinen Banden ist, aus Banden, die einer Wesensgleichheit durch das Blut oder einer Assoziation von Bedürfnissen entspringen), sondern sie ist grundlegend, sofern es sich hier um eine „Gründung" handelt, auf den Tod derer verwiesen, die man vielleicht fälschlich ihre „Glieder" nennt (sofern es sich bei ihr nicht um einen Organismus handelt). Aber die Gemeinschaft ist dem Tod nicht so zugeordnet, als ob er ihr Werk wäre. Ebenso wenig wie die Gemeinschaft

ein Werk ist, macht sie aus dem Tod ein Werk. Der Tod, dem sich die Gemeinschaft zuordnet, *bewerkstelligt* kein Umschlagen des toten Wesens in irgendeine einheitsstiftende Vertrautheit, und die Gemeinschaft ihrerseits *bewerkstelligt* keine Verklärung ihrer Toten zu irgendeiner Substanz oder zu irgendeinem Subjekt, ob es nun Vaterland, Heimaterde oder Blutsbande, Nation, erlöste oder vollendete Menschheit, verabsolutierte Phalanstère à la Fourier, Familie oder mystischer Leib wäre. Sie ist auf den Tod hin geordnet wie auf etwas, woraus man eben kein *Werk machen* kann (es sei denn ein Todeswekr, sobald man daraus ein Werk machen will ...). Diese Gemeinschaft ist eben dazu da, diese Unmöglichkeit in sich zu tragen und auf sich zu nehmen, oder genauer gesagt— denn man kann hier weder von Funktion noch von Finalität sprechen—, stellt die Unmöglichkeit, aus dem Tod ein Werk zu machen, jenes Moment dar, das sich als „Gemeinschaft" einschreibt und behauptet.

Die Gemeinschaft wird im Tod des anderen offenbart, so wird sie immer dem andern offenbart. Die Gemeinschaft ist das, was stets durch und für den anderen geschieht. Dies ist nicht der Raum der „*Ich-Selbst* (*Moi*)"—jener im Grunde unsterblichen Subjekte und Substanzen—sondern der Raum der *Ich* (*je*), die immer *ein Anderer* sind (andernfalls wären sie nichts). Wenn die Gemeinschaft im Tod des anderen offenbart wird, so weil der Tod selbst die wahrhaftige Gemeinschaft der *Ich* (*je*) ist, die keine *Ich-Selbst* (*Moi*) sind. Es ist keine Einswerdung, die die *Ich-Selbst* (*Moi*) zu einem einzigen *Ich-Selbst* (*Moi*) oder zu einem höheren *Wir* verschmelzen würde. Es ist die Gemeinschaft der *anderen*. Die wahrhaftige Gemeinschaft der sterblichen Wesen bzw. der Tod als Gemeinschaft bedeutet die Unmöglichkeit einer Einswerdung. Die Gemeinschaft nimmt also folgende besondere Stellung ein: Sie garantiert die Unmöglichkeit die Unmöglichkeit ihrer eigenen Immanenz, die Unmöglichkeit eines gemeinschaftlichen Seins als Subjekt. Die Gemeinschaft garantiert und markiert in gewisser Weise die Unmöglichkeit der Gemeinschaft—dies ist ihre ureigene Geste und die Spur ihres Tuns. (J.-L. Nancy, *Die undarstellbare Gemeinschaft*, 37-38)

Die Leser werden sehen, dass Nancys Modell der Gemeinschaft schrittweise alle die Punkte in Frage zieht. die Stevensons indigene Gemeinschaft auszeichnen, die Gemeinschaft all jener, die wie die Dänen in Dänemark zusammen leben. Jede Singularität in Nancys Modell ist keine In-sich-selbst-eingeschlossene, um-sich-selbst-kreisende Subjektivität, wie sie das erste Modell voraussetzt. Jede Singularität ist an ihren Grenzen mit einem grenzenlosen oder abgrundtiefen Außen konfrontiert, einem Außen, das sie von Anfang an mit anderen Singularitäten durch ihre gemeinsame Sterblichkeit teilt. Diese Gemeinschaft ist durch die Bedrohung des Todes definiert. Diesen Tod können wir nicht in unserem eigenen Tod erfahren, da dieser nicht der „Erfahrung" unterliegt, wohl aber im Tod eines anderen, dem Tod eines Freundes, unseres Nachbarn, unserer Verwandten. Die Sprache, mit der dieses andere Modell definiert werden kann, ist notwendig figurativ, katachrestisch, da es keine auf das Wort gestützte Sprache dafür gibt. Sogar Begriffe werden von Nancy anasemisch verwendet, d.h. gegen ihre im Wörterbuch verzeichnete Bedeutung. Implizit oder explizit spielen sie auch mit ihren metaphorischen Wurzeln. Beispiele für solche Wörter und Begriffe sind in Nancys Buch *Singularität*, oder *entwerkt*, oder *geteilt*, oder *Erscheinung*, oder *Grenze*, oder *Exposition*, oder *Interruption*, oder sogar *Literatur*, wie in Nancys Ausdruck „literarischer Kommunismus". Blanchots komplexe Verwendung des Wortes *désastre* (dt. Desaster) in *L'écriture du désastre* ist ein anderes Beispiel. Ich belasse die Wörter in französischer Sprache, weil ihre Nuancen nicht ohne weiteres in eine andere Sprache zu transportieren sind.

Das erste Modell von Gemeinschaft ist leicht zu verstehen, weil es dasjenige ist, das für die meisten von „uns" selbstverständlich ist. Nancys Modell ist schwieriger zu denken. Außerdem, wie ich schon gesagt habe, weigert man sich, es zu denken oder es ernst zu nehmen, weil es katastrophal, ein Desaster für das andere Modell ist. Nancys systematische Demontage der Grundannahmen des anderen Modells bekräftigt das. Keine Subjektivität, keine intersubjektive

Kommunikation, keine sozialen „Bande", kein kollektives Bewusstsein gibt es in Nancys „entwerkter", undarstellbarer" Gemeinschaft. Diese Aufzählung von Negationen bring Jacques Derrida wohl dazu zu fragen: „Warum es dann Gemeinschaft nennen? Nur um dem zuzustimmen, was einige unserer Freunde schon versucht haben zu tun, Blanchot mit seiner „uneingestehbaren" Gemeinschaft oder Nancys „unwerkbare"/"undarstellbare" Gemeinschaft? Ich habe nicht die leiseste Ahnung von diesem Gemeinschaften; nur eine Frage: „warum sie überhaupt Gemeinschaften nennen?"[12]

Nancy entwickelt seine Gedanken über Gemeinschaft durch Veränderung bestimmter wiederkehrender Schlüsselbegriffe. Diese Wörter werden immer wieder in neue Formulierungen eingebaut. Diese wiederum versuchen dauernd etwas zu sagen, was nicht sagbar ist. Streng genommen versuchen sie etwas zu sagen, was einfach unsagbar ist. Der letzte Satz der *Inoperativen Gemeinschaft* betont dies mit Nachdruck. (Die französische Originalversion hat nur die ersten drei Kapitel der fünf Kapitel der englischen Übersetzung.) „Hier muss ich mich unterbrechen; es bleibt Ihnen überlassen ob gesagt werden darf, was niemand, kein Subjekt, sagen kann, und was uns in Gemeinschaft als Gemeinschaft exponiert." (*IC*, 81).

Diese wesentliche „Unmöglichkeit etwas zu sagen" charakterisiert Nancys Stil an mehreren Stellen. Erstens, die Schlüsselwörter, die er benutzt, werden schräg zu ihrer üblichen Verwendungsweise eingesetzt. Sie sind vom üblichen Sprachgebrauch abgelöst. Man könnte sagen, sie werden aus dem Fenster gehalten, hängen dort, unverbunden, weil sie sich durch ihre Wiederholungen in verschiedenen syntaktischen Kombinationen mit anderen Schlüsselwörtern, von selbst ablösen. Leser nehmen sie wahr als irgendwie rätselhafte Redewendungen. Ein zweites Stilmerkmal ist direkte Widersprüchlichkeit, indem in ein und demselben Satz das, was gerade als unsagbar charakterisiert wurde, gesagt wird—wie beispielsweise in „...dass erlaubt wird zu sagen, was niemand, kein Subjekt, sagen kann." Ein drittes Charakteristikum ist eine eigene Art impliziter Verräumlichung der Geschichte, die Nancy erzählt. Die Figuren der Grenze, des Teilens (*sharing/shearing*), Artikulation, Spannung, Exposition usw. sind alle implizit räumlich. Diese Wörter laden Leser dazu ein, die Gedanken von Nancy zu denken, in diesem

Fall an einen bestimmten bizarren Raum, in dem die topographischen Begriffe schwinden sobald sie vorgebracht sind. Die Grenze ist beispielsweise keine Kante, Absperrung oder Zaun, da es jenseits der Grenze ja nichts gibt, was sich entgegenstellen könnte. Das alles hat Ähnlichkeit mit dem endlichen und sich doch ständig weiter ausdehnenden Universum der Kosmologen. Man trifft auf eine Grenze, kann dem eingegrenzten Raum jedoch nicht entfliehen, weil es kein transzendentes Außen gibt. „Partagé", um noch ein anderes Beispiel zu nennen, ist ein doppelt antithetisches Wort, das sowohl *shared* und *sheared* bedeutet. [Im Deutschen nicht nachzumachen, weil es die Wörter hier andere Wortstämme haben: *teilen/geteilt* und *scheren/geschoren; Anm.d.Übers.*]

Ein letztes Kennzeichen von Nancys Stil (besser seines „Denkens") ist, dass das Modell der Gemeinschaft, das er vorschlägt, explizit die Negation des Modells der Gemeinschaft ist, das die meisten Menschen im Sinn haben, wenn man fragt „Was ist eine Gemeinschaft?" Die beiden Modelle sind nicht antithetisch oder Negationen voneinander—im Hegelschen Sinne einer determinierten Negation, die dann eine dialektische Aufhebung erlaubt. Jedes Modell setzt das andere voraus, ist mit dem anderen verwoben, wird von dem anderen generiert, sobald man versucht, es als singuläres zum Ausdruck zu bringen, z.B. in einem Roman oder einer theoretischen Abhandlung wie Nancys oder diese Paragraphen, die Sie gerade lesen, oder wie in den Stanzen von Stevens, die ich vorher gelesen habe. Das ideologische Modell setzt bereits existierende, in-sich-abgeschlossene „Individuen", „Subjektivitäten", „Selbste", „Personen" voraus. Diese Egos sind endlich, kein Zweifel, sterblich, kein Zweifel, jedoch totalisierend, orientiert an Totalität, und in diesem Sinne unsterblich. Diese Individuen treffen auf andere Individuen schaffen in der Folge, durch intersubjektive Kommunikation eine Übereinkunft, eine Gesellschaft, eine Gemeinschaft, indem sie Geschichten (Mythen von Anfang und Ende) miteinander teilen, eine Sprache, Institutionen, Gesetze, Gebräuche, Familienstrukturen mit Regeln für Heirat und Erbschaftsangelegenheiten, Genderrollen, usw., alles organisch geschaffen und das gemeinsame Werk miteinander lebender Individuen. Eine Gruppe von Menschen, die zusammen leben und zusammen arbeiten, erschafft eine immanente, eng verflochtene Gemeinschaft, an einem geographisch definierbaren Ort, in-sich-geschlossen, autochthon, indigen. Sprache ist ein Werkzeug, das „arbeitet", d.h. die jeweiligen Austauschrituale produziert.

Nancy sagt, wir wissen jetzt, dass es eine solche Gemeinschaft niemals gegeben hat, obwohl der erste Satz seines Traktats *Die undarstellbare Gemeinschaft* diesen bekannten historischen Mythos affirmiert. Dieser Mythos oder das Idiologem setzt voraus, dass es in historischen Zeiten solche Gemeinschaften gab, und dass sich die Moderne über deren Auflösung oder Zerstörung definiert. Bei Nancy heißt es dazu in einer bereits zitierten Passage aus der Einleitung zu *Die undarstellbare Gemeinschaft*: „Das Bedeutendste und wohl Schmerzlichste, wovon die moderne Welt Zeugnis ablegt, jenes Zeugnis, das vielleicht alle anderen, deren Bürde diese Epoche im Namen irgendeiner unbekannten Order oder Notwendigkeit zu tragen hat, in sich vereint (denn wir legen auch davon Zeugnis ab, dass sich die Philosophie der Geschichte erschöpft hat), ist das Zeugnis der Auflösung, des Zerfalls oder der Erschütterung der Gemeinschaft." (11) Das allgemein angenommene Modell ist immer schon *entwerkt, désoeuvré*, durch das alternative Modell. Dieses Modell ist eine Negation, wenn nicht im Sinne einer *dialektischen Aufhebung*, dann wenigstens in dem Sinne, dass es das vorangehende verneint. Es definiert sich Punkt für Punkt, These für These, als Gegensatz zum ersten Modell. Nancy setzt jene Singularitäten, die ursprünglich *partagés* waren, dem Abgrund des Außen entgegen, dem Tod. Singularitäten sind extrovertiert, anderen Singularitäten am absoluten Fluchtpunkt ausgesetzt, dort wo alles entschwindet. Sprache in einer solchen Gemeinschaft wird Literatur, wird „schreiben" oder Geschriebenes im Sinne von Banchot und Derrida, eben nicht heiliger Mythos. In Literatur findet das In-Szene-Setzen des performativen *Entwerken (désoeuvré)* der Gemeinschaft.

Hier ist ein Schlüsselbeispiel dafür, wie Nancy zum Ausdruck bringt, was für ihn eine „undarstellbare" („entwerkte") Gesellschaft ist und wie sie von den traditionellen Vorstellungen von sozialen Banden und intersubjektiven Kommunikation abweicht. Die folgende Passage ist nicht leicht zu verstehen. Deshalb sind in die Übersetzung immer auch die französischen Wörter oder Phrasen eingefügt, und zwar dort, wo die Nuancen des Französischen zur Präzisierung wichtig sind.[13]

Die Kommunikation besteht zuallererst in dieser Mit-Teilung und dieser Komparenz der Endlichkeit: das heißt in diesem Auseinander und diesem gegenseitigen Anrufen, die sich so als konstitutiv für das Gemeinsam-Sein erweisen—und zwar insofern als dieses kein gemeinsames Sein ist. Das Endlich-Sein existiert zunächst gemäß der Trennung der Orte, gemäß einer Extension—partes extra partes—wodurch jede Singularität ausgedehnt wird (im Sinne Freuds, der schieb: „Die Psyche ist ausgedehnt"). Sie ist nicht in einer Gestalt eingeschlossen—obgleich sie mit ihrem ganzen Sein an ihre singuläre Grenze stößt—vielmehr ist sie, was sie ist, singuläres Sein (die Singularität des Seins), nur durch ihre Extension, durch ihre Arealität, die sie—ohne Ausmaß oder Begehren ihres „Egoismus" zu berücksichtigen—vor allem nach außen in ihr eigenes Sein kehrt und so die Singularität nur dadurch existieren lässt, dass sie sie *einem Draußen aussetzt*. Und dieses Draußen selbst ist seinerseits nichts anderes als die Exposition einer anderen Arealität, einer anderen Singularität—dieselbe, anders. Diese Exposition oder diese exponierende Mit-Teilung gibt von Anfang an Anlass zu einem gegenseitigen Anrufen der Singularitäten, das jeder sprachlichen Anrede weit vorausgeht (wohl aber die erste Bedingung der Möglichkeit der Sprache darstellt).

Die Endlichkeit erscheint zusammen, das heißt sie wird exponiert: das ist das Wesen der Gemeinschaft.

> Die Kommunikation ist unter diesen Bedingungen kein „Band". Die Metapher des „sozialen Bandes" stülpt fatalerweise über irgendwelche „Subjekte" (das heißt: Objekte) eine hypothetische Wirklichkeit (die des „Bandes"), der man verzweifelt eine fragwürdige „intersubjektive" Natur zuzuweisen sucht, die die Gabe besäße, diese Objekte miteinander zu verknüpfen; und dies wäre dann ebenso das ökonomische Band wie auch das Band der Anerkennung.
>
> Aber die Komparenz ist von ursprünglicherer Ordnung als das Band. Sie konstituiert sich nicht, bildet sich nicht, noch erscheint sie zwischen bereits gegebenen Subjekten (Objekten). Sie besteht im Erscheinen des *Zwischen* als solchem: du *und* ich (das Zwischen-uns); in dieser Formulierung hat das *und* nicht die Funktion des Nebeneinandersetzens, sondern die des Aussetzens. Im Zusammen-Erscheinen wird folgendes exponiert—und dies sollte man in allen denkbaren

Kombinationen zulesen wissen: „du (b(ist) / und) (ganz anders als) ich"; oder einfacher gesagt: *du Mit-Teilung ich*.

Die singulären Wesen sind nur in einer solchen Kommunikation gegeben, das heißt ohne Band und ohne Eins-sein *zugleich*: das Motiv einer Verknüpfung oder Fügung von Außen und die Idee einer gemeinsamen, vereinenden Innerlichkeit liegen ihnen gleichermaßen fern. Die Kommunikation ist das Konstituens eines dem Draußen Ausgesetztseins, das die Singularität definiert. In ihrem Sein, ihrem eigentlichen Wesen nach, ist die Singularität dem Draußen ausgesetzt. Durch diese Setzung oder diese ursprüngliche Struktur ist sie zugleich herausgelöst, deutlich unterschieden und gemeinschaftlich. Die Gemeinschaft ist die Darstellung dieser Loslösung (oder dieser Abkapselung), dieser Unterscheidung, die nicht die Individuation, sondern die zusammen-erscheinende Endlichkeit ist.(UG)

Comparution bedeutet im Deutschen „einen Akt des Erscheinens". *Comparaître* heißt aufgrund einer Vorladung, z.B. bei Gericht erscheinen, sodass der Richter zwischen konfligierenden Darstellungen eines Sachverhalts entscheiden kann. Die Annahme, dass Mit-Sein, oder die zusammen-erscheinende Endlichkeit ein grundlegender Zug der menschlichen Existenz ist, findet sich in Nancys anderen großen Büchern über Gemeinschaft, *Singulär plural sein* und *Die herausgeforderte Gemeinschaft*.[14] Unermüdlich argumentiert Nancy vor allem in *Singular plural sein*, dass das „mit" von „Sein mit" notwendig für jedes individuelle Ego und für Sein im allgemeinen. For Nancy ist *sein* immer schon gleichzeitig getrennt und vereint durch das Zusammensein eines pluralen Seins mit. Wir sind beides gleichzeitig, einzeln und plural, wie in seinem als Wortspiel formulierten Titel, *Singulär plural sein*, in dem *Sein* beides ist, Verb und Substantiv. Hier ist ein Beispiel, wie Nancy diese komplexe Annahme formuliert:

> Dass das Sein absolut Mit-sein ist, ist das, was wir denken müssen. *Mit* ist der erste Zug [*trait*] des Seins, der Zug der singulären Pluralität des Ursprungs oder der Ursprünge in ihm. ...

> Das Eigentümliche der Gemeinschaft ist uns also derart angezeigt: sie muss sich keine andere Ressource aneignen als das bloße „Mit", das sie konstituiert, das *cum* der „Gemeinschaft", ihre Innerlichkeit ohne Inneres, und doch ist vielleicht auch sie auf ihre Weise *interior intimo suo*. Folglich das *cum* einer Miterscheinung, worin wir in der Tat lediglich gemeinsam mit-ein-ander, die einen mit den anderen, und vor keiner anderen Instanz [*l'instance*] als vor diesem „Mit" selbst erscheinen, dessen Sinn sich uns augenblicklich in der Bedeutungslosigkeit, Äußerlichkeit, unorganischen, empirischen und aleatorischen Inkonsistenz des reinen, schlichten „Mit" aufzulösen scheint. (Sps, 100-101)

Wenn für Nancy „Mythos" der linguistische Ausdruck für jene ist, die in nach dem ersten Modell von Gemeinschaft zusammen leben (*mit-einander*), dann fordert „Literatur" dieses erste Modell mittels ihrer spezifischen Darstellungsweisen, wie implizit diese auch immer sein mögen, durch ein zweites Modell von Gemeinschaft heraus. Diese Fähigkeit schreibt der Literatur (die für Nancy Philosophie, Theorie, Kritik, ebenso wie Literatur im eigentlichen Sinne, also Romane, Gedichte, und Bühnenstücke enthält) eine ausgesprochen politische Funktion zu, die er am Ende seines „Le communisme littéraire", dem dritten und letzten Teil der originalen französischen Version von *Le Communauté désoeuvrée*, präsentiert.

> Gerade weil es Gemeinschaft gibt—eine Gemeinschaft, die immer *entwerkt* ist, die sich inmitten jeder Kollektivität und jedes Individuums behauptet—und geradeweil der Mythos sich unterbricht—der Mythos, der immer in der Schwebe bleibt und durch sein eigenes Sprechen geteilt wird—gibt es die Forderung des „literarischen Kommunismus". Damit meine ich das Denken und die Praxis einer Mit-Teilung der Stimmen, einer Artikulation, durch die es Singularität einzig als gemeinsam exponierte Singularität gibt und Gemeinschaft nur, wenn sie an der Grenze der Singularitäten dargeboten wird.

Dies bestimmt keineswegs einen besonderen Modus von Sozialität und gründet auch keine Politik—sofern eine Politik überhaupt „gegründet" werden kann. Aber dies definiert zumindest eine Grenze, an der jegliche Politik aufhört und beginnt. Die Kommunikation, die an dieser Grenze stattfindet und in Wahrheit diese Grenze konstituiert, erfordert jene besondere Weise, sich gemeinsam zu bestimmen, die wir Politik nennen; sie verlangt jene bestimmte Form, die Gemeinschaft nicht einem Schicksal oder einer Zukunft, sondern vielmehr sich selbst zu öffnen. „Literarischer Kommunismus" weist zumindest darauf hin, dass die Gemeinschaft in ihre unendlichen Widerstand gegenüber allem, was sie zu Ende (oder zur Strecke) bringen möchte, eine nicht zu unterdrückende politische Forderung darstellt, und dass diese politische Forderung ihrerseits etwas von der „Literatur" fordert, nämlich unseren unendlichen Widerstand einzuschreiben.

Dies definiert weder *eine* Politik noch *eine* Schrift, denn es verweist ganz im Gegenteil auf das, was der Definition und dem Programm, mögen sie politische, ästhetische oder philosophische sein, widersteht. Aber dies arrangiert sich nicht mit jeder „Politik" oder „Schrift".. Es nimmt Partei für jenen „kommunistisch-literarischen" Widerstand, der uns eher vorausgeht, als dass wir ihn erfinden—der uns vom Grund der Gemeinschaft her vorausgeht. Eine Politik, die davon nichts wissen will, ist eine Mythologie oder eine Ökonomie. Eine Literatur, die darüber nicht sprechen will, ist ein bloßer Zeitvertreib oder eine Lüge. (UG, 168-169)

Der Leser wird bemerken, dass Nancys Modell einer undarstellbaren, inoperativen Gemeinschaft auf einer seltsam widersprüchlichen räumlichen Vorstellung beruht, in der Singularitäten gleichzeitig innerhalb unüberschreitbarer „Begrenzungen" eingeschlossen sind, aber auch über und durch diese Grenzen auf alle anderen Singularitäten ausgreifen können in einem vorursprünglichen „mit" oder „Sein-mit". Dieses „Sein-mit" ist immer schon da, präexistent, als fundamentales Kennzeichen jeder einzelnen Singularität, gleichzeitig jedoch formt es einen unendlichen Abgrund, den Ort, an dem jede einzelne Singularität mit allen anderen zusammen ist.

Eine Frage jedoch muss noch gestellt und beantwortet werden. Wenn die erste Art der Gemeinschaft den gelungenen Einsatz von Performativen sicherstellt—Versprechen, Heiratsversprechen, Verträge, Testamente und ähnliches—welche Sprechakte spielen dann in der zweiten Art von Gemeinschaft eine Rolle? Es wird kein sicherer Grund für gelungene Sprechakte durch die Gemeinschaft angeboten, die sich einer Gruppe von exponierten Singularitäten anschließt, die sich gegenseitig völlig andere sind. Diese Art von Zusammenschluss findet durch die Unmöglichkeit einer Gemeinschaft statt. Keine von den Konventionen für gelungene Sprechakte, wie J.L. Austin sie entwickelt in *How To Do Things With Words* stellt sich für eine „entwerkte Gemeinschaft" ein. Deren Mitglieder sind keine eingeschlossenen Selbst oder Iche, die für das, was sie sagen und in der Zeit erdulden die Verantwortung in der Form übernehmen könnten, dass Versprechen, die gestern gegeben wurden heute immer noch gelten würden. Es gibt keinen Sozialvertrag, keine Verfassung, die funktionierende Gesetze oder Gesetzgebungsverfahren ermöglichen würden. Keine transparente „intersubjektive" Kommunikation, kein soziales Band kann mir garantieren, dass die Sprechakte, die eine andere Person äußert, auch ernsthaft sind.

Solch eine Gemeinschaft ist *inavouable*, inakzeptabel, schändlich, im vielfältigen Sinne, in dem Blanchot das Wort in *La communauté inavouable* einsetzt—unbekannte, unerkannte, nicht anerkannte, geheime Gemeinschaft. Eine „entwerkte" Gemeinschaft ist undarstellbar, bleibt folglich geheim, ist nicht öffentlich anerkannt. Blanchot hat als Beispiel Georges Batailles Geheimgesellschaft im Blick. Das war eine Geheimgesellschaft, die sich dem rituellen Tod durch Enthauptung des einen oder anderen Mitglieds hingab. Eine solche Gemeinschaft hält man tunlichst geheim, obwohl die frühen Christen auch eine rituelle Opferung kannten, die an den Tod Christi am Kreuz erinnern sollte. Diese Zeremonie wurde nach den Opferungen der antiken Mysterienkulte des Nahen Ostens gestaltet. Man könnte argumentieren, dass die Solidarität der Vereinigten Staaten heute durch das immer wieder wiederholte Opferritual der „Todesstrafe" zusammengehalten wird.

Eine so entwerkte Gemeinschaft ist „nicht-anerkennbar" auf andere Weise. Sie stellt keinen soliden Grund für irgendwelche Bekenntnisse oder Sprechakte zur Verfügung. Das bedeutet nicht, dass Sprechakte in undarstellbaren Gemeinschaften etwa nicht vorkämen, oder dass sie nicht wirksam seien. Was es jedoch bedeutet, ist, dass solche Sprechakte nicht akzeptiert oder anerkannt von öffentlichen Gesetzen oder Institutionen sind. Sie erzielen ihre Wirksamkeit durch die Resolution der Treue diesen öffentlichen Normen gegenüber, die beständig selbst-generiert und selbsterhaltend ist. Derlei Sprechakte haben Ähnlichkeit mit jemandem, der sich an seinen eigenen Stiefelriemen selbst über jenen Abgrund hebt, den Nancy und Blanchot mit dem Namen „Tod" belegt haben.

Matthew Arnold bringt etwas von diesem „uneingestanden Eingestandenen" in der widersprüchlichen letzten Strophe von „Dover Beach" zum Ausdruck. Arnold's Formulierung verweist voraus und erinnert gleichzeitig an Blanchot, wenn eine Liebe zwischen Singularitäten positioniert wird, wo sie nicht in Liebe als einer Universalie gründet, Liebe mit einem großen ‚L'. Sie hat auch keinen Grund in anderen Universalien—Gewissheit, Frieden, Freude, Licht, usw, die alle wie Vorbedingungen für gelungene Treueschwüre zwischen Liebenden erscheinen. Arnolds Sprecher ermahnt seine Geliebte, sich mit ihm in einer „Liebe ohne Liebe" zu vereinen, wie Blanchot dies genannt haben könnte. Dies wäre die einzig mögliche Liebe in einer ‚entwerkten' Gemeinschschaft:

> Ah, love, let us be true
> To one another! For the world, which seems
> To lie before us like a land of dreams,
> So various, so beautiful, so new,
> Hath really neither joy, nor love, nor light,
> Nor certitude, nor peace, nor help for pain.[15]

Im Englischen ist „community"/Gemeinschaft, der zentrale hier verhandelte Begriff, eng verwandt mit „communion", was in diesem Kontext im Deutschen mit „Verbundenheit" und „Teilnahme" zu übersetzen wäre. Die semantische Nähe der beiden Wörter führt Nancys Überlegungen sowohl zur Christlichen Kommunion wie auch zu Freuds

Theorien der Ur-Horde. Eine herausfordernde Reflexion von Jacques Derrida zu Nancys Positionen hilft mir, die beiden Konzeptionen von „Gemeinschaft", die ich im Blick habe, zu präzisieren. Derridas Angriff richtet sich nicht gegen „Die undarstellbare Gemeinschaft", sondern gegen seine *L'Expérience de la liberté*. Die Mitglieder einer Gemeinschaft der ersten Art sind mit den anderen Mitgliedern dieser Gemeinschaft dadurch verbunden, was sie teilen. Was sie nach Freud teilen, ist die Tötung des Vaters, die Teilung seines Körpers und das Mahl seines Fleisches. Das macht sie zu Brüdern und Gleichen (*semblables*). Baudelaire feiert den „scheinheiligen Leser" (*hypocrite lecteur*) seiner *Blumen des Bösen* (*Les Fleurs du mal*) als „mon semblable—mon frère".[16] Alle Mitglieder der Ur-Horde sind gleich; sie haben ihren Schuldanteil, den Mord am Vater. Nachdem sie sich alle gleich sind, erkennen sie einander auch, sind sich gegenseitig transparent, wie die Brüder in Stevens' Gedicht. Wir erinnern uns, dass die Kultur der Brüder in Stevens' Gedicht durch ein Lied konstituiert wird, das sie zum Akkordeonspiel der Mutter singen. Das Motto der Französischen Revolution, „liberté, égalité, fraternité" („Freiheit, Gleichheit, Brüderlichkeit") verknüpft Freiheit mit Brüderlichkeit. Diese Freiheit musste in einem Gewaltakt gegen monarchische Souveränität behauptet werden. Die französischen Revolutionäre teilten die Schuld am Königsmord. Die moderne englische Demokratie hat die Enthauptung von König Charles auf ihrem Schuldkonto. Die Alhambra in Granada in Spanien stellte die historische Bühne für die Umkehrung des Königsmords bereit. Der Sultan ließ sechsunddreißig Prinzen, alles seine Söhne, enthaupten. Der Löwenbrunnen floss über mit ihrem Blut.

Eine Brudergemeinschaft schließt sich in Opposition zu jenen zusammen, die nicht gleich sondern verschieden sind, die sich in der Kommunion nicht als Gleiche erleben, für die die Worte Christi zu seinen Jüngern anlässlich des letzten Abendmahls „Tut dies zu meinem Gedächtnis" keine bindende Kraft besitzen. Eine solche Gemeinschaft ist eine Gemeinschaft der Intoleranz, der unaussprechlichen Grausamkeit gegen die Außenseiter dieser Gemeinschaft, wie dies bei der Gemeinschaft jener Christen der Fall war, die Araber und Juden aus Spanien vertrieben. Eine solche Gemeinschaft hängt für ihre Solidarität von Ausschlussverfahren ab. , Entweder bist Du für uns oder gegen uns, und wenn Du gegen uns bist, gehörst Du zu den Bösen', wie George W. Bush zunächst den Irak, Nordkorea, Somalia etc. nannte, bis er schließlich alle Nationen auf der ‚bösen' Seite versammelt hatte außer den USA, und da dann nur eine bestimmte Gruppe, der Rest waren Sympathisanten, „Fokusgruppen", Kommunisten, Subversive, Terroristen-Freunde— kurz:. Bösewichte. Dies geschieht durch eine unerbittliche und erschreckend selbstmörderische Logik, die einer Demokratie als Gemeinschaft von Gleichen eingebaut zu sein scheint. Schließlich würden nur noch Bush und seine Kumpane übrig bleiben und dann beginnen, sich gegenseitig abzuschießen. Das geschah auch tatsächlich, wenn nämlich der eine oder andere „in sein Schwert fiel", durch Rücktritt und aus den Augen der Wählerschaft verschwand, solange Bush noch regierte. Wo ist Donald Rumsfeld jetzt? Oder John Ashcroft? Die Teaparty-Anhänger von heute (2011) werden durch dieselbe perverse Logik zusammen gehalten.

Wo sind die Frauen in diesem Beispiel, die Schwestern, Mütter, Ehefrauen, Geliebten? Sind sie *Gleiche*? Nach Maurice Blanchot und Marguerite Duras gehören sie eher zu einer anderen Art von Gemeinschaft. In *La communauté inavouable* schlägt Blanchot auf der Basis der Lektüre von Duras' Erzählung *La maladie de la mort* und mit Verweis auf Emmanuel Levinas und die Geschichte von Tristan und Isolde diese andere Variante vor; diese ist die unmögliche Gemeinschaft von zwei Liebenden:

> Halten wir uns vor Augen, dass auch die Reziprozität der paradigmatischen Liebesbeziehung zwischen Tristan und Isolde einfache Gegenseitigkeit ebenso wie Einheit durch Verschmelzung der jeweils anderen ausschließt. Und dies bringt und zurück zu der Vorahnung, dass Leidenschaft Möglichkeiten ausschließt, dass sie denjenigen, die ihr verfallen sind, ihre eigenen Kräfte entzieht, ihre eigenen Entscheidungen, ja sogar ihre eigenen „Wünsche", indem sie das Fremde selbst ist und jeden sich selbst, den eigenen Möglichkeiten und Wünschen fortwährend entfremdet, sodass sie, sich selbst fremd geworden, schließlich auch sich gegenseitig entfremden. Auf diese Weise sind sie auf ewig getrennt, als ob der Tod in ihnen sei, oder zwischen ihnen? Nicht geschieden, nicht getrennt: sich gegenseitig

unerreichbar, und in der Unerreichbarkeit, in einer unendlichen Beziehung.[*meine Übersetzung; Anm. Übers.*]

Jacques Derrida ist in seinem *Voyous*, [dt. *Schurken*] näher bei Blanchot als bei Nancys Vorstellung einer Bruderschaft von freien Menschen. Gegen Nancy, und mit einer verdeckten Anspielung auf Levinas, setzt Derrida eine (nicht-)Gemeinschaft von Ungleichen, von nicht-*Gleichen*. Diese (nicht)Gemeinschaft bestimmt sich aus ihrer absoluten Differenz zu einander.

Bei Derrida heißt es:

> „... ich könnte versuchen, entlang einer Kette von Werten zu argumentieren, die zumeist mit dem des Bruders assoziiert werden: dem des Nächsten (im christlichen Sinn); dem des Gleichen [Semblable] (die ungeheure Frage des Gleichen—und ich hatte im diesjährigen Seminar die These zu vertreten versucht, dass die reine Ethik, wenn es denn eine gibt, bei der achtunggebietenden Würde des anderen als absolut *Ungleichen* beginnt, der jenseits allen Wissens, Erkennens und Anerkennung als nicht achtbar beziehungsweise verächtlich anerkannt wird: Weit davon entfernt, der Ausgangspunkt der reinen Ethik zu sein, wenn es denn eine gibt, bezeichnet der Nächste als Gleicher oder Ähnlicher [ressemblant] deren Ende oder deren Ruine.[17]

Derrida ist sogar noch deutlicher in seiner (Nicht-)Übereinstimmung mit Nancy in einer sehr intensiven Passage seines letzten Seminars, und in direkter Referenz zu Nancys Kommunikationstheorie; in einem der Interviews in *A Taste for the Secret* fragt Derrida, „Weshalb es eine Gemeinschaft nennen?" Im Seminar sagt Derrida nachdrücklich kompromisslos, dass jedes Ich isoliert sei, eine Insel für sich, wie Robinson Crusoe bevor er *Freitag* traf:

> Zwischen meiner Welt, „meine Welt", was ich „meine Welt" nenne und es gibt keine andere für mich, jede andere Welt macht einen Teil davon aus, zwischen meiner Welt und jeder anderen Welt, ist von Anbeginn an der Raum und die Zeit einer unendlichen Differenz, einer unvergleichlichen

Unterbrechung, die trotz aller Versuche zu überbrücken, eine Passage zu finden, einen Isthmus, zu kommunizieren, zu übersetzen, das Begehren nach einer Welt und der Krankheit dieser Welt [*mal du monde*], das Sich-krank-sehnen nach einer Welt [*l'être en mal de monde*] zu übermitteln, aufzudrängen, vorzuschlagen, zu stabilisieren. Es gibt keine andere Welt, es gibt nur Inseln.[18]

Angenommen, man würde Nancys Vorstellung einer Gemeinschaft von Singularitäten ernst nehmen, oder um es mit Alphonso Lingis auszudrücken, eine Gemeinschaft all jener, die nichts gemein haben. Wie würde diese Argumentation zu anderen Ideen führen, als sie z.B. von Fengzhen Wang und Shabao Xie in einem kürzlich erschienen Essay zu den Auswirkungen der Globalisierung präsentiert wurden? Wang und Xie versuchen zu zeigen, dass die Globalisierung lokale Kulturen in weltweitem Ausmaß zerstört, indem sie indigene Menschen in Cybersurfer verwandelt.[19] Man könnte Wang und Xie antworten, dass Wang und Xie westliche Konzepte lokaler Gemeinschaften zugrunde legen. Nancys Konzeption von Gemeinschaft und die Tradition, zu der es gehört, ebenso wie Wallace Stevens' gegenteiliges Modell, sind beides genauso westliche Erfindungen wie alle anderen Produkte des kulturellen Kapitalismus, z.B. Derridas Absage an die Idee der Gemeinschaft, der Zusammengehörigkeit, als etwas ursprünglich Gegebenes. Nancys Gemeinschaft von Singularitäten ist durch und durch westlich geprägt. Trotzdem wird ist sie, wie andere ähnliche Herstellungen dieser Art, von Nancy unter den Vorzeichen eines apodiktischen Universalismus positioniert. Nach ihm sind es sind nicht nur Angehörige der westlichen Kultur, Männer und Frauen, die als Singularitäten anderen Singularitäten gegenüberstehen, sondern vielmehr alle Männer und Frauen überall auf der Welt und zu allen Zeiten. Nichtsdestotrotz sind Nancys Ideen ein Produkt des westlichen Denkens, vielleicht sogar insbesondere mit Blick auf die Ressourcen der französischen Sprache. Ich kann keinen Weg aus dieser Aporie sehen. Jede Vorstellung von Gemeinschaft ist idiomatisch, das Produkt einer gegebenen Sprache, wird sich aber trotzdem als universal gültig ausdrücken. Es wäre plausibel zu sagen, dass jede Gemeinschaft ihre eigene besondere Idee von Gemeinschaft haben sollte, die nur auf eben diese Gemeinschaft zutrifft und angewendet werden kann. In diesem Falle würde die gesamte Argumentation von *Ariel,* die Fragen von Globalisierung und der damit zusammenhängenden Zerstörung indigener Kulturen aufwirft, selbst eine Form dessen sein, was sie abwehren will.

Der zweite Gedanke, der sich aufdrängt, wenn man Nancys Modell der Gemeinschaft ernst nehmen will, ist, dass es, zu einem gewissen Grad jedenfalls, Wang und Xies Opposition zwischen dem glücklichen Indigenen und dem Cybersurfer disqualifiziert, der oder die vom globalen Kapitalismus durchdrungen, von ihm korrumpiert und denen jegliche individuelle Eigenschaft abhandengekommen ist, sodass sie genauso ,gleich' sind wie alle anderen auch. Wang und Xie formulieren das so: „Multinational capital with its hegemonic ideology and technology seems to be globally erasing difference, imposing sameness and standardization on consciousness, feeling, imagination, motivation, desire, and taste." (Das multinationale Kapital mit seiner hegemonialen Ideologie und Technologie scheint in globalen Dimensionen Unterschiede auszuradieren, indem es Gleichheit überstülpt, Bewusstsein standardisiert ebenso wie Gefühle, Imagination, Motivation, Verlangen und Geschmack.)[20] Nach Nancys Gemeinschaftsmodell wird die Singularität der Indigenen nicht von der Interpellation mit der indigenen Kultur berührt. Auch der Cybersurfer wird nicht von der gleichmacherischen amerikanischen Popkultur beeinträchtigt. Unterhalb dieser oberflächlichen kulturellen Verhüllungen bleiben beide, Indigene und Cybersurfer, einander völlig fremd, völlig andere, und als solche Andere ausgesetzt, auch wenn über E-Mail, Online Chats, Texten oder Twittern miteinander kommuniziert wird. In Heideggers Sprache ließe sich das beschreiben als die Einsamkeit des *Dasein,* das im Grunde ein „Sein zum Tode" ist, das jedoch unter der entfremdenden Oberflächlichkeit des unpersönlichen *man, sie* intakt bleibt und dies auch unter den dramatischsten technologischen, politischen und sozialen Veränderungen. Es ist heute genauso wahr wie immer schon, dass jeder Mann und jede Frau seinen oder ihren eigenen Tod stirbt.

Es ist allerdings überzeugender, sich vorzustellen, dass in der Einzigartigkeit einer sogenannten indigenen Kultur, einer lokalen Lebensform unberührt von Globalisierung, die Exposition der Singularitäten zu- und gegeneinander besser zu leben sein könnte, als in der weltweit sich homogenisierenden Kultur, in der sich ein allgemeines, überall geteiltes Bild des Menschseins, des menschlichen Lebens herausschält. Diversität von Kulturen, Sprachen, Idiomen, so kann man sagen, ist ein Gut in sich selbst, ebenso wie die Vielfalt der Pflanzen und Tiere auf unserem Planeten. Außerdem sind manche lokalen Kulturen bereiter, den bevorstehenden Tod in ihre religiösen und kulturellen Repräsentationen zu integrieren, als dies für die typisch westlichen Vermeidungsattitüden populärkultureller Produktionen beispielsweise im Fernsehen und Film gesagt werden kann. Jede lokale Kultur muss dem globalen Kapitalismus widerstehen, so gut sie kann. Eine Möglichkeit, so Nancy, liegt in der „kommunistischen Literatur"; d.h. in jener Literatur, die Philosophie und kritische Theorie ebenso einschließt wie Gedichte, Romane, Film und Fernsehshows—eine Literatur, die die Auseinandersetzung mit Singularität nicht scheut, auch wenn diese nicht konfrontiert werden kann. Blanchots *Récits*, kleine philosophische Reflexionen oder Erzählungen, könnten als Modell für dieses *genre* gelten. Vielleicht lebt diese Art Literatur nicht mehr lang weiter, obwohl Kafka, Kertesz und Morrison Beispiele seines Fortlebens sind, wie meine folgenden Lektüren zeigen werden.

Die einebnenden Kräfte des globalen Kulturkapitalismus sind sehr mächtig, aber literarische Beispiele auf individueller Ebene, die dem zu widerstehen versuchen, zeigen sich im Namen des Idiomatischen und des Singulären. Obwohl die Kritische Theorie und die Literatur der westlichen Hemisphäre Begleiterscheinungen des globalen Kulturkapitalismus sind, können sie trotzdem als Hilfsmittel gesehen werden, der globalen Gleichmacherei zu widerstehen, vergleichbar damit, wie Telekommunikationsmittel als kapitalistisches Produkt eingesetzt werden können, um ihre eigenen Ideologien offenzulegen, wie man am Einsatz des Internets bei Präsident Obamas Wahlkampf 2008 erleben konnte. Widerstand gegen globalen Kapitalismus kann sich auch in bestimmten Sprechakten innerhalb „indigener Gemeinschaften" zeigen, was nun als Versammlung von Singularitäten verstanden wird. Diese Sprechakte stellen lokale Transformationen der globalen Situation aus, eine Aktion, die gerade dazu beitragen kann, lokale Gemeinschaften von Singularitäten in ihrer Existenz zu unterstützen. Fast schon paradox ist ein anderes Phänomen in diesem Zusammenhang: säkulare literarische Texte, z.B. Wallace Stevens' Gedichte oder der Viktorianische Roman, unterstreichen oft die unerkennbare Singularität fiktiver oder poetischer *personae* durch die zentralen Entscheidungen, die wir sie als Leser und Leserinnen treffen sehen. Gerade das an einigen vor und nach Auschwitz geschriebenen Romanen überzeugend zu entwickeln, ist eines der Ziele dieses Kapitels.[21]

Ich glaube nicht, dass viel gewonnen ist, wenn wir die neuen Technologien als Ursachen für die Zerstörung der Gemeinschaft verunglimpfen. Das Kino, das Fernsehen, mobile Kommunikationsmittel, Computer und das Internet sind als Medien bis zu einem gewissen Grad neutral trotz der Tatsache, dass sie „indigene" Kulturen, die diese Medien zu benutzen beginnen, radikal transformiert. Trotz der Differenzen zwischen Netz-TV und Kabel-TV sind es immer Versionen der gleichen Technologie, die die PBS *News Hour* und die Fox sogenannten Nachrichten. Das Internet speichert und sendet unberührt und gelassen beides, die Schimpfkanonaden von Holocaust-Leugner und schreckliche Fotografien der *Selektion* in Auschwitz. *Selektion* ist jener berüchtigte Begriff, der auf die Prozedur der Auswahlentscheidung der Lageraufseher über die Neuankömmlinge im Lager verweist. Die Züge wurden geleert und die Menschen in zwei Reihen sortiert: diejenigen, die sofort in die Gaskammern geschickt wurden (Frauen, Kinder, schwächere Männer) und diejenigen, die in die Arbeitslager kamen. Trotzdem verändern die Medien den Inhalt dessen, was sie übermitteln durch die Form, in der sie es übermitteln. Blogging Technologie ist gegenüber dem Inhalt des Blogs indifferent. Die kulturelle Macht dieser Geräte und Techniken hängt ab vom Gebrauch, der von ihnen gemacht wird, obwohl sie als Medien in sich eine eigene Kraft entwickeln und enormen Einfluss auf die Art und Weise ausüben, wie wir sehen, was und wie wir fühlen und denken, und wie sich dadurch unser Verhältnis zu den anderen bestimmt. Diese Gesichtspunkte sind in dem Buch *The Medium is the Maker* enwickelt.[22]

Neue Möglichkeiten der Telekommunikation, z.B. das iPhone, kann eingesetzt werden, um lokale Sprachen und Sitten zu unterstützen und vor dem Verschwinden zu bewahren, wie schwierig dies auch sein mag. Vor Jahren gab es im *Scientific American* einen Essay mit dem Titel „Demystifying the Digital Divide"[23], in dem scharf unterschieden wurde zwischen Projekten, die PC Geräte in „unterentwickelten Ländern" nur aufstellten, sodass die Geräte in erster Linie für Computerspiele genutzt wurden und somit die lokale Kultur zerstörten, und solchen Projekten, wie eines in einer armen südindischen Region, das Computer Installationen nutzte, um damit die indigene Kultur zu speichern und zu bewahren. Meiner Meinung nach transformieren die neuen Medien jede Kultur, in die sie eindringen, genauso wie der Buchdruck die mittelalterliche Manuskriptkultur des Westens transformiert hat. In den wenigen Jahren, die seit der Publikation des *Scientific American* Artikels vergangen sind, haben Computer, mobile Telephonie, iPhones, iPods und Black Berries ihren Platz in der Welt erobert, gerade so wie die Unterscheidung zwischen „entwickelten" und „unterentwickelten" Ländern verschwindet. Man sieht in den Straßen von Peking genauso viele Mobile Phones wie in New York oder in Frankfurt. Eine gewichtige wissenschaftliche Literatur zu der Frage nach dem Verhältnis von elektronischen, digitalen Medien zu Printmedien hat sich entwickelt; Vorreiter dieser Diskussion sind Katherine Hayles, Donna Haraway und Jacques Derrida mit einer ganzen Reihe einflussreicher Publikationen. In diesem wissenschaftlichen Feld gibt es Konsens darüber, dass sich mit großer Beschleunigung ein „Wandel im kritischen Klima" entwickele, der schließlich den neuen Medien ein entscheidendes Gewicht bei der Frage zuschreibt, was denn ‚human' sei und was „post-human". Manche Ideen dieser Denkrichtung führen zu der Frage, was mit online „Gemeinschaft" gemeint sein könne—eine Computerspiel-Gemeinschaft, oder eine Facebook oder Twitter Gemeinschaft, d.h. eine Gemeinschaft, die durch die neuen Teletechnologien allererst generiert wird. Das ist aber eine Frage für ein anderes Buch.

Trotzdem ist es wichtig, sich daran zu erinnern, dass es ein fundamentales Kennzeichen unserer heutigen Beziehung zur Shoah ist, dass sie so extensiv durch neue digitale Kommunikationstechnologien vermittelt ist, z.B. durch online Fotografien einer *Selektion* oder die Wikipedia-Einträge „Auschwitz" und „Buchenwald". Die Shoah wurde möglich durch die Technologien und die Kommunikationstechnologien ihrer Zeit. Vieles, was wir heute über die Shoah wissen, welche Gefühle wir mit den Gedanken an jene Zeit verbinden, ist geprägt von unseren jetzigen Teletechnologien: Filme wie Claude Lanzmanns *Shoah*, Fotografien, die überlebt haben, elektronische Aufzeichnungen von Zeugenaussagen und Zeugenerzählungen. Art Spiegelmans *Maus* können wir auf DVD anschauen, ebenso wie den Film von Kertész *Fatelessness*. Dadurch werden Gemeinschaften von Überlebenden der Überlebenden generiert, obwohl die Repräsentation der Shoah in irgendeinem und durch irgendein Medium extrem problematisch ist. Sogar ein Besuch in Buchenwald, wie ich ihn 2009 mit einem äußerst informierten Führer unternahm, sagt uns nicht viel. Buchenwald ist jetzt so sauber, so aufgeräumt, es riecht so gut dort, sogar das überlebende Krematorium. Es ist jetzt fast—nicht ganz—eine Touristenattraktion, auch wenn dort unsagbare Grausamkeiten geschahen. Die Besucher können kommen und gehen, wie es ihnen gefällt, was für hunderttausende von Gefangenen nicht der Fall war, von denen ungefähr sechsundfünfzig Tausend im Lager starben oder die Evakuierungstransporte nicht überlebten.

Ein drittes Paradigma für Gemeinschaft

Am Ende dieses Kapitels wende ich mich noch kurz einem anderen Modell von Gemeinschaft—oder besser: von Gemeinschaften. Dieses andere Modell existiert in verschiedenen Formen.

Bisher habe ich mit Stevens oder Nancy argumentiert, als ob irgendeine Gemeinschaft als eine abgesonderte Gruppe von Menschen gesehen werden müsste, alle verbunden oder, vielleicht auch unverbunden auf vielerlei Weise. Dieses dritte Modell stellt eine gegebene Gesellschaft eigentlich als eine Gruppe von sich überlagernden und miteinander verbundenen Gemeinschaften, keine davon existiert in Isolation von den anderen. Folgen wir diesem Paradigma, sollten wir immer von „Gemeinschaften" und nicht von „Gemeinschaft" sprechen. Nach diesem Modell würde sich jede moderne soziale Gruppierung, wie z.B. eine Nation, aus einer Vielzahl von ineinander verwobenen Institutionen, Bürokratien, Behörden zusammensetzen, oder wie Foucault es nennt, aus *Dispositifs* (Apparaten). Für Foucault ist der Begriff des Dispolitivs eine Bezeichnung für das maschinen-artige Funktionieren der gesamten sozial-legal-regierungs-finanz-bürokratischen Ansammlung gewalten- und entscheidungsträchtigen Institutionen einer gegebenen Gesellschaft zu einer gegebenen Zeit. Ein bereitwilliger Arbeiter in einem solchen System wird als „apparatchik" bezeichnet. Dieser Apparat, so Foucault, ist ein „wesentlich heterogenes Gebilde aus Diskursen, Institutionen, architektonischen Formen, regulativen Entscheidungen, Gesetzen, administrativen Maßnahmen, wissenschaftlichen Erkenntnissen, philosophischen, moralischen und philanthropischen Behauptungen—kurz: das Gesagte ebenso viel wie das Ungesagte. Das sind die Elemente des Apparats."[24] Kafkas bürokratische Akten, die er als Büroschreiber für einen hochrangigen Anwalt in Prag abfassen musste, dessen Kanzlei für die Arbeiter-Unfall- Versicherung der tschechischen Ländereien des Österreich-Ungarischen Reichs zuständig war, ist ein hervorragendes Beispiel für solche „Diskurse".[25] Die Konzepte der Heterogenität, in lateraler wie in vertikaler Hinsicht, und des maschinengleichen als Gegensatz zum Organischen, sind wesentlich für die Organisation des dritten Modells von Gemeinschaft.

Heute müsste Foucault zu seiner Aufzählung von Machtträgern die Medien und das Internet hinzufügen. Jedes Element in der heterogenen Ansammlung, den er einen „apparatus" nennt, ist determiniert durch den Gebrauch, den es von den zur Verfügung stehendebn Informationstechnologien einer gegebenen Zeit macht. Soziologen haben die Abhängigkeit studiert, die nach altmodische Bürokratien arbeiten, in denen Papierstapel von Büro zu Büro, vollgestopft mit Papier, die unter den proliferierenden Hierarchien herauf und hinunter und quer zirkulieren. Kafkas Romane insbesondere dramatisieren solche Bürokratien, obwohl andere Romane, die hier aufgenommen sind, dies ebenso zeigen. Der Holocaust wurde ermöglicht und durchgeführt mittels einer effizienten, verzweigten deutschen Regierungsbürokratie in Zusammenarbeit mit kooperativen Bürokratien, wie z.B. den Polizeiorganisationen von besiegten Ländern; ein Beispiel ist Ungarn. Die komplexen Verknüpfungen dieser Agenturen untereinander sollten es für die rechte Hand besonders schwierig machen zu wissen, was die linke Hand tat, oder schrieb. Die Sklaverei in den USA wurde ebenfalls generiert und kontrolliert durch einen komplexen Apparat von miteinander verflochtenen Institutionen, Unternehmen, Gesetzen und Gebräuchen. Das erstreckte sich von den Sklavenhändlern, die aufgegriffene Afrikaner in Afrika kauften über die Verschiffung der Sklaven entlang der berüchtigten Middle Passage, zu ihrem Wiederverkauf in den Vereinigten Staaten, zu ihren häufigen Wiederverkauf auf Auktionen innerhalb der USA, zu den Verhaltensregulationen ihr Leben auf den Plantagen betreffend, zu der Unterbringung der Sklaven in fragilen Sozialstrukturen, Kirchen und Gemeinschaften auf den Plantagen, zu solchen Vorkriegsinstitutionen wie dem „Fugitive Slave Law", zu ihrer Emanzipation bis zu den Jim Crow Gesetzen in darauffolgenden Jahrhundert, zu Lynchjustiz und Rassentrennung, usw. Die Sklaverei wäre ohne diese komplizierten juristischen, sozialen und ökonomischen Apparate unmöglich gewesen, alle nutzen die Medien, die es damals gab, so z.B. Posters mit Informationen über die nächsten Sklavenauktionen oder die im Süden weitverbreiteten und gehandelten Postkarten mit Bildern von Lynchmorden.

Um die augenblickliche Situation in den Blick zu nehmen: der kürzliche Kollaps des globalen Finanzsystems hing ab von dem immense komplexen Computereinsatz und dem Internet. Louis Alhusser nimmt in seinem berühmten Essay über die Auskunftspflicht über Ideologien die Medien in ISAs auf, die ideologischen Staatsapparate.[26] Es ist ein unübersehbares Merkmal eines solchen alles umgreifenden sozialen Apparats, dass es selbständig arbeitet, wie ein Roboter. Was er bewirkt, ist „Nobody's Fault", um den Titel zu zitieren, den Dickens zuerst seinem Roman *Little Dorrit* gab, jener kafkaesken Darstellung der Englischen Umschreibungs-Behörde. Die Rede ist hier vom Modell einer effizienten Bürokratie vieler einzelner Ebenen, die zur Unsichtbarkeit verschwinden, wie die Energiehäschen, die erfolgreich ihre beabsichtigte Verzögerungsarbeit tun. Hier gibt es eine Parallele zum Rechtssystem in Kafkas *Der Prozess*,—oder in einer anderen Art—zu jener Bürokratie in Kafkas *Schloss*, die das Dorf an das Schloss bindet, während sie es gleichzeitig davon trennt.

Drei weitere Arten von alternativem Paradigma, jedes substantiell unterschieden von den anderen, wollen hier noch kurz beschrieben werden, auch wenn jedes von ihnen eine ausführliche Exposition verdiente.

Stanley Fishs Idee von „interpretierenden Gemeinschaften" setzt voraus, dass die Universität und die Gesellschaften innerhalb derer Universitäten operieren, aus bestimmten Gruppierungen bestehen, die gewisse Einstellungen als objektiv und universal annehmen, obwohl die einzelnen Gruppen nicht zueinander passen, und obwohl es keine solide Basis für solche Annahmen gibt.[27] Eine Gruppe liest z.B. Miltons Gedichte auf eine Weise, während eine andere interpretierende Gemeinschaft Milton ganz anders liest, obwohl beide fälschlicherweise annehmen, dass der Milton, den sie sehen, objektiv *da ist*. Ähnlich ist es mit den Tea Party Anhängern und den progressiven Demokraten heute. Sie interpretieren unsere aktuelle Situation in den USA auf überraschend entgegengesetzte Weise, obwohl es jeder Seite erscheint, als sei ihre ideologisch geprägte Sicht die einzig objektive Wahrheit.

Ich habe bereits auf Derrida hingewiesen und seine Einstellung gegenüber Nancys Idee der undarstellbaren Gemeinschaft. Derrida hält es für möglich, dass jede einzelne Person in einer Vielzahl von sich teilweise überlagernden, überschneidenden Gemeinschaften oder Institutionen aktiv partizipieren könne. Dies hat er in *The University without Condition* (*Die unbedingte Universität* entwickelt.[28] In einer bemerkenswerten Passage in *A Taste for the Secret* Derrida bekräftigt seine Unwilligkeit, zu irgendeiner dieser verstrickten Gemeinschaften zu gehören. „Ich gehöre nicht zur Familie", sagt Derrida während er André Gide zitiert. Daraufhin fährt er fort, all die Gemeinschaften aufzulisten, zu denen er nicht gehört. Derrida sieht die Gesellschaft als eine komplexe Struktur bestehend aus multiplen, wuchernden Gemeinschaften, die aneinandergrenzen, sich ganz oder teilweise überlagern, oder eine innerhalb der anderen:

> Lasst mich auf meine Bemerkung zurückkommen, „Ich gehöre nicht zur Familie". Offensichtlich habe ich mit einer Formel gespielt, die multiple Klangregister hat. Ich gehöre nicht zur Familie bedeutet im allgemeinen, dass ich mich nicht über mein zur-Familie-Gehören definiere, oder zur Zivilgesellschaft, oder zum Staat; ich definiere mich nicht auf der Grundlage elementarer Formen von Verwandtschaft. Im übertragenen Sinne jedoch heißt das, dass ich kein Teil einer Gruppe bin, dass ich mich nicht mit einer Sprachgemeinschaft identifiziere, oder einer nationalen Gemeinschaft, einer politischen Partei, oder mit irgendeiner Gruppe oder Clique, auch nicht mit einer philosophischen oder literarischen Schule. „Ich gehöre nicht zur Familie" bedeutet:" haltet mich nicht für einen von Euch", „schließt mich nicht mit ein", ich will meine Freiheit behalten, immer: das ist für mich die Bedingung nicht nur singulär und anderer zu sein, sondern auch in Beziehung treten zu können mit der Singularität und Alterität von anderen. Wenn jemand „zur Familie gehört", verliert er

sich nicht nur in der Herde [*gregge*, im Englischen, wie im englischen Wort „gregarious"], er verliert die anderen ebenso; die anderen werden einfach nur Orte, Familienfunktionen, oder Orte oder Funktionen in der organischen Totalität, die eine Gruppe, Schule, Nation oder eine Gemeinschaft von Subjekten konstituiert, die die gleiche Sprache sprechen.[29]

Derrida erfährt sich selbst als von allen Seiten überhäuft durch Ermahnungen, Interpellationen, Anrufen, Anforderungen, Addressen, Ermahnungen, Anrufungen, Anfragen, Lobpreisungen, er möge „Ja!" sagen und seine Zugehörigkeit zu dieser oder jener Gemeinschaft zu akzeptieren. Er muss ein resolutes „Nein!" zu allen sagen, wenn er seine eigene Integrität bewahren und die Möglichkeit von genuin ethischen Beziehungen zu anderen aufrechterhalten will. Dies ist die extremste und radikalste Zurückweisung von Gemeinschaft, die ich kenne. Trotzdem, Derrida war, was immer er über Zurückweisungen zu sagen wusste, selbst das Zentrum eines komplexen globalen Geflecht von ineinander verhakten Gemeinschaften. Er hatte vielfältige Zugehörigkeiten zu Institutionen und Gruppen, verteilt über die ganze Welt, zu Universitäten, die ihn einluden zu lehren oder Vorlesungen zu halten, zu einem Netzwerk von Übersetzern und Verlagen, zu Archiven, zu Geldgebern von Colloquien und Konferenzen zu seinem Werk, zu Filmemachern, zu Freunden.

Mein letztes Beispiel für das Modell der sich überlagernden heterogenen Gemeinschaften ist Gilles Deleuzes und Félix Guattaris Konzept des sozialen und linguistischen Rhizoms. Am detailliertesten ist dies ausgearbeitet in „Einleitung: Rhizom" am Anfang von *Tausend Plateaus*.[30] Obwohl Deleuze und Guattaris Modell komplex ist, subtil, und—wie es oft bei ihnen der Fall ist—außergewöhnlich kreativ, die Grundlinie ist eine Zurückweisung jeder Subjekt/Objekt Paradigmata und deutlicher Widerstand gegen ein einheitliches Modell wie Stevens' und Nancys und gegen ein Kozept, das nach dem Muster Wurzel-Stamm-Äste, wie in einem genealogischen Baum oder in dem genetischen Stammbaum, das Anthropologen benutzen, um unsere Verwandtschaft zurück zu den Affen zu verfolgen. Stattdessen favorisieren Deleuze und Guattari die rhizomatische Pflanze, die sich lateral ausbreitet, indem sie neue Pflanzen produziert, die aus dem Untergrund herauswachsen oder auf der

Oberfläche des Bodens in gewisser Entfernung von der ursprünglichen Mutterpflanze:

> Die Welt ist zwar ein Chaos geworden, doch das Buch bleibt Bild der Welt, Nebenwurzel-Chaosmos statt Wurzel-Kosmos. ... Man könnte ein solches System Rhizom nennen. Ein Rhizom ist als unterirdischer Strang grundsätzlich verschieden von großen und kleinen Wurzeln. Zwiebel- und Knollengewächse sind Rhizome. Pflanzen mit großen und kleinen Wurzeln können in ganz anderer Hinsicht rhizomorph sein, und man könnte sich fragen, ob das Spezifische der Botanik nicht gerade das Rhizomorphe ist. Sogar Tiere sind es, wenn sie eine Meute bilden, wie etwa Ratten. Auch der Bau der Tiere ist in all seinen Funktionen rhizomorph: als Wohnung, als Vorratslager, Bewegungsraum, Versteck und Ausgangspunkt. Das Rhizom selber kann die unterschiedlichsten Formen annehmen, von der verästelten Ausbreitung in alle Richtungen an der Oberfläche bis zur Verdichtung in Zwiebeln und Knollen. Wenn Ratten übereinander hinweghuschen. Im Rhizom gibt es Gutes und Schlechtes: die Kartoffel und die Quecke, dieses Unkraut. Die Quecke ist Tier und Pflanze zugleich, daher heißt sie auch *crab-grass*. (TP 15-16)

Diese ganzen botanischen Details zusammen genommen ergeben das Paradigma, mit dem Deleuze und Guattari soziale Strukturen topographieren wollen; diese schließen insbesondere vielerlei Sprachen als wesentliche Kennzeichen dieser Strukturen ein:

> Ein Rhizom ... verbindet unaufhörlich semiotische Kettenglieder, Machtorganisationen, Ereignisse aus Kunst, Wissenschaften und gesellschaftlichen Kämpfen. Ein semiotisches Kettenglied gleicht einer Wurzelknolle, in der ganz unterschiedliche sprachliche, aber auch perzeptive, mimische, gestische und kognitive Akte zusammengeschlossen sind: es gibt weder eine Sprache an sich noch eine Universalität der Sprache, sondern einen Wettstreit von Dialekten, Mundarten, Jargons und Fachsprachen. Es gibt keinen idealen Sprecher-Hörer, ebenso wenig wie eine homogene Sprachgemeinschaft.

> Die gesprochene Sprache ist, nach einer Formulierung von Weinreich, „eine wesentlich heterogene Wirklichkeit". Es gibt keine Muttersprache, sondern die Machtergreifung einer vorherrschenden Sprache in einer politischen Mannigfaltigkeit. Die Sprache stabilisiert sich im Imkreis einer Pfarrei, eines Bistums, einer Hauptstadt. Sie bildet Knollen. Sie entwickelt sich durch unterirdische Verästelungen und Strömungen, sie folgt Flusstälern oder Eisenbahnlinien, sie breitet sich wie eine Öllache aus. (TP 17)

Deleuze und Guattari versuchen es, die organischen Implikationen des Rhizoms als Modell zu umgehen, indem sie auf Heterogenität und automatischer Proliferation rhizomatischer Strukturen hinweisen. Sie sprechen davon, dass eine *„abstrakte Maschine"* die Verbindung (Konnexion) einer Sprache mit semantischen und pragmatischen Inhalten von Aussagen bewerkstelligt, mit kollektiven Äußerungsgefügen, mit einer ganzen Mikropolitik des gesellschaftlichen Bereiches." (TP 17) Ich denke jedoch, dass es sehr schwierig ist, um die Tatsache herum zu kommen, wenn man das Wort „Rhizom" überhaupt gebrauchen will, dass Rhizom eine organische Kopie seiner Eltern-Pflanze darstellt. Aber man muss zugeben, dass Deleuze und Guattari das Rhizom-Modell auf brilliante Weise in vielen provokativen Spielarten einsetzen. Eine davon ist die Art und Weise, in der Rhizom von der ersten Seite an ihre Lektüre von Kafka dominiert in *Kafka: Für eine kleine Literatur*. Gleich im ersten Satz des Essays heißt es: „Kafkas Werk ... ist ein Rhizom, ein Bau."[31] Sie argumentieren sofort weiter und belegen diese Behauptung mit drei Beispielen, dem Schloss in *Das Schloss*, dem Hotel in *Amerika* und dem Bau in *Der Bau*:

> Wie findet man Zugang zu Kafkas Werk? Es ist ein Rhizom, ein Bau. Das Schloss hat „vielerlei Eingänge", deren Benutzungs- und Distributionsgesetze man nicht genau kennt. Das Hotel in *Amerika* hat zahllose Pforten, Haupt- und Nebentüren, bewacht von ebenso vielen Pförtnern, ja sogar türlose Ein- und Ausgänge. Der Bau in der gleichnamigen Erzählung scheint zwar nur einen Eingang zu haben; allenfalls denkt das Tier an die Möglichkeit eines zweiten, bloß zur

Überwachung. Aber das ist eine Falle, aufgestellt vom Tier und von Kafka selbst; die ganze Beschreibung des Baus dient nur zur Täuschung des Feindes. ... Das Prinzip der vielen Eingänge behindert ja nur das Eindringen des Feindes, des Signifikanten; es verwirrt allenfalls jene, die ein Werk zu „deuten" versuchen, das in Wahrheit nur experimentell erprobt sein will. (*K* 7)

Deleuze und Guattaris Modell ist ein räumliches Modell. Es schreibt dem Leser die Vision eines imaginären und extrem eigenartigen Raums zu, wie dem Bau in *Der Bau*, der von dem Tier, das in ihm lebt, ausführlich und detailliert beschrieben wird.

Die räumlichen Paradigmata, die sich aus den von mir untersuchten Romanen ergeben, sind mit Blick auf die darin lebenden Gemeinschaften etwas anders.

Anmerkungen

1. Theodor W. Adorno, *Prismen. Kulturkritik und Gesellschaft* (Frankfurt a. Main: Suhrkamp,1987), 26.

2. *Anm. d. Übers.* Hillis Miller beschreibt hier das Unternehmen seines gesamten Buchs, das den Titel trägt „The Conflagration of Community: Fiction before and after Auschwitz" und von dem der hier präsentierte und übersetzte Essay das erste Kapitel ist. Im Buch diskutiert Miller er unter dem Anspruch einer ‚rhetorischen' und ‚kulturkritischen' Analyse Franz Kafkas *Der Prozess* und *Das Schloss*, Imre Kertész *Fatelessness: Fiction as Testimony* und Toni Morrisons *Beloved* .

3. Jean-Luc Nancy, *Die undarstellbare Gemeinschaft*. Übers. aus dem Französischen Gisela Febel, Jutta Legueil (Stuttgart: Edition Schwarz, 1988), 11. [Im französischen Original sind der Titel des Buches und der Titel des ersten Kapitels identisch; in der dt. Übersetzung wird beim Buchtitel „désoeuvrée" mit „undarstellbar" übersetzt, der Titel des ersten Kapitels jedoch mit „"Die entwerkte Gemeinschaft", was dem Fanzösischen. eher entspricht. Siehe auch Nancy, p. 5 der deutschen Ausgabe: „entwerkt", „nicht bewerkstelligt". *Anm.d.Übers*].:

4. Wallace Stevens, *Teile einer Welt. Ausgewählte Gedichte*. Aus dem amerikanischen Englisch von Rainer G. Schmidt (Salzburg und Wien: Jung und Jung 2014), 380/381

5. Die deutsche Übersetzung des französischen Originaltitels *La communauté désoeuvrée* wird gegeben als *Die undarstellbare Gemeinschaft*, näher am frazösischen Text aber wäre *Die entwerkte Gemeinschaft* [wobei „entwerkt" eine im Deutschen eher abstruse Wortform und deshalb ein schwer zu verstehendes Wort ist, *Anm.d.Übers.*]

6. Für englische Übersetzungen dieser Essays vgl. Martin Heidegger, „Bauen Wohnen Denken", in *Poetry, Language, Thought,* übers, Albert Hofstadter (New York: Harper & Row, 1971), 143-61; und Heidegger; *Elucidations of Hölderlin's Poetry,* trans. Keith Hoeller (New York: Humanity Books, 2000). Zu den deutschen Originaltexten vgl., Martin Heidegger, „Bauen Wohnen Denken" in *Vorträge und Aufsätze*. Pfullingen: Neske 1967, 2:19-36; und Heidegger, *Erläuterungen zu Hölderlins Dichtung,* 2. Aufl. (Frankfurt am Main: Vittorio Klostermann, 1951).

7. Jennifer Bajorek, „The Offices of Homeland Security; or, Hölderlin's Terrorism", *Critical Inquiry* 231, no.4 (2005), 874-902.

8. Vgl. W.B.Yeats, „A Prayer for My Daughter", in *The Variorum Edition of the Poems of W.B.Yeats,* hrsg. Peter Allt und Russell K. Alspach (New York: Macmillan, 1977), 405.

9. Jennifer Bajorek, „The Offices of Homeland Security; or, Hölderlin's Terrorism," online file of *Critical Inquiry* essay, besucht Januar 2010, http://www.journals.uchicago.edu/doi/full/10.1086/44518.

10. *Imagined Communities. Reflections on the Origin and Spread of Nationalism.* 1983); *Die Erfindung der Nation. Zur Karriere eines folgenreichen Konzepts.* Hier zitiert nach der Ausgabe von 1998(Berlin: Ullstein Verlag 1988).

11. Ich habe Nancys Konzept der Gemeinschaft kurz mit Blick vor allem auf den Unterschied zu Derridas Idee der (non)community diskutiert; vgl. mein „Derrida Enisled", Kap. 6 meines Buchs *For Derrida* (New York: Forham UP 2009), 119-20.

12. Jacques Derrida und Maurizio Ferraris, *A Taste for the Secret*, übers. Giacomo Donis, ed. Giacomo Donis und David Webb (Cambridge: Polity, 2001), 25.

13. J. Hillis Miller schreibt hier von *seiner* englischen Übersetzung des französischen Textes; für die Übersetzung ins Deutsche folge ich seiner Strategie und verwende dort, wo es mir für die Nuancen nötig erscheint, das Französische, J.H. Millers Englisch und das Deutsche, wobei ich die Übersetzung von Gisela Febel, Jutta Legueil und J.-L. Nancy zugrunde lege. [*Anm.d.Übers.*]

14. Die deutschen Übersetzungen sind beide bei Diaphanes, Berlin erschienen; *Singulär plural sein* (2005) (im Folgenden zit. (Sps,) und *Die herausgeforderte Gemeinschaft* (2007) (HG).

15. Engl. Version Matthew Arnold, *The Poems*, ed. Kenneth Allott (London: Longmans, 1965), 242.

16. Charles Baudelaire, „Au lecteur" in *Fleurs du mal*, in *Oeuvres complètes*, hg.Y.-G. Dantec, Èd. De la Pléiade (Paris: Gallimard, 1954), 242.

17. Jacques Derrida, *Schurken. Zwei Essays über die Vernunft*. Aus dem Französischen von Horst Brühmann (Frankfurt a.Main: Suhrkamp, 2006), 89.

18. Jacques Derrida, *Séminaire: La bête et le souverain*, Bd. 2, 2002-2003, hg. Michel Lisse, Marie-Louise Mallet und Ginette Michaud (Paris: Galilée 2010), 31. [meine Übers. Anm.d.Übers.]

19. Fengzhen Wang und Shabao Xie, „Introductory Notes: Dialogues on Globalization and Indigenous Cultures, special issue, *Ariel* 34, no.1 (2003).

20. Siehe Anm. 25, (Computerfile für die Teilnehmer des Treffens im Netz zirkuliert).

21. J.H.Miller schreibt an dieser Stelle von „Franz Kafka, Imre Kertész, Toni Morrison und andere …ist ein Ziel dieses Buchs"; da es sich hier mit diesen Seiten um die Übersetzung des ersten Kapitels aus dem Buch handelt, wird zwar die zentrale These entfaltet, aber an weniger als hier genannten Texten illustriert. Siehe J. Hillis Miller, *The Conflagration of Community: Fiction before and after Auschwitz* (The University of Chicago Press: Chicago and London 2011). [Anm. d. Übers.]

22. J. Hillis Miller, *The Medium is the Maker: Browning, Freud, Derrida and the New Telepathic Technologies* (Brighton:Sussex Academic Press, 2009).

23. Mark Warschauer, „Demystifying the Digital Divide", *Scientific American*, August (2003), 29-32, 42-47.

24. Giorgio Agamben, „What is an apparatus" in *What is an Apparatus? And other Essays*, hg. Von David Kishik und Stefan Pedatella. (Stanford, Ca.: Stanford University Press, 2009), 2.

25. Franz Kafka, *The Office Writings*, hg. Von Stanley Corngold, Jack Greenberg und Benno Wagner, trans. Eric Patton with Ruth Hein (Princeton,N.J.: Princeton UP, 2009). Beide, Wallace Stevens und Franz Kafka waren durch eigenartigen Zufall hochrangige Rechtsanwälte in Unfallversicherungsgesellschaften; Stevens arbeitete als Vizepräsident für die Hartford Unfall- und Entschädigungsgesellschaft. Kafka andererseits produzierte faszinierende „Office Writings" und Erzählungen wie *Der Prozess* und *Das Schloss*, die beide die oben angesprochene Justizmaschinerie zur Darstellung bringen.

26. Louis Althusser, „Ideology and Ideological State Apparatuses (Notes towards an Investigation)," in *Lenin and Philosophy and Other Essays,* transl. Ben Brewster (New York: Monthly Review Press, 1972).

27. Stanley Fish, *Is There a Text in This Class? The Authority of Interpretive Communities* (Cambridge, Mass.: Harvard University Press, 1980).

28. Jacques Derrida, *Die unbedingte Universität.* Übers. Stefan Lorenzer (Frankfurt: Suhrkamp, 2001).

29. Jacques Derrida & Maurizio Ferraris, A Taste for the Secret, p. 27. [Übersetzt aus dem Französischen und Italienischen von Giacomo Donis (Cambridge: Polity Press, 2001).

30. Gilles Deleuze und Félix Guattari, *Tausend Plateaus. Kapitalismus und Schizophrenie.* Übersetzt von G. Ricke u. R. Voullié. 3. Auflage 1997, (Berlin: Merve).

31. Gilles Deleuze/Félix Guattari, *Kafka. Für eine kleine Literatur.* Aus dem Französischen von Burkhart Kroeber (Frankfurt a.M.: Suhrkamp, 1976).

VI

Globalisierung und Welt-Literatur

*And fast by hanging in a golden Chain
This pendant world, in bigness as a Starr
Of smallest magnitude close by the Moon
Thither full fraught with mischievous revenge,
Accurst, and in a cursed hour he lies.*

...

*... [Satan] toward the coast of Earth beneath,
Down from th'Ecliptic, sped with hop'd success,
Throws his steep flight in many an Aerie wheele,
Nor staid, till on Niphates top he lights.*

(John Milton, *Paradise Lost*, II:1051-1055; III: 739-742)

Weltliteratur in ihrer wieder auferstandenen Form ist zweifellos eine Begleiterscheinung der ökonomischen und finanziellen Globalisierung ebenso wie der neuen weltweiten Telekommunikation. Den gleichen Gedanken brachten vor langer Zeit Marx und Engels in einer berühmten Passage ihres *Kommunistischen Manifests* von 1848 zum Ausdruck. Dort heißt es mit Blick auf neue Verflechtungen, dass an die Stelle der „lokalen und nationalen Selbstgenügsamkeit" ein „allseitiger Verkehr, eine allseitige Abhängigkeit der Nationen voneinander" trete. „Und wie in der materiellen, so auch in der intellektuellen Produktion. Die geistigen Erzeugnisse der einzelnen Nationen werden Gemeingut. Die nationale Einseitigkeit und Beschränktheit wird mehr und mehr unmöglich, und aus den vielen nationalen und lokalen Literaturen bildet sich eine Weltliteratur."[1] Von allen Seiten werden wir von den Medien aufgefordert, global zu denken und werden dabei mit Informationen über Globalisierung in ihrer derzeitigen Form gefüttert. Zum ersten Mal in der menschlichen Geschichte erhalten wir auch die Möglichkeit, vom Weltraum aus die Erde zu sehen, d.h. von außen darauf zu schauen, was hier unten geschieht. Millionen Menschen auf der ganzen Welt haben die eine oder andere Aufnahme aus dem Raumschiff oder vom Satelliten gesehen. Mit aller Macht eröffnen sie uns eine Perspektive auf den Erdball, als seien wir weit entfernt und losgelöst von der Erde. Tatsächlich losgelöst und völlig objektiv zu sein, oder so zu scheinen, ist dennoch vielleicht diabolisch. John Milton stellte sich Satan als einen der ersten Raumfahrer der Literatur vor, wie beispielsweise in den frühen Passagen in *Paradise Lost,* aus dem ich zu Beginn ansatzweise zitiere.[2] Satan war nicht wirklich von der Erde losgelöst, war sein Ziel doch, den Menschen zu Fall zu bringen; aber er konnte sicher die ganze Welt aus der Entfernung sehen, während er im Raum hing, genauso wie es Evas Söhne und Töchter heute tun können. Aber—wir sind ja auch nicht richtig losgelöst und gleichgültig.

Die Zeit der Welt-Literatur ist wieder angebrochen. Die neue Weltliteratur ist eine Begleiterscheinung der laufenden Globalisierung. Ich unterstütze das Projekt einer Welt-Literatur.[3] Der gegenwärtige kulturelle Kontext für eine präzise abgegrenzte akademische Disziplin „Welt-Literatur" ist jedoch nicht zu vergleichen mit den Bedürfnissen vor zweihundert Jahren, als Goethe vorschlug *Weltliteratur* zu lesen. Unsere Zeit schließt die vielen Facetten der noch nie da gewesene Reisemöglichkeiten ebenso wie Migration; eine welt-weite Finanzkrise, entstanden durch die globale Vernetzung von Banken und Finanzinstituten; den von Menschen verursachten Klimawandel, der menschliches und nicht-menschliches Leben einschneidend verändert und möglicherweise zum Aussterben des Homo Sapiens führt; die Entwicklung neuer Technologien wie Computer, mobile Kommunikationsmedien und soziale Netzwerke, durch die Menschen über Raum und Zeit miteinander verbunden sind.

Die jüngste Entwicklung der neuen Disziplin *Welt-Literatur* scheint auf den ersten Blick nichts mit Klimawandel, dem weltweiten Netz und der Finanzkrise zu tun zu haben, aber man kann zeigen, dass sie eine weitere Version eines Umkehrmusters darstellt, das in jenen vorher genannten Formen der Globalisierung angelegt ist. Die neu aufgekommene Betonung darauf, dass Welt-Literatur gelehrt und studiert werden soll, war zweifellos eine Antwort auf die vielfältigen Formen der technologischen und ökonomischen Globalisierung. Eine ganz andere Antwort auf die Herausforderung der Globalisierung ist die weitverbreitete Übernahme von Literatursektionen durch jene ‚social studies' die unter „cultural studies", „postcolonial studies", „ethnic studies", „women studies", „film studies", usw. auftreten. Diese Entwicklung finde ich auch angemessen und weiterführend. Es wird immer schwieriger, Veranstaltungen zu einer vermeintlich homogenen Nationalliteratur anzubieten oder Literatur losgelöst von anderen kulturellen Formen zu untersuchen.

Ausgedehnte Migrationsbewegungen von überall nach überall bedeutete, dass mehr und mehr Menschen auf allen Kontinenten in pluriethnischen Gesellschaften leben, in denen viele Sprachen gesprochen werden. In einem Stadtteil von Montreal in Kanada, so habe ich gehört, werden 56 verschiedene Sprachen gesprochen. Als Konsequenz solcher Entwicklung erscheint es heute natürlich und unausweichlich, Literatur unter globalen Vorzeichen zu sehen.

Dies ist jedoch ein radikaler Unterschied zur Frage, ob Literaturwissenschaft gänzlich oder ‚nur noch' als Kulturwissenschaften betrieben werden kann und soll. In diesem Falle tendiert man zur Annahme, dass die Bedeutung der gedruckten Literatur immer weiter zurückgehe und zwar in dem Maße, in dem sie von den neuen Medien wie Film, Fernsehen, Facebook und Computerspielen ersetzt werde.

Die ethische Grundhaltung von immer weniger Menschen wird zu einem immer geringeren Teil von Lektüren gedruckter Romane, von Gedichten oder Theaterstücken im traditionellen westlichen Sinne bestimmt. Eine solche Transformation findet zwar in unterschiedlicher Intensität über den Globus verstreut statt, aber sie ist trotzdem überall. Ich wünschte, das wäre nicht so, aber die Indizien sprechen eine andere Sprache. Statistische Erhebungen zeigen die erstaunlich hohe Anzahl von Stunden, die viele Menschen im Netz oder mit Handys verbringen. Man agiert im Netz, spricht oder textet auf iPhones, sendet Emails, spielt Computerspiele, geht ins Kino oder verfolgt Fernsehsendungen, alles wertvolle Aktivitäten. Man tut das alles, aber man liest keine Texte von Shakespeare oder Jane Austen. Literatur im altmodischen Sinne, das, was von ihr noch übrig ist, wandert aus zu e-Lesern von Amazon-Kindle oder Apple-iPad. Amazon verkauft jetzt mehr E-Books als Gedrucktes zwischen zwei Deckeln.

Literatur im traditionellen Sinn wird in den *Cultural Studies* ebenso marginalisiert wie im Leben der meisten jüngeren Forscher-Lehrer, die „do cultural studies", wie es geläufig im Englischen heißt. Die neue Disziplin der Welt-Literatur jedoch könnte als allerletzter Versuch gelten, das Studium der Literatur, oder nennen wir es „die Literaturwissenschaft", zu retten—und zwar dadurch, dass diese Disziplin implizit beansprucht, die Literaturen der Welt zu studieren ist eine Möglichkeit, Globalisierung zu verstehen. Durch solches Verstehen werden wir zu Weltbürgern, zu Kosmopoliten, und nicht nur Bürger dieser oder jener lokalen einsprachigen Gemeinschaft. Während wir dabei sind, diese neue Welt-Literatur zu entwickeln—indem wir Unterrichtseinheiten planen, Lehrbücher und Leitfäden publizieren und kompetente Lehrer ausbilden—stoßen wir auf einige Probleme. Ich will hier drei wichtige Problemfelder herausgreifen, mit denen uns das Konzept der Welt-Literatur konfrontiert:

Erstens: Die Herausforderung der Übersetzung: Niemand kann als einzelner Student, Lehrer oder alltäglicher Leser die zahllosen Sprachen beherrschen, in denen Welt-Literatur geschrieben ist. Jedes literarische Werk kann in eine beliebige Sprache übersetzt werden, aber es gibt dabei immer Unsicherheiten und Schwierigkeiten. Wird es für die Welt-Literatur eine einzige Leit- oder Referenzsprache geben, wie z.B. Chinesisch oder Englisch, in die ein Lehrbuch alle seine Sektionen übersetzen sollte? Dies wäre eine Form von Kulturimperialismus. Wie kann die Welt-Literatur vermeiden, von einer einzigen nationalen akademischen Kultur dominiert zu werden?

Zweitens: Die Herausforderung von Repräsentation: Man kann sein ganzes Leben dem Studium einer einzigen Nationalliteratur widmen—und diese doch nicht beherrschen. Welt-Literatur wird immer nur in relativ kurzen Auszügen repräsentiert werden können, um sie in Lehrbücher oder Unterrichtseinheiten aufzunehmen. Diese Auswahl ist immer parteiisch oder kontrovers. Wie kann eine solche Kontroverse vermieden werden? Wer hat die Autorität, die Auswahl zu treffen und zu entscheiden, welche Werke in einer gegebenen Sprache oder in einer gegebenen Nationalliteratur zur Welt-Literatur gehören? Welche Kriterien gelten für Inklusion oder Exklusion? Gehört z.B. Franz Kafka zur Welt-Literatur? Das Kafka-Buch von Gilles Deleuze und Félix Guattari hat den Untertitel *Für eine kleine Literatur*.[4] Ist dies eine zutreffende Beschreibung? Heißt

„klein" hier Kafkas Werke gehören nicht zu Welt-Literatur? Wie könnte man eine begründbare Entscheidung treffen?

In dem brillianten Einleitungskapitel zu seinem Buch *What is World Literature?* spricht David Damrosch auf überzeugende und kenntnisreiche Weise all die Themen an, die ich hier nenne.[5] Er umgeht die Versuchung, einen Kanon für Welt-Literatur zu formulieren, indem er den Fokus verschiebt und argumentiert, dass Welt-Literatur kein unendlicher, ungreifbarer Kanon von Werken sei, sondern vielmehr eine Weise der Zirkulation und des Lesens. (Damrosch 5) Diejenigen, die Welt-Literatur unterrichten und Herausgeber von Schulbüchern zum Thema Welt-Literatur müssen jedoch immer noch entscheiden, welche Werke lanciert und beworben werden sollen, damit sie gelesen werden können. Diese Experten müssen sich auch darüber im Klaren sein, worauf sie die Studierenden bei der Lektüre von Texten, die aus einer ihnen fremden Kultur stammen, hinweisen sollten. Treffend identifiziert Damrosch die Ansprüche in dieser Hinsicht. „Ein Spezialist für klassische chinesische Dichtung", sagt er, „kann über lange Jahre intensiven Studiums eine tiefe Kenntnis mit dem schier unerschöpflichen Substrat eines kurzen Gedichts aus der T'ang Dynastie entwickeln; das meiste dieses Kontexts geht ausländischen Lesern jedoch verloren, wenn das Gedicht ‚auswandert'. In Ermangelung spezifischer Kenntnisse wird der fremde Leser beim Bemühen um Verständnis wahrscheinlich seine eigenen literarischen Werte auf das kulturell fremde Gedicht projizieren; aber auch sorgfältige wissenschaftliche Versuche, ein kulturell fremdes Werk im Lichte der westlichen kritischen Theorie zu lesen, ist höchst problematisch." (Damrosch 4-5)

Drittens: Die Herausforderung, was mit „Literatur" überhaupt gemeint ist. In einer jener berühmten Konversationen zwischen Eckermann und Goethe über Weltliteratur unterstreicht der letztere seine Überzeugung, dass „Literatur" universal sei, etwas, das jede menschliche Kultur überall und zu allen Zeiten besessen habe. Wenn Eckermann, Goethes ‚Sündenbock', sich weigert, chinesische Romane zu lesen und fragt, ob derjenige, den sie diskutierten, „etwa einer der besten und herausragenden sei", antwortet Goethe ohne zu zögern:

„Ganz und gar nicht; die Chinesen haben tausende der Art und sie hatten sie schon, als unsere Vorfahren noch in den Wäldern lebten.

„Ich bin mehr und mehr davon überzeugt," fuhr er fort, „dass Dichtung der universale Besitz der Menschen ist ... die Epoche der Weltliteratur steht vor der Tür, und jeder muss sich bemühen, dass sie so schnell wie möglich kommt."[6]

Sogar innerhalb einer relativ homogenen, wenn auch multilingualen, Kultur, wie derjenigen von Westeuropa und Amerika, lässt sich „Literatur" nicht so einfach definieren oder als gegeben hinnehmen, wie Goethe vorzuschlagen scheint. Man könnte jedenfalls dasselbe sagen, was ein Richter des Obersten Gerichtshofs der Vereinigten Staaten in einem berühmt gewordenen Ausspruch über Pornographie sagte: „Ich kann sie nicht definieren, aber ich erkenne sie, wenn ich sie sehe." Literatur in ihrer modernen westlichen Form ist noch nicht einmal dreihundert Jahre alt. Ist es legitim, ein solch enges Verständnis von „Literatur" zu globalisieren? Die moderne westliche Idee von Literatur ist eng in dem Sinne, dass sie sich auf westliche Kultur während einer historischen Periode bezieht—jene Zeit des Aufstiegs des Bürgertums, der zunehmenden Alphabetisierung und des Buchdrucks. Es erscheint zweifelhaft, das gerade das, was wir Westler während der vergangenen Jahrhunderte unter „Literatur" verstanden haben, weltweit gelten solle. Wie könnte ein akademisches Fach „Welt-Literatur" den vielen verschiedenen Konzeptionen von Literatur zu unterschiedlichen Zeiten, an unterschiedlichen Orten der Welt gerecht werden? Damrosch räumt zwar ein, dass „Literatur" in jeder Kultur etwas anderes bedeutet, aber er argumentiert, wir könnten dieses unterschiedliche Verständnis von Literatur ja jeweils definieren. Trotz all der unterschiedlichen kulturellen Konzeptionen von „Literatur" erkennen wir sie, wenn wir sie sehen.

Das Bemühen, die Literaturwissenschaft zu globalisieren, so bewundernswert es auch ist, trifft durch seine eigene Aufstellung auf intrinsische Charakteristika sogenannter Literatur, die das Projekt ent-globalisieren. Diese Diversitätsmarker veranlassen dazu, oder sollten dazu veranlassen, Literaturwissenschaft nicht erneut auf das selbstgenügsame Studium von Nationalliteraturen eines bestimmten historischen Abschnitts zu lenken, sondern vielmehr dazu herausfordern, individuelle Werke, die wir als „Literatur" erkannt haben, aufmerksam zu studieren. Es war ja gerade die enge Perspektive und Begrenztheit des Studiums von Nationalliteraturen, denen die Neufassung von Welt-Literatur zu entkommen trachtete.

Allerdings ist die verstehende Lektüre einer einzigen Nationalliteratur schon eine Herkules-Aufgabe, vielleicht sogar unmöglich. Es könnte sein, dass kein literarisches Werk von den Periodisierungen und Generalisierungen erschöpfend erfasst wird, mit deren Hilfe wir interpretieren und lesen. Schon allein von „dem Viktorianischen Roman" zu sprechen, entspringt einer eher mystifizierenden Projektion von Einheit, wo es bereits immense Vielfalt zu entdecken gibt.

Die neue Disziplin der Welt-Literatur problematisiert sich selbst, oder sollte sich problematisieren, indem sie rigoros und kritisch die Vorannahmen beleuchtet, welche das Konzept einer ‚Welt-Literatur' als akademischer Disziplin überhaupt möglich und wünschenswert erscheinen ließen. Bedeutet dies, dass es sich nicht lohnt, einige Seiten chinesischer, kenianischer oder tschechischer Literatur in englischer Übersetzung mit präzisem und kenntnisreichem Kommentar zu lesen? Wäre es besser, diese literarischen Splitter überhaupt nicht zu lesen? Ganz und gar nicht. Allerdings bedeuten die Herausforderungen für Welt-Literatur, die ich benannt habe, dass man deren Lerneffekt für die Studierenden der Literatur nicht überbewerten sollte; Vorlesungen und Seminare zur Welt-Literatur können nicht mehr als ein wertvoller erster Schritt sein, der Studierenden globales Wissen von Literaturen und Kulturen aus allen Ecken der Welt vermittelt.

☙

Nun wende ich mich einem Gedankenexperiment zu. Nehmen wir an, ich wäre ein chinesischer Literaturwissenschaftler, der ein Lehrbuch zur Weltliteratur in der chinesischen Sprache vorbereitet. Nehmen wir weiterhin an, ich hätte aus irgendwelchen Gründen beschlossen, eine chinesische Übersetzung von W.B. Yeats' „The Cold Heaven" in mein Lehrbuch aufzunehmen. Dieses kurze Gedicht ist aus Yeats' Gedichtband von 1916 mit dem Titel *Responsibilities*. Welche Informationen müsste ich chinesischen Lesern übermitteln, um sie in nahezu perfekte Leser dieses Gedichts zu verwandeln? Hier ist das Gedicht. Ich habe es ausgesucht, weil ich es sehr bewundere und ausgesprochen bewegend finde. Man kann es auf mehreren Internetseiten finden.

The Cold Heaven

Suddenly I saw the cold and rook-delighting heaven
That seemed as though ice burned and was but the more ice,
And thereupon imagination and heart were driven
So wild that every casual thought of that and this
Vanished, and left but memories, that should be out of season
With the hot blood of youth, of love crossed long ago;
And I took all the blame out of all sense and reason,
Until I cried and trembled and rocked to and fro,
Riddled with light. Ah! when the ghost begins to quicken,
Confusion of the death-bed over, is it sent
Out naked on the roads, as the books say, and stricken
By the injustice of the skies for punishment?[7]

Dem Fluss des Gedichts folgend, liste ich einige der Dinge auf, die nicht nur für einen chinesischen Leser erklärungsbedürftig sind, sondern zweifellos auch für einen westlichen jungen Menschen, der wenig Ahnung von europäischer Dichtung hat, sich dafür aber besser in Computerspielen auskennt. David Damrosch stellt ebenso wie ich fest, dass immer dann, wenn ein gegebener literarischer Text von seiner Ursprungskultur in eine andere Kultur wandert, eine andere Lektüre erfolgt. Ich spreche hier nicht von komplexen Kontextualisierungen eines Textes, sondern nur davon, Yeats' Gedicht überhaupt zu verstehen. Eine solche sinnhafte Lektüre kann beispielsweise eine Entscheidung darüber beinhalten, wie dieser oder jener Satz übersetzt werden sollte; einige Gedanken dazu, was man beim Versuch ‚The Cold Heaven' zu verstehen, wissen sollte: 1) einige biographische Hinweise zu Yeats' Leben und Schreiben; 2) eine Erklärung über die Versform: drei iambische Hexameter Vierzeiler mit dem Reim abab. Ist es vielleicht eher eine ungewöhnliche Art eines Sonnets in Hexametern als in Pentametern, bei dem das letzte Reimpaar ausgelassen ist? 3) Kenntnis über die immer wiederkehrende Verwendung von „plötzlich" („sudden") oder „plötzlich" („suddenly") in Yeats' Gedichten und deren zahlreichen Konnotationen; 4) welche Art Vogel eine Krähe ist und warum sie kaltes Wetter mag; 5) die doppelte Bedeutung von „Himmel" („heaven") als „Firmament" („skies") und als der überirdische Bereich jenseits des Firmaments wie beispielsweise im Gebet „Vater unser, der Du bist im Himmel"; zum Vergleich die Bedeutung von „Himmel" („skies") am Ende des Gedichts: „the injustice of the skies for punishment"; 6) eine Erklärung von Oxymora, z.B. „brennendes Eis" („burning ice") und insbesondere dieses Oxymorons in westlicher Poesie; 7) ein Deutungsversuch der semantischen Unterscheidung von „Imagination" und „Herz" („imagination and heart") ebenso wie die Nuancen jedes einzelnen dieser Wörter; 8) Interpretation von „crossed" in „Memories ... of love crossed long ago", die Beziehung zu Shakespeares Romeo und Julia als „star-crossed lovers", wobei sowohl auf den schicksalhaften Einfluss der Sterne auf die Liebe der beiden angespielt wird wie auch auf die zerstörerische Liebe von Yeats zu Maud Gonne; es war sie, die sich immer wieder von ihm abwandte; deshalb ist es zu einem gewissen Grad auch absurd, dass er die Schuld für das Scheitern ihrer Liebe übernahm, umwarb er sie doch nach allen Regeln der Kunst; 9) den Unterschied zwischen „Sinn" („sense") und „Vernunft" („reason") auszuloten in einem Satz wie „I took the blame out of all sense and reason" („wider jeden Sinn und alle Vernunft nahm ich die Schuld auf mich"); oder ist dies nur tautologisch? A. Norman Jeffares zitiert T.R. Henns Erklärung, dass „out of all sense" eine irische (und doppeldeutige) Wendung sei, die beides bedeutet: ‚in einem Ausmaß, das weit über den gesunden Menschenverstand hinausgeht', aber auch heißen kann, ‚weit jenseits jeden Gefühls';[8] 10) Kommentar zur Doppelbedeutung des Verbs „riddle" in dem herrlichen Satz „riddled with light": „riddle" bedeutet in adjektivischer Verwendung ‚von Löchern durchbrochen', ein Schüttelsieb, und „riddle" als Verb bedeutet ‚in Rätseln sprechen';‚riddled with light' ist ein Paradox, denn Licht meint normalerweise erhellen und nicht verdunkeln; 11) Entwirren der Bedeutungen, die sich um „quicken" ranken und in dem Satz verdichten „when the ghost [meaning disembodied soul] begins to quicken, / Confusion of the death bed over"; „quicken" bedeutet üblicherweise das Reifen eines befruchteten Eies im Uterus, d.h. hier wird eine Sterbebettszene mit einer erotischen Liebesbettszene überblendet; 12) „wie die Bücher sagen" („as the books say"): welche Bücher? Die esoterischen Bücher über irische Volkskunst, von der Yeats so begeistert war; 13) vergleiche den Satz „Ungerechtigkeit des Himmels in seinen Strafen" („injustice of the skies for punishment") mit der geläufigen

Annahme, dass himmlische Strafen immer nur gerecht sind, dass sie uns nach dem Tod immer das geben, was uns gebührt; warum und auf welche Weise kann der Himmel ungerecht sein? Ihn für etwas zu beschuldigen, das nicht seine Schuld war? Vergeiche diesen Gedanken mit der antiken Tragödie. Ist denn Ödipus wirklich schuld daran, dass er den Vater tötet und die Mutter schwängert? Sind wir alle schuldig? 14) Weshalb ist der letzte Satz eine Frage? Ist er eine wirkliche Frage oder nur eine rhetorische? Würde die Antwort ihren eigentlichen Platz finden, wenn die Leerstelle, die auf die zwölf Zeilen dieses unvollständigen Sonetts folgt, aufgefüllt werden könnte? Dieses Gedicht scheint sowohl zu lange Zeilen als auch zu wenig Zeilen zu haben. 15) Schließlich noch die Frage, ob chinesische Leser wissen möchten oder auch selbst beobachten, dass Yeats, wie viele andere europäische Dichter seiner Generation, in diesem und anderen Gedichten beeinflusst war durch seine Kenntnis chinesischer Dichtung und chinesischem Denken, welche in Übersetzungen vorhanden waren. Im Band *Responsibilities*[9], der das Gedicht „Der kalte Himmel" („The Cold Heaven") enthält, findet sich auch ein Epigraph von jemandem, den Yeats etwas pompös „Khoung.Fou-Tseu" nennnt; wahrscheinlich ist damit „Confucius" gemeint: „Wie ich mich nun lange Zeit selbst verloren habe, Habe ich den Prinz von Chang in meinen Träumen nicht gesehen" (How am I fallen from myself, for a long time now/I have not seen the Prince of Chang in my dreams") (*Variorum Poems*, 269).

Wahrscheinlich könnten chinesische Leser sehr viel sagen über diese chinesischen Bezüge und darüber, wie sie „The Cold Heaven" in den Rang der Welt-Literatur erheben.

Ich habe die Herausforderungen und Schwierigkeiten betont, die sich für Welt-Literatur als eine neue Disziplin und als Begleiterscheinung von neuen Formen der Globalisierung herauskristallisieren. Das heißt nicht, dass die Welt-Literatur nicht wachsen soll. In den verschiedenen Handlungssträngen von *Wie Ihr Wollt* (*As You Like It*), zeigt Shakespeare recht schlüssig, dass Liebe im Sinn von sexueller Begierde und Liebe im Sinn von spiritueller Zuneigung durch nichts versöhnt werden können. Sie bilden eine Aporie, eine ausweglose Konstellation. Lust und Liebe sind unvereinbar. Und doch endet das Stück auf triumphale Weise mit vier Hochzeiten. Diese brechen die Unvereinbarkeit auf. Lasst

Welt-Literatur blühen, sage ich, genauso wie Shakespeares wahnsinniger König Lear sagt, „lasst Kopulation florieren." (*King Lear*, IV, 6, 116).

※

Coda, das nach Ende der Konferenz hinzugefügt wurde:

Wie ich erwartet hatte, habe ich viel von all den Vorträgen der Konferenz „Comparative Literature in the Phase of World Literature: Fünftes Chinesisch-Amerikanisches Symposium der Vergleichenden Literaturwissenschaft (11.-15. August, 2010) in Shanghai gelernt. So viele Vorreiter der wiedererstandenen Disziplin der Welt-Literatur zu treffen und zu hören, zeigte mir, dass Welt-Literatur weltweit immer größeren Zuspruch erhält, und dass sich eine gemeinsame Vorstellung darüber formt, was Welt-Literatur ist, was sie bewirkt, wie ihre Konventionen und Regularien aussehen könnten.

Für meine eigenen Überlegungen war insbesondere Thomas Beebees Vortrag relevant, in dem er die Frage aufwarf „Was in aller Welt hat Friedrich Nietzsche gegen *Weltliteratur*? Ich fand Professor Beebees Vortrag äußerst provokativ, nicht zuletzt wegen der ausgewählten Zitate aus Nietzsches *Die Geburt der Tragödie* und *Jenseits von Gut und Böse* und deren Auslegung im Vortrag. Ich hätte so viel zu Beebees Vortrag und den Zitaten auf dem Handout zu sagen gehabt, dass ich schlussendlich lieber schwieg um nicht ungehörig viel Diskussionszeit zu besetzen. Die folgenden Bemerkungen sind deshalb lediglich eine erweiterte Fußnote zu Thomas Beebees inspirierendem Vortrag.

Was hat Nietzsche nun gegen Welt-Literatur? Der Kürze zuliebe und um unendliche Exegese zu vermeiden, beschränke ich mich fast völlig auf die Zitate in Beebees Handout. Leser der zentralen Essays zu *Die Geburt der Tragödie* von Paul de Man, Andrezej Warminski, Carol Jacobs und Thomas Albrecht wissen zweifellos, wie komplex, widersprüchlich und kontrovers *Die Geburt der Tragödie* ist.[10] Warminski führt in „Reading for Example" einige der Beispiele vor, die mit Übersetzen verknüpft sind und die ich genannt habe. Er verweist darauf, dass Walter Kaufmann in der Standardübersetzung von *Die Geburt der Tragödie* irreführenderweise das deutsche Wort *Gleichnis* mit „symbol" übersetzt und damit die ganze Ideologie der Romantik in Nietzsches Text importiert, wohingegen *Gleichnis* eigentlich „Parabel", „Figur" oder „Bild/Imago" meint.[11]

Was Nietzsche in jener eindrucksvollen, von Beebee zitierten Passage aus *Die Geburt der Tragödie* sagt, fügt eine weitere Herausforderung zu den drei von mir bereits genannten zum Unternehmen Welt-Literatur hinzu. Leser von Nietzsches *Vom Nutzen und Nachtheil der Historie für das Leben* („*On the Advantage and Disadvantage of History for Life*", oder „*On the Use and Abuse of History for Life*") werden sich erinnern, dass Nietzsche argumentiert—auf paradoxe, ja sogar skandalöse Art und Weise—dass es nur gesund sei, die Geschichte zu vergessen, sodass wir in der Gegenwart produktiv weiterleben können, dass wir neu beginnen können, ohne die schwere Last der Geschichte auf unseren Schultern. Der Titel von Nietzsches Essay ist in vielen Variationen übersetzt worden, auch diese unterschiedlichen Übertragungen vom Deutschen ins Englische veranschaulichen, was ich bereits zum Problem von Übersetzung und Welt-Literatur sagte. Mein deutsches Wörterbuch weist jedoch als erste Übersetzung für *Nutzen* und *Nachteil* „advantage" und „disadvantage" aus. Dieser Essay ist Nietzsches Version von James Joyces Definition der Geschichte als „der Alptraum, von dem ich zu erwachen versuche". Nietzsches und Joyces Geschichtsbild erscheint paradox und skandalös, wie ich vorher schon sagte—und ich meine damit vor allem uns Professoren der Geisteswissenschaften, die ihr Leben damit verbracht haben, die Geschichte der Literatur zu studieren—eine Geschichte, die nun „Welt-Literatur" einschließt. Nietzsche selbst musste in seiner Eigenschaft als Ordinarius für Klassische Philologie an der Universität Basel Literaturgeschichte studieren. Mit vierundzwanzig Jahren auf diese Professur berufen, war er einer der jüngsten für eine solche Aufgabe. Nietzsches Meinung ist genau das Gegenteil von der ganz und gar nicht unplausiblen Gegenrede, dass nämlich diejenigen, die Geschichte vergessen, dazu verurteilt seien, sie zu wiederholen.

Die Grundannahme in Nietzsches Argumentation, wie Beebee sie in *Die Geburt der Tragödie* und in *Jenseits von Gut und Böse* aufweist, besteht darin, dass wir jetzt" in dem Netz der alexandrinischen Cultur befangen" sind: „Unsere ganze moderne Welt ist in dem Netz der alexandrinischen Cultur befangen und kennt als Ideal den mit höchsten Erkenntniskräften ausgerüsteten, im Dienste der Wissenschaft arbeitenden ‚theoretischen Menschen', dessen Urbild und Stammvater Sokrates ist."[12] Was bedeuten diese Sätze? Sie besagen, dass wir, genauso wie die Bürger von Alexandria im Zwielicht des antiken Griechenland, in der modernen Welt alles Wissen zusammengetragen und zur Verfügung haben, wie es in der berühmten Bibliothek von Alexandria der Fall war, oder wie es in den großen europäischen Universitätsbibliotheken zu Nietzsches Zeiten gesammelt war, oder auch wie wir es heute aus dem Internet abrufen können. In Zeiten der globalen Telekommunikation können wir Informationen zu fast allen Themen aus allen Teilen der Welt erhalten. Darüber hinaus ist auch unsere Kunst durch Imitation weniger ausdrucksstark geworden, weil sie von der vitalen Ressource der Inspiration abgeschnitten ist, wie Nietzsche immer wieder betont. Unsere Dichter und Künstler wissen zu viel über die Geschichte der Dichtung und Kunst. Dies ist Nietzsches Version dessen, was Harold Bloom im späten zwanzigsten Jahrhundert „Einfluss-Angst" „(the anxiety of influence") nennen sollte.[13]

Nietzsche ist dieser Entwicklung gegenüber eher pessimistisch. Weshalb? Warum beschreibt Nietzsche die Macht alles zu wissen als in einem Netz verfangen zu sein? Man könnte meinen, dass es durchaus reizvoll sein kann alles zu wissen, was es unter der Sonne gibt. Nietzsche argumentiert stattdessen im Gegenteil, dass es den Menschen genauso geht wie einem wilden Tier, einem Fisch oder einem Vogel, die in einem Netz gefangen und ihrer Freiheit zu leben beraubt sind. So ergehe es den Menschen in Alexandrien, die durch zu viel Wissen paralysiert sind und deshalb kein normales Leben mehr leben können. Nietzsches Vorstellung eines guten menschlichen Lebens ist auf die Gegenwart gerichtet, gelebt und gehandelt wird in einer gegebenen Situation, die in der Gegenwart stattfindet und in die Zukunft gerichtet ist und dabei die Vergangenheit vergisst. In einem seiner ausgewählten Nietzsche-Zitate verweist Beebee darauf, wie Nietzsche gegenüber Eckermann Napoleon rühmt als den Typus des nicht-theoretischen Menschen, der „eine Produktivität der Thaten" verkörpert (GT, 116). Normale Menschen leben in einer lokalen Kultur. Diese Kultur beinhaltet indigene Literatur und andere Kunstformen. Eine solche Kultur ist von anderen Kulturen abgesondert und hält ihre Anschauungen ebenso wie ihre angestammte Sprache für universal gültig. Für die Griechen war jeder, der nicht Griechisch sprach, ein Barbar. Es klang, als ob sie stammelten „bar ...bar...bar", etwas Unverständliches brabbelten. Eine andere Sprache zu erlernen, erschien den Griechen unsinnig oder gefährlich. Es würde zu Dissonanzen führen, zur Multiplikation und Auflösung des Selbst.

Das Wort „Dissonanz" („dissonance") taucht im zweiten Zitat von Beebee auf und steht im letzten Abschnitt von *Die Geburt der Tragödie*, Sektion 25; ja es erscheint sogar gehäuft gegen Ende der *Geburt der Tragödie*: „Könnten wir uns eine Menschwerdung der Dissonanz denken—und was ist sonst der Mensch?—so würde diese Dissonanz, um leben zu können, eine herrliche Illusion brauchen, die ihr einen Schönheitsschleier über ihr eignes Wesen decke." (GT, 155) In Nietzsches Verständnis ist der Mensch hauptsächlich Dissonanz.[14]

Wie ist diese „Dissonanz" zu denken? Thomas Beebee war vielleicht zu zurückhaltend und intellektuell zu streng, um irgendetwas über jene dissonante Köderdose zu sagen, diese irritierende Opposition zwischen dem Dionysischen und dem Apollinischen Prinzip, das auf verschwommene Weise die ganze *Geburt der Tragödie* organisiert. Diese Opposition tritt als Leitmotiv besonders in Sektion fünfundzwanzig hervor. Wenn ich die Köderdose unvorsichtig öffne, sage ich, dass diese Opposition *Die Geburt der Tragödie* auf unklare Weise organisiert, weil es zuerst so erscheint, als formten das Dionysische und das Apollinische einen deutlichen Gegensatz, es sich aber dann herausstellt, dass die Verhältnisse nicht ganz so einfach liegen. Das Dionysische, so scheint es, verweist auf die allem unterliegende Kakophonie des universalen Willens, auf „den dionysischen Untergrund der Welt". (GT, 155) Die Musik und die griechische Tragödie (Sophokles und Aeschylus, aber nicht Euripides) sind unmittelbarer Ausdruck von „jenem Fundamente aller Existenz". (GT, 155) „Musik und tragischer Mythus sind in gleicher Weise Ausdruck der dionysischen Befähigung eines Volkes und von einander untrennbar". (GT, 154)

Immerhin ist der volle Titel von Nietzsches Buch *Die Geburt der Tragödie aus dem Geist der Musik*. Weshalb Nietzsche vom „Geist der Musik" spricht und nicht einfach „Musik" wählt, ist nicht leicht zu beantworten. Offensichtlich geht der „Geist der Musik" der tatsächlichen musikalischen Komposition voraus, wie auch die Wagner-Opern für Nietzsche *das* Beispiel schlechthin für das moderne Dionysische sind. Der Geist der Musik und die Musik selbst, so wird impliziert, sind zwei verschiedene Dinge. Der Mensch kann das Dionysische nicht unverhüllt erblicken und weiterleben. Es muss deshalb unter einem Schleier schöner Illusion verborgen sein: diese Dissonanz [d.h. die Dissonanz, aus der in der Menschwerdung der Mensch hervorgeht] braucht, um leben zu können, „eine herrliche Illusion, die ihr einen Schönheitsschleier über ihr eigenes Wesen decke." (GT, 155) Oder, wie T.S. Eliot diesen Gedanken formulierte: „Menschheit/Nicht sehr viel Realität ertragen kann"; („human kind/Cannot bear very much reality").[15]

Diese Opposition ist deutlich genug. Sie hat eine apollinisch vernünftige Klarheit. Allerdings—je mehr man alles sorgfältig liest, was Nietzsche über das Dionysische und das Appollinische geschrieben hat,—vor allem zusammen mit den überreichen Anmerkungen zur *Geburt der Tragödie*, mit Nietzsches Briefen jener Zeit, dem der dritten Auflage von 1886 beigefügten „Versuch einer Selbstkritik" und den Kommentaren zur *Geburt der Tragödie* in *Ecce Homo* (geschrieben 1888, publiziert 1908)—desto komplizierter werden die Dinge. Die Fassung von 1886 hatte sogar einen anderen Titel: *Die Geburt der Tragödie. Oder: Griechenthum und Pessimismus.* Immer mehr muss der aufmerksame Leser einsehen, dass das Dionysische und das Apollinische keine Gegensätze darstellen, auch nicht zu Zeiten der ersten Ausgabe von *Die Geburt der Tragödie* (1872). Um Carol Jacobs Formulierung zu gebrauchen: sie sind „stammelnde" Vertauschungen von einander, kaum unterscheidbare „Verklärungen" oder figurative Etüden einer originären Dissonanz, die—wenn wir Schopenhauer folgen—niemals unmittelbar zum Ausdruck kommen kann, sondern immer nur andeutungsweise in der einen oder anderen Katachrese. „Dissonanz" ist eben nicht Musik, sondern die Abwesenheit von Musik als klirrendes Geräusch; genauso wie stammelnde Sprache nicht Sprache ist, sondern das Produkt einer Sprachbehinderung, die nur sich wiederholende misstönende Geräusche hervorbringt. In Abschnitt 25 ist dasselbe Wort „*Verklärung*" sogar verwendet, um zu beschreiben, was Musik, tragischer Mythos und Apollinische Illusion alle gleichermaßen, aber auf unterschiedliche Weise, tun: „Musik und tragischer Mythus sind in gleicher Weiser Ausdruck der dionysischen Befähigung eines Volkes und von einander untrennbar. Beide entstammen einem Kunstbereiche, das jenseits des Apollinischen liegt; beide verklären eine Region, in deren Lustaccorden die Dissonanz eben so wie das schreckliche Weltbild reizvoll verklingt" (GT, 154). „Dabei darf von jenem

Fundamente aller Existenz, von dem dionysischen Untergrunde der Welt, genau nur so viel dem menschlichen Individuum ins Bewusstsein treten, als von jener apollinischen Verklärungskraft wieder überwunden werden kann" (GT, 155).

Am Ende wird der Leser mit einem Gegensatz nicht zwischen dem Dionysischen und dem Apollinischen allein gelassen, mit der ursprünglichen, unterliegenden Dissonanz auf der einen Seite, und dem Dionysischen und Apollinischen in all ihren verschiedenen Formen der gleichen Verklärung, die Menschen nicht direkt anblicken und dann weiterleben können. Diese anscheinend deutlichen Figuren strafen ihren Ursprung aus der stammelnden Dissonanz Lügen. In ihrem brillianten Aufsatz über *Die Geburt der Tragödie* unter dem Titel „Der Stammelnde Text: Die fragmentarischen Vorstudien zur *Geburt der Tragödie* (vgl. FN 10) hat Carol Jacobs dies vor allem in ihrer Lektüre des nachgelassenen Fragment 9 überzeugend rekonstruiert.[16] Ihr Essay gipfelt in einer Exegese des Wortes „stammeln" sowohl in den Schriften als auch in *Die Geburt der Tragödie* selbst. „So wäre wirklich das schwierige Verhältniss des Apollinischen und des Dionysischen in der Tragödie durch einen Bruderbund beider Gottheiten zu symbolisiren: Dionysus rede die Sprache des Apollo, Apollo aber schließlich die Sprache des Dionysus." (GT 140) Tatsächlich hat Nietzsche—wie Albrecht und die anderen in meiner Fußnote 10 erwähnten Interpreten argumentieren—das Dionysische und das Apollinische als jene schöpferische Kraft betrachtet, die aus ihrer eigenen stammelnden Dissonanz die Illusion der ursprünglichen Dissonanz generieren und nicht als deren figurative Verklärungen fungieren. Meine Bezeichnung „Katachrese", weist in diese Richtung.[17] Ich will diesen Hasen nicht tiefer in sein Hasenloch verfolgen. Es ist jedenfalls ein treffendes Beispiel dafür, wie ein unschuldig aussehendes Wort, „Dissonanz" in diesem Falle, oder wie „quicken" in Yeats's „The Cold Heaven", zu einer nahezu unendlichen Lektüre führen kann, einer Lektüre, die schließlich alles einschließt, was der Autor je geschrieben hat sowie dessen dissonanten und daher nicht-totalisierbaren intellektuellen, kulturellen und linguistischen Kontext.

Nietzsches harsches Urteil über die Goethe'sche *Weltliteratur* ist eine Begleiterscheinung dieses Netzwerks von kontextuellen Annahmen. Anhänger der Welt-Literatur kennen und können viele Sprachen, viele

Kulturen, viele Literaturen. Sie reihen die Texte nebeneinander und betrachten sie als beispielhaft für eine universale oder globale Literatur, die vor Jahrtausenden begann und in der bevölkerten Welt immer noch fruchtbar ist. Die neue Auskristallisation der Weltliteratur heute ist ohne Zweifel eine Form von Globalisierung, wie ich bereits zu Anfang feststellte. Was Nietzsche in *Jenseits von Gut und Böse* (1886) ironischerweise als „Civilisation", „Vermenschlichung" „Fortschritt", „die demokratische Bewegung Europas" sah, was sich für ihn vollzieht als ein ungeheurer physiologischer Prozess" ... als „die langsame Heraufkunft einer wesentlich übernationalen und nomadischen Art Mensch, welche physiologisch geredet, ein Maximum von Anpassungskunst und- kraft als ihre typische Auszeichnung besitzt", hat nun im Jahr 2010 eine hyperbolische Ebene erreicht.[18] Der neue nomadische Mensch nimmt heute viele Ausprägungen an, aber er könnte auch in dem Wissenschaftler personifiziert sein, der wie ich die ganze Welt bereist, um an Konferenzen teilzunehmen, Vorträge zu halten, bei denen Teilnehmer zuhören, die von allen Ländern kommen—der Globus in die Größe einer Aula gepresst.

Im Lichte dieser kurzen Darlegung des weiteren Kontexts der Weltliteratur, wie Nietzsche ihn mit Blick auf den ‚Nachtheil für das Leben' erachtete, wende ich mich nun noch einmal dem ersten Zitat aus *Die Geburt der Tragödie* zu, das Thomas Beebee anführte. Der engere Kontext für Nietzsches negative Einstellung zur Weltliteratur hängt mit Goethes positiver Haltung ihr gegenüber zusammen und äußert sich in jenem berühmten Gedankenaustausch mit Eckermann über den Chinesischen Roman als eine Manifestation von Weltliteratur, wie vorher schon erwähnt. Die Chinesen, so Goethe zu Eckermann, hatten schon Romane als wir Europäer noch im Wald lebten. Die Epoche der Weltliteratur steht vor der Tür und jeder muss ihre Ankunft vorantreiben, sagte Goethe mit seiner üblichen etwas ironischen Fröhlichkeit. Sie sie kommt sowieso, weshalb ihre Ankunft also nicht beschleunigen, oder besser: gerade deshalb sollten wir ihre Ankunft beschleunigen. Im Unterschied zu Nietzsche konnte Goethe keine Gefahr in der Weltliteratur erblicken. In seiner gelassenen und souveränen Unbeirrbarkeit begrüßte er sie, vielleicht weil er sicher war, er würde Teil von ihr sein.

Nichtsdestoweniger sollten die Auswirkungen totalen Wissens auf Goethes Faust dem Leser eine Pause verschaffen. Beebees Zitate aus *Die Geburt der Tragödie* weisen eine Referenz auf Goethes Faust als dem Typ des modernen Menschen aus, dessen Allwissenheit sich in ständiger Unzufriedenheit gegen sich selbst wendet: „Wie unverständlich müsste einem ächten Griechen der an sich verständliche moderne Culturmensch Faust erscheinen ... den wir nur zur Vergleichung neben Sokrates zu stellen haben, um zu erkennen, dass der moderne Mensch die Grenzen jener sokratischenn Erkenntnisslust zu ahnen beginnt und aus dem weiten wüsten Wissensmeere nach einer Küste verlangt." (GT 116)

Noch einmal die Frage: was hat Nietzsche gegen Welt-Literatur? Hier ist die zentrale Passage zu dieser Frage, die Beebee zitiert. Sie muss genau gelesen werden: „Unsere Kunst offenbart diese allgemeine Noth: umsonst dass man sich an alle grossen productiven Perioden und Naturen imitatorisch anlehnt, umsonst, dass man die ganze „Weltliteratur" zum Troste des modernen Menschen um ihn versammelt und ihn mitten unter die Kunststile und Künstler aller Zeiten hinstellt, damit er ihnen, wie Adam den Thieren, einen Namen gebe; er bleibt doch der ewig Hungernde, der „Kritiker" ohne Lust und Kraft, der alexandrinische Mensch, der im Grunde Bibliothekar und Corrector ist und an Bücherstaub und Druckfehlern elend erblindet." (GT 19-20) (Ich bin im Augenblick selbst ein Alexandriner, der vom Bücherstaub und vom Bemühen erblindet, alle meine deutschen Wörter korrekt zu schreiben ebenso wie alle Kommata und Zahlen in meinem Text und in meinen Fußnoten. *JHM*) Was meint Nietzsche mit dieser „allgemeinen Noth", diesem unbefriedigten Bedürfnis nach „Trost", dem ewigen Hunger, unter dem der moderne Mensch leidet? Die eben zitierte Passage aus der *Geburt der Tragödie* wie auch andere Passagen von Nietzsches Schriften weisen darauf hin, dass er damit auf die verzweifelte Sokratische, Faustische, Kantische oder auch Hegelische Suche nach totalem Wissen verweist, das empirisch verifiziert werden kann und epistemologisch gesund ist. Diese Suche hat sich durch eben dieses Suchen gegen sich selbst gewendet. Diese Umkehrung hat den modernen Menschen in einen Zustand universaler Verzweiflung katapultiert, beispielhaft thematisiert durch Fausts ewige Unzufriedenheit. Der unmittelbare Kontext dieser Passage aus Abschnitt 18 der *Geburt der Tragödie* bringt dies deutlich hervor, auch wenn die gesamte Passage wegen ihrer Komplexität eine längere Exposition erfordern würde. Nietzsches Idee in eine stark vereinfachende Nussschale verpackt, liest sich etwa folgendermaßen: die Suche des „theoretischen", wissenschaftlichen Menschen nach Macht und Gelassenheit, die der Gelehrte durch umfassendes Wissen zu erreichen hoffte, hat sich in sein irrationales und unlogisches Gegenteil verwandelt, von dem der theoretische Mensch sich angstvoll abwendet: „Das ist ja das Merkmal jenes ‚Bruches' von dem Jedermann als von dem Urleiden der modernen Cultur zu reden pflegt, dass der theoretische Mensch vor seinen Consequenzen erschrickt und unbefriedigt es nicht mehr wagt sich dem furchtbaren Eisstrome des Daseins anzuvertrauen: ängstlich läuft er am Ufer auf und ab".[19] So nachhaltig haben ihn seine optimistischen Sichtweisen geschützt, dass er keinerlei Ganzheitsvorstellungen mehr entwickelt. „Er will nichts mehr ganz haben, ganz auch mit aller der natürlichen Grausamkeit der Dinge. Soweit hat ihn das optimistische Betrachten verzärtelt." (GT 119) Außerdem fühlt er, „wie eine Cultur, die auf dem Prinzip der Wissenschaft aufgebaut ist, zu Grunde gehen muss, wenn sie anfängt, ‚unlogisch' zu werden", d.h. vor ihren Consequenzen zurückflieht. (GT, 119) Das ist die „Noth", von der Nietzsche im darauf folgenden Satz spricht, dem ersten im ersten Zitat in Beebees Lektüre. („Unsere Kunst offenbart diese allgemeine Noth").

Wie kommt diese Einsicht in den gegenwärtigen Augenblick—das späte europäische neunzehnte Jahrhundert—durch die Kunst zustande? Nach Nietzsche durch die Alexandrinische derivative und imitative Qualität der zeitgenössischen Kunst. Gegenwärtige Künstler sind viel zu voreingenommen durch ihr Wissen über Literaturgeschichte und Kunstgeschichte, um etwas anderes als Kopien der großen Kunst der Vergangenheit schaffen zu können. Nietzsches Formulierungen sind Satz-Kaskaden, die mit „umsonst" beginnen. Es ist Teil dieser Sequenz, dass Weltliteratur nicht in der Lage ist, dem modernen Menschen Trost in seiner Verzweiflung geben zu können: „umsonst" findet die Anlehnung an „alle großen productiven Perioden und Naturen" statt; „umsonst" setzt man sich als Zentrum der Stile und Künstler aller Zeiten und benennt sie wie Adam den wilden Tieren Namen gab; man bleibt trotzdem der „*ewig Hungernde*" (Hervorhebung *JHM*). Die Kunststile und -perioden der Literatur aller Zeitalter und Länder (z.B. Barock, Romantik, oder

Viktorianismus) zu kategorisieren, ist genauso willkürlich und unbegründet wie die Unternehmung von Adam, allen Tieren Namen zu geben. Die grundlegende Einsicht für Nietzsche heißt, dass Weltliteratur nicht nur weit davon entfernt ist, dem modernen Menschen Trost in seiner Qual zu spenden, sie versagt darin sogar völlig. Vielmehr ist es gerade die Hinwendung zu „Weltliteratur", die als ein wichtiges Signal für dieses unerfüllte Bedürfnis verstanden werden muss. Es wäre besser, all diese fremden Literaturen, die um den Globus kreisen, nicht zu kennen, ja sie zu vergessen. Nach Nietzsche wäre es besser, so zu leben wie seiner Meinung nach die Griechen in Athen, d.h. im frohen Bewusstsein einer überschaubaren lokalen Kultur, die alle anderen Kulturen und Literaturen ignorierte und sie als barbarisch sah.

Nietzsches Sicht der griechischen Kultur ist jedoch nicht so einfach. *Die Geburt der Tragödie* endet mit Abschnitten, in denen die Apollinische Schönheit in Athen eine Kompensation für den Dionysischen Wahnsinn darstellt: „bei diesem fortwährenden Einströmen der Schönheit" würde er (der sich als heutiger Mensch ins alte Athen versetzt fühlt) nicht „die Hand erhebend ausrufen müssen: ‚Seliges Volk der Hellenen! Wie gross muss unter Euch Dionysus sein, wenn der delische Gott solche Zauber für nöthig hält, um euren dithyrambischen Wahnsinn zu heilen!'" (GT 155-56) Nietzsche stellt sich einen alten Athener vor, der antwortet: „Sage aber auch dies, du wunderlicher Fremdling: wie viel musste dies Volk leiden, um so schön werden zu können." (156)

Nietzsches heftige Zurückweisung von Weltliteratur zeigt bereits in hyperbolischer Form die Umkehrung die These eines Vortrags, den ich anlässlich des Shanghai Symposiums hielt. Die neue Disziplin der Welt-Literatur, so mein Punkt, problematisiert sich selbst, wenigstens sollte sie das, und zwar durch eine präzise Untersuchung der Voraussetzungen, welche die Welt-Literatur als eine akademische Disziplin allererst möglich und wünschenswert machte. Einer der negativen Effekte der Welt-Literatur ist nach Nietzsche die Verwandlung der Wissenschaftler in etwas, das Nietzsche als Professor für klassische Philologie selbst war oder zu werden fürchtete. Nietzsches Beschreibung ist deutlich boshaft. Sie erinnert an George Eliots Beschreibung von Edward Casaubon in ihrem Roman *Middlemarch* und Casaubons vergeblichem Versuch, den ‚Schlüssel für alle Mythologien' zu finden. Hier ist noch einmal Nietzsches Beschreibung:,der „Kritiker" ohne Lust und Kraft, der alexandrinische Mensch, der im Grunde Bibliothekar und Korrektor ist und an Bücherstaub und Druckfehlern elend erblindet." (GT 19-20) Vielleicht war es zum Teil Nietzsches Angst, genauso zu werden, die ihn veranlasste, sein Professorenamt aufzukündigen. Seine offizielle Begründung waren Probleme mit den Augen. Hier ist Eliots Charakterisierung von Casaubon: „Der arme Herr Casaubon war verloren zwischen lauter kleinen Schränken und Wendeltreppen, und in einer erregten Verwirrtheit über die Cabeiri, oder darüber, dass er sich ähnlich beängstigenden Geschichten anderer Mythologen ausgesetzt fühlte, drohte ihm jeglicher Grund abhanden zu kommen, weshalb er sich auf diese Unternehmungen eingelassen hatte."[20] Was in Casaubons Adern fließt, ist weder Blut noch Leidenschaft sondern Satzzeichen—geradeso wie Nietzsches staubtrockener Gelehrter, der seine Zeit mit Fehlersuche zubringt. Eine von Casaubons scharfzüngigen Nachbarinnen, Frau Cadwallader, sagt, „Irgendjemand legte einen Tropfen [seines Bluts] unter ein Vergrößerungsglas, und was man fand, waren Strichpunkte und Klammern".[21] In beiden Fällen ist Kultur, wenn sie in Text eingeschlossen ist, reduziert auf die Materialität des Buchstabens oder der Satzzeichen— wie sie mich auch bei der Korrektur und den Fußnoten dieses Essays verfolgt und beschäftigt haben. Der frühreif-brillante junge Professor der klassischen Philologie, Friedrich Nietzsche, hat vielleicht gerade deshalb ein empörend-unorthodoxes erstes Buch geschrieben, weil er vermeiden wollte, noch einer jener klassischen Philologen zu werden.

Ich beende meine Überlegungen mit einer letzten Beobachtung. Eigentlich wollte ich einige kurze Kommentare anbieten zu Thomas Beebees hervorragenden Essay und die Zitate aus Nietzsches Schriften, auf die er sich konzentrierte. Wie ich hätte voraussehen können, wurden meine Kommentare länger und immer umfangreicher. Sie schließen sich an jene Kommentare an, die für Studierende gedacht sind, wenn sie W.B. Yeats's „The Cold Heaven" lesen wollen. Auch sie werden immer mehr. Was Thomas Beebee und ich in seinen Fußstapfen zu Friedrich Nietzsches Theorie zur *Weltliteratur* bemerkten, zeigt, dass theoretische Aussagen über Weltliteratur ebenso gründlich kontextualisiert werden müssen wie die Werke der Literatur selbst. Solche Aussagen müssen *gelesen* werden, und sie müssen in ihrem *Kontext* verstanden werden.

Ich denke nicht, dass wir jemals wieder zu einer Welt isolierter Gesellschaften zurückkehren können und wollen, von denen jede ihre eigene indigene Kultur feiert. Zu wünschen, wir könnten wieder so werden wie die glücklichen Griechen im antiken Athen, wie Nietzsche manchmal zu wollen scheint, ist meiner Meinung nach eine Form von unproduktiver Nostalgie. Wir müssen mit dem zurechtkommen, was wir haben—und das ist eine welt-weite Alexandrinische Kultur. Das neue Aufblühen der Welt-Literatur als eine eigene akademische Disziplin ist eine natürliche Folge davon. Ihre große Bedeutung liegt darin, dass sie— auch wenn sie keinen „Throst" verspricht—uns trotzdem hilft, die neue unbehagliche Welt der globalen Kommunikation zu verstehen, produktiv in ihr zu leben und zu wandern—eine Existenz, die bei Nietzsche „Nomadentum" heißt.

Anmerkungen

1. *Karl Marx. Friedrich Engels.* Bd. III: Geschichte und Politik 1. [Studienausgabe in 4 Bänden]; Hg. Iring Fetscher (Frankfurt a.M.: Fischer Bücherei 1966), S.62.

2. Claire Colebrook in einem Essay mit dem Titel „A Globe of One's Own: In Praise of the Flat Earth", den ich als Manuskript gesehen habe, brachte mich zurück zu Satans Raumreise in Milton. Ihr Essay war auch in anderer Hinsicht für mich provokativ, ebenso wie neue Essays zu „Critical Climate Change" von Tom Cohen.

3. Ich schreibe „Welt-Literatur", wenn ich die neue Disziplin meine und nicht eine Sammlung verschiedener nationaler Literaturen, die unter „Weltliteratur" subsummiert werden könnten.

4. Gilles Deleuze and Félix Guattari, *Kafka: Toward a Minor Literature.* Trans. Dana Polan (Minneapolis: University of Minnesota Press, 1986).

5. David Damrosch, *What is World Literature?* (Princeton: Princeton University Press, 2003), 1-36.

6. Johann Wolfgang von Goethe, *Conversations with Eckermann*, ed. J.K. Morehead, trans. John Oxenford (London: Everyman, 1930), 132.

7. W.B. Yeats, *The Variorum Edition of the Poems,* ed. Peter Allt and Russell K. Alspach (Yeats: 'The Cold Heaven' in *Others* (Princeton: Princeton University Press, 2001), 17 (New York: Macmillan, 1977), 316. Eine ausführlichere Diskussion des Gedichts findet sich in meinem" W.B.YO-182.

8. A. Norman Jeffares, *A Commentary on the Collected Poems of W.B. Yeats* (Stanford, CA: Stanford University Press, 1968), 146.

9. *Responsibilities: Poems and a Play*, by William Butler Yeats (Churchtown:Cuala Press, 1914); (repr. Photo-Litographie, Irish University Press, 1971).

10. Paul de Man,"Genesis and Genealogy (*Nietzsche*), in *Allegories of Reading: Figural Language in Rousseau, Nietzsche, Rilke, and Proust* (New Haven: Yale UP, 1979), 790-101. Carol Jacobs, „The Stammering Text: The Fragmentary Studies Preliminary to *The Birth of Tragedy*", in *The Dissimulating Harmony: The Image of Interpretation in Nietzsche, Rilke, Artaud, and Benjamin* (Baltimore: The Johns Hopkins UP, 1978), 1-22; Andrzej Warminski, „Reading for Example: A Metaphor in Nietzsche's *Birth of Tragedy*", in *Readings in Interpretation: Hölderlin, Hegel, Heidegger* (Minneapolis: University of Minnesota Press, 1987), XXXV-lxi; Andrzej Warminski, „Terrible Reading (preceded by 'Epigraphs'), in Responses: *Paul de Man's Wartime Journalism* (Lincoln: University of Nebraska Press, 1989), 386-96; Thomas Albrecht, „A 'Monstrous Opposition': The Double Dionysus and the Double Apollo in Nietzsche's *Birth of Tragedy*", in *The Medusa Effect: Representation and Epistemology in Victorian Aesthetics* (Albany: State University of New York Press, 2009), 5-70.

11. „Reading for Example", xliv-xlv.

12. Friedrich Nietzsche, „Vom Nutzen und Nachtheil der Historie für das Leben", in Bd. 1 *Sämtliche Werke,* Kritische Studienausgabe in 15 Bd. Hg. Giorgio Colli und Mazzino Montinari (München, Berlin, New York, 1980, 116-117.

13. Harold Bloom, *The Anxiety of Influence. A Theory of Poetry* (New York: Oxford UP, 1973); deutsch: *Einflußangst. Eine Theorie der Dichtung* (Stroemfeld: Frankfurt am Main und Basel, 1995).

14. Zeitgenössische Leser entdecken wahrscheinlich den unbeirrbaren Sexismus in Nietzsches Formulierungen. Er spricht von „Mensch" und differenziert nicht nach Männern und Frauen. Sexuelle Differenz spielt zumindest in diesen Zitaten keine Rolle. Außerdem spricht Nietzsche im Titel seines Essays von „Geburt" ohne zu erwähnen, dass es nur die Frauen sind, die gebären können.

15. T.S. Eliot, „Burnt Norton," aus *Four Quartets*, in *The Collected Poems and Plays: 1909-1950* (New York: Harcourt, Brace, 1952), 118.

16. „*Nachgelassene Fragmente 1869-1874*", Bd. 7, *Sämtliche Werke,* Ed. Cit.

17. Warminski, in „Reading for Example", Iiii-Ixi, diskutiert Katachrese als Metapher in *Die Geburt der Tragödie*.

18. Friedrich Nietzsche, *Jenseits von Gut und Böse* in *Sämtliche Werke,* ed.cit. Bd. 5, 182.

19. Hier taucht wieder die Figur des zahmen Ufers auf als Gegensatz zum gefahrvollen Ozean des universalen Wissens, oder, in diesem Falle, dem Eisstrom des Seins. „Wissen" und „Sein" sind jedoch nicht identisch. Die Bedeutung der Metapher wird im zweiten Beispiel allerdings umgekehrt, wie so oft in *The Birth of the Tragedy*. In der ersten Referenz wird universales Sokratisches Wissen als hinderlich und schlecht bezeichnet. Im zweiten Fall wird der Mensch als zu zögerlich und schüchtern bezeichnet, um sich—wie er es sollte—den eisigen Wassern der Existenz/des Seins anzuvertrauen.

20. George Eliot, *Middlemarch*. Harmondsworth, Middlesex: Penguin 1974, 229. Die Cabeiri waren eine Gruppe Samothrakischer Fruchtbarkeitsgötter, lerne ich aus den Anmerkungen von Penguin zu *Middlemarch*, ganz in der Manier von Casaubon.

21. Ibid. 96.

Bibliographie

Armand, Louis. *Literate Technologies: Language, Cognition, Technicity*. Prague: Literaria Pragensia, 2006.

Benjamin, Walter. „Franz Kafka: On the Tenth Anniversary of His Death." *Selected Writings: Vol. 2: 1927/1934*. Trans. Rodney Livingstone. Ed. Michael W. Jennings, Howard Eiland, and Gary Smith. Cambridge, MA: The Belknap Press of Harvard University Press, 1999.

Blanchot, Maurice. *De Kafka à Kafka*. Paris: Gallimard, 1981.

Bloom, Harold. *The Anxiety of Influence: A Theory of Poetry*. New York: Oxford University Press, 1973.

Damrosch, David. *What is World Literature?* Princeton: Princeton UP, 2003.

Deleuze, Gilles, Guattari, Félix, *Kafka: Toward a Minor Literature*. Trans. Dana Polan. Minneapolis: University of Minnesota Press, 1986.

Deleuze, Gilles, Guattari, Félix, *Kapitalismus und Schizophrenie. Tausend Plateaus*. Trans. Gabriele Ricke und Ronald Voullié. Berlin: Merve Verlag, 1992.

de Man, Paul. *Allegories of Reading: Figural Language in Rousseau, Nietzsche, Rilke, and Proust*. New Haven: Yale University Press, 1979.

de Man, Paul. *The Resistance to Theory*. Minneapolis: University of Minnesota Press, 1986.

Derrida, Jacques. „Literature in Secret: An Impossible Filiation." *The Gift of Death*. 2nd ed. Trans. David Wills. Chicago: University of Chicago Press, 2008. Trans. *La Littérature aux secret: Une filiation impossible."* Donner la Mort. Paris: Galilée, 1999.

Derrida, Jacques. „Autoimmunity: Real and Symbolic Suicides." *Philosophy in a Time of Terror: Dialogues with Jürgen Habermas and Jacques Derrida*. With Jürgen Habermas und Giovanna Borradori. Chicago: University of Chicago Press, 2003. Trans. *Le 'concept' du 11 septembre: dialogues à New York (octobre-décembre 2001)*. With Jürgen Habermas und Giovanna Borradori. Paris: Galilée, 2004.

Derrida, Jacques. „Faith and Knowledge: The two Sources of 'Religion' at the Limits of Reason Alone." Trans. Samuel Weber. *Acts of Religion*. Ed. Gil Anidjar. New York and London: Routledge, 2002. Trans. „Foi et savoir: Les deux sources de la 'religion' aux limites de la simple raison." *La Religion*. With Gianni Vattimo. Ed. Thierry Marchaisse. Paris: Seuil, 1996.

Derrida, Jacques. *Passions*. Paris: Galilée, 1993.

Derrida, Jacques. „Telepathy." Trans. Nicholas Royle. *Psyche: Inventions of the Other*. vol.I. Ed. Peggy Kamuf und Elizabeth Rottenberg. Standford: Stanford University Press, 2007. Trans. „Télépathie." *Psyché: Inventions de l'autre*. Galiléee, 1987.

Derrida, Jacques. *L'Université sans condition*. Paris: Galilée 2001; Trans. *Die unbedingte Universität*. Trans. Stefan Lorenzer. Frankfurt a. M. :Suhrkamp, 2001.

Derrida, Jacques. *On Touching-Jean-Luc Nancy*. Trans. Christine Irizarry. Stanford: Stanford University Press 2005.

Derrida, Jacques. *Psyché: Inventions de l'autre*. Paris: Galilée, 1987.

Ehrenberg, Rachel. „Enter the Virosphere." *Science News*. 10 Oct. 2009. 22-25.

Eliot, George. *Middlemarch*. Harmondsworth, Middlesex: Penguin, 1974.

Eliot, T.S., „Burnt Norton", *Four Quartets, The Collected Poems and Plays: 1909-1950*. New York: Harcourt, Brace, 1952.

Emerson, Ralph Waldo. *Nature. Essays and Lectures*. 1st print, New York. NY: Literary Classics of the United States, 1983.

Friedman, Thomas. „Our Three Bombs." *New York Times*. 6. Oct. 2009. Web.7 Oct. 2009. http://www.nytimes.com/2009/10/07friedman. (Besucht Nov. 5, 2011).

Goethe, Johann Wolfgang von. *Conversations with Eckermann*. Ed. J.K. Morehead. Trans. John Oxenford. London: Everyman, 1930.

Hamacher, Werner. „The Gesture in the Name: On Benjamin and Kafka." *Premises: Essays on Philosophy and Literature from Kant to Celan*. Trans. Peter Fenves. Cambridge, MA: Harvard University Press, 1996.

Heidegger, Martin. *Being and Time*. Trans. John Macquarrie und Edward Robinson. London: SCM Press, 1962. Trans. *Sein und Zeit*. Tübingen: Max Niemeyer, 1967.

Heidegger, Martin. *An Introduction to Metaphysics*. Trans. Ralph Manheim. New Haven: Yale University Press, 1959. Trans. *Einführung in die Metaphysik*. Tübingen: Max Niemeyer, 1966.

Heidegger, Martin. *The Fundamental Concepts of Metaphysics: World, Finitude, Solitude.* Trans. William McNeill und Nicholas Walker. Bloomington: Indiana University Press, 1995. Trans. *Die Grundbegriffe der Metaphysik.* Frankfurt am Main: Vittorio Klostermann, 1983.

Heidegger, Martin. *Unterwegs zur Sprache.* Pfullingen: Neske, 1959.

Iser, Wolfgang. *Prospecting: From Reader Response to Literary Anthropology.* Baltimore: The Johns Hopkins University Press, 1989.

Iser, Wolfgang. *The Fictive and the Imaginary: Charting Literary Anthropology.* Baltimore: The Johns Hopkins University Press, 11993.

Jacobs, Carol. „The Stammering Text: The Fragmentary Studies Preliminary to *The Birth of Tragedy*". *The Dissimulating Harmony: The Image of Interpretation in Nietzsche, Rilke, Artaud, and Benjamin.* Baltimore: The Johns Hopkins University Press, 1978.

Jeffares, Norman A. *Commentary on the Collected Poems of W..B. Yeats.* Stanford, CA: Stanford California Press, 1968.

Kafka, Franz. „The Worry of the Father of the Family." *Kafka's Selected Stories.* Ed. and trans. Stanley Corngold. New York: W.W. Norton, 2007. Trans. „Die Sorge des Hausvaters."

Kafka, Franz. *Der Prozeß.* (Erstausgabe 1926, München:Kurt Wolff); Frankfurt: S. Fischer, 1960.

Kafka, Franz. *Das Schloss.* München: dtv 2005..

Kamuf, Peggy. „Counting Madness", *The Future of the Humanities: U.S. Domination and Other Issues, The Oxford Literary Review* (special issue) 28 (2006), 67-77.

Malarmé, Stéphane. „Crise de vers," *Oeuvres completes.* Ed. Henri Mondor and G.Jean-Aubry. Ed. de la Pléiade. Paris: Gallimard, 1945.

Marx, Karl. Engels, Friedrich. „The Communist Manifesto", Kap.1, „Bürger und Proletarier", http://www.marxists.org/archive/marx/works/1848/communist-manifesto/. http://gutenberg.spiegel.de/buch/manifest-der-kommunistischen-partei-4975/1-6.

Miller, J. Hillis. *Others.* Princeton: Princeton University Press, 2001.

Miller, J. Hillis. *The Medium is the Maker: Browning, Freud, Derrida and the New Telepathic Ecotechnologies.* Brighton and Portland: Sussex Academic Press, 2009.

Miller, J.Hillis. *Ariadne's Thread.* New Haven:. Yale University Press, 1992.

Miller, J.Hillis. *For Derrida.* New York: Fordham University Press, 2009.

Miller, J.Hillis. *Aspects of Narrative* (Selected Papers from the English Institut). Ed. J. Hillis Miller. New York: Columbia University Press, 1971.

Nancy, Jean-Luc. *The Inoperative Community*. Ed. Peter Connor. Trans. Connor, Lisa Garbus, Michael Holland, and Simona Sawney. Minneapolis: University of Minnesota Press, 1991. Trans. *La Communauté désoeuvrée*. Paris: Christian Bourgois, 2004.

Nancy, Jean-Luc. *singulär plural sein*. Trans. Ulrich Müller-Schöll. Zürich: Diaphanes, 2012.

Nancy, Jean-Luc. *Corpus*. Paris: Métailié, 2006.

Nietzsche, Friedrich. „On the Utility and Liability of History for Life". Trans. Richard T. Gray in *Unfashionable Observations, The Complete Works*, vol. 2. Stanford: Stanford University Press, 1995. „Vom Nutzen und Nachtheil der Historie für das Leben", *Unzeitgemäße Betrachtungen*, Bd. 1, *Sämtliche Werke*, Kritische Studienausgabe. Ed, Giorgio Colli und Mazzino Montinari. München, Berlin, New York: Walter de Gruyter, 1988.

„Oulipo," Wikipedia. Web. 25 Oct. 2009. http://www.ourcivilisation.com/smartboard/shop/ruskinj/ (besucht Nov.5, 2011).

Salmon, Felix. „A Formula of Disaster." Wired. March 2008. 74+.

Stephens, Wallace. *The Collected Poems*. New York: Vintage, 1990; Trans. Rainer G. Schmidt, *Wallace Stevens. Teile einer Welt. Ausgewählte Gedichte*, Salzburg/Wien: Jung und Jung, 2014.

Williams, William Carlos. Selected Essays. New York: Random House, 1954.

Yeats, W.B. *Responsibilities: Poems and A Play by William Butler Yeats*. Churchtown: The Cuala Press, 1914.

Warminski, Andrzej. „Reading for Example: A Metaphor in Nietzsche's *Birth of Tragedy*." In *Readings in Interpretation: Hölderlin, Hegel, Heidegger*. Minneapolis: University of Minnesota Press, 1987.

Genehmigungen

Für die freundliche Genehmigung des Abdrucks und der Übersetzung der nachfolgend genannten Kapitel ins Deutsche bedanken wir uns hiermit:

Kapitel Eins erschien zuerst als „Cold Heaven, Cold Comfort: Should We Read or Teach Literature Now?" in *The Edge of the Precipice: Why Read Literature in the Digital Age?* Hg. Paul Socken (Montreal & Kingston: McGill-Queen's University Press, 2013), 140-55. Ich bedanke mich bei Paul Socken und der McGill-Queen's University Press für die Abdruckerlaubnis.

Kapitel Zwei wurde 2011 an der Universität Konstanz anlässlich des ersten Todestages von Wolfgang Iser als Vortrag gehalten. Danach wurde er von Monika Reif-Hülser unter dem Titel „Grenzgänge mit Iser und Coetzee: Literatur lesen — aber Wie und Wozu?" ins Deutsche übertragen. Meinen Dank an Monika Reif-Hülser und den UVK Universitätsverlag für den Abdruck des Textes hier.

Kapitel Drei erschien zuerst in Englisch als „A Defense of Literary Study in a Time of Globalization and the New Technologies" in *Translating Global Cultures: Toward Interdisciplinary (Re)Constructions*, hg. von Wang Ning (Peking: Foreign Language Teaching and Research Press, 2008), 29-46. Meinen Dank an Wang Ning und die Foreign Language and Teaching Press für die Übersetzungs- und Abdruckrechte.

Kapitel Vier wurde zuerst in Englisch unter dem Titel „Ecotechnics: Ecotechnological Odradek" als Kapitel Zwei von T*elemorphosis:Theory in the Era of Climate*, Bd. 2, hg. von Tom Cohen (Ann Arbor, Michigan: Open Humanities Press, MPublishing—Universität von Michigan

Bibliothek, 2012), 65-103 veröffentlicht. Ich bedanke mich bei Tom Cohen und der Open University Press für die Übersetzungs- und Abdruckrechte in diesem Band.

Kapitel Fünf erschien zuerst als „Part I: Theories of Community," das erste Kapitel meines Buchs *The Conflagration of Community: Fiction Before and After Auschwitz* (Chicago: The University of Chicago Press, 2011), 1-35. © 2011 The University of Chicago. Mein Dank gilt Alan G. Thomas, Perry Cartwright und der University of Chicago Press für die Übersetzungs- und Druckerlaubnis in diesem Band.

Kapitel Sechs erschien zuerst als „Globalization and World Literature", *Neohelicon*, Sondernummer „Comparative Literature: Toward a (Re)construction of World Literature", hg. von Wang Ning, Bd. 38, No. 2 (2011), 251-265. Ich bedanke mich bei Wang Ning, ebenso bei dem Herausgeber Peter Haidu und bei Akademiai Kiado für die Genehmigung den Beitrag als Übersetzung in diesem Band publizieren zu dürfen.

www.ingramcontent.com/pod-product-compliance
Lightning Source LLC
Chambersburg PA
CBHW030855170426
43193CB00009BA/618